山东省社会科学规划研究项目文丛·一般项目（08JDC117）
聊城大学学术著作出版基金资助

生态社会主义与中国社会发展模式构建

徐艳梅 于国丽 ◎ 著

中国社会科学出版社

图书在版编目（CIP）数据

生态社会主义与中国社会发展模式构建/徐艳梅，于国丽著．—北京：中国社会科学出版社，2016.8
ISBN 978 - 7 - 5161 - 8628 - 2

Ⅰ. ①生… Ⅱ. ①徐… ②于… Ⅲ. ①生态社会主义—研究 ②中国特色社会主义—社会主义建设模式—研究 Ⅳ. ①D091.6 ②D616

中国版本图书馆 CIP 数据核字 (2016) 第 170127 号

出 版 人	赵剑英
责任编辑	卢小生
特约编辑	林　木
责任校对	周晓东
责任印制	王　超
出　　版	中国社会科学出版社
社　　址	北京鼓楼西大街甲 158 号
邮　　编	100720
网　　址	http：//www.csspw.cn
发 行 部	010 - 84083685
门 市 部	010 - 84029450
经　　销	新华书店及其他书店
印　　刷	北京明恒达印务有限公司
装　　订	廊坊市广阳区广增装订厂
版　　次	2016 年 8 月第 1 版
印　　次	2016 年 8 月第 1 次印刷
开　　本	710×1000　1/16
印　　张	17
插　　页	2
字　　数	258 千字
定　　价	60.00 元

凡购买中国社会科学出版社图书，如有质量问题请与本社营销中心联系调换
电话：010 - 84083683
版权所有　侵权必究

目　录

第一章　生态社会主义概论 … 1

第一节　生态社会主义社会历史背景 … 1
一　全球资本主义与生态环境恶化 … 1
二　传统社会主义理论与实践的困境 … 8
三　西方生态运动与绿色政治的兴起 … 11

第二节　生态社会主义的思想渊源 … 15
一　马克思关于人与自然关系的辩证思想 … 15
二　法兰克福学派对资本主义生态危机的批判 … 21
三　生态学、系统论的方法论 … 26

第三节　生态社会主义概念及历史发展 … 30
一　生态社会主义概念 … 30
二　生态社会主义的历史发展 … 31

第二章　生态社会主义理论述要 … 36

第一节　马克思主义与自然 … 36
一　詹姆斯·奥康纳对历史唯物主义的生态学重构 … 36
二　约翰·福斯特：马克思的自然唯物主义及其生态含义 … 42
三　乔纳森·休斯对马克思主义的生态学辩护 … 51

第二节　生态危机与资本主义批判 … 61
一　高兹：资本主义经济理性与生态危机 … 61
二　福斯特：资本主义的利润动机必然破坏环境 … 67
三　奥康纳：资本主义的双重矛盾与两种危机 … 71

四　岩佐茂：资本的逻辑与生活的逻辑……………… 83
　　　五　生态社会主义者对生态资本主义的批判……… 91
　第三节　生态社会主义构想…………………………………… 101
　　　一　早期生态社会主义者的设计…………………… 101
　　　二　高兹：生态理性与劳动的解放………………… 106
　　　三　完全共同体——科威尔的生态社会主义设想……… 109

第三章　生态社会主义与科学社会主义：一个对照………… 127
　第一节　生态社会主义与科学社会主义的理论对照………… 127
　　　一　生态社会主义与科学社会主义的联系………… 127
　　　二　生态社会主义与科学社会主义的区别………… 137
　第二节　生态社会主义与科学社会主义的实践对照………… 148
　　　一　社会主义国家发展的实践及其意义
　　　　　——以苏联为例……………………………… 148
　　　二　生态社会主义实践及其意义
　　　　　——以德国绿党为例………………………… 173

第四章　中国社会主义发展模式构建………………………… 193
　第一节　中国传统文化的生态意蕴…………………………… 193
　　　一　中国传统文化的生态经济观…………………… 193
　　　二　中国传统文化的生态政治观…………………… 198
　　　三　中国传统文化的生态伦理观…………………… 201
　第二节　中国社会主义发展模式构建………………………… 205
　　　一　毛泽东关于中国社会主义发展的实践探索…… 205
　　　二　邓小平的社会主义观及其生态思想…………… 228
　　　三　科学发展观的提出及其价值取向……………… 241
　　　四　中国经济新常态与环境治理…………………… 251

参考文献……………………………………………………………… 260

后　记………………………………………………………………… 267

第一章 生态社会主义概论

第一节 生态社会主义社会历史背景

一 全球资本主义与生态环境恶化

（一）国家垄断资本主义向全球化资本主义的转换

20世纪60年代，资本主义由国家垄断资本主义走向全球化资本主义阶段。全球化资本主义时代的重要特征是时空的重组，一方面是资本主义生产方式和生活方式跨地区传播，另一方面是作为资本主义意识形态的新自由主义的全球性影响。

生态社会主义者詹姆斯·奥康纳把生态社会主义产生的社会背景归结为三点：第一，三种"古典管理模式"的瓦解，即西方国家的阶级和解、社会民主以及凯恩斯主义福利国家制度的削弱；东方国家的现实社会主义的变革；不发达的"第三世界"和那些半自给自足式的民族主义的社会经济发展和管理模式的瓦解和消亡。第二，资本以及作为资本政治意识形态的新自由主义的传播，以及各种类型的环境—生态和社会政治问题的增加。第三，新社会运动（如女权、种族、生态等）兴起，工人运动向生活领域的扩展。生态社会主义的理论与实践正是在此社会背景下应运而生。①

对全球化资本主义的描述，安东尼·吉登斯的理论最为深刻。他指出，全球资本主义时代的特征是：全球抽象社会生活模式形成，民

---

① ［美］詹姆斯·奥康纳：《自然的理由——生态学马克思主义研究》，唐正东、臧佩洪译，南京大学出版社2003年版，第515页。

族国家边界日益模糊。在安东尼·吉登斯看来，全球化最重要的后果之一是时空的重组，即随着现代性在全球范围内传播和全球性抽象社会生活模式的逐渐构成，某一地区的社会生活已经成为影响另一地区社会生活的因素，民族国家内部具体的社会生活将不再完全依赖熟稔的人际关系，而依赖一种全球网络。当具体的社会生活超出民族国家限制而影响另一民族国家社会生活时，前一种生活就"脱域"于民族国家的边界，并在影响另一种生活时"再嵌入"①，时空的统一性对日常生活便不再具有特殊意义。

从实践来看，民族国家的经济生活、社会生活和政治生活正在超越边界。

第一，自由贸易区和共同市场等经济一体化形式使经济生活脱离边界限制。经济一体化内部的零关税趋势和国民待遇原则使民族国家经济早已在无边界的世界中自由流动。

第二，全球社会的成长。经济的全球化带来了丰裕的越界行动和人际关系的全球拓展，使有别于民族国家内部生活的社会在全球范围内形成，而全球人际关系的拓展，又使得共同的观念在无数互动中滋生。比如现代性——民主和科学——在全球的开拓已经使全球各国人民有了共同话语，对于现代性的认同形成了一种超越传统和地域的共同精神气质。简言之，全球化开拓了新的超越边界的人际关系，由此在全球范围内逐渐塑造并不断强化了人们的共同观念。在此基础上，新的规范、安排和机制应运而生，全球社会在这些共同观念和共同的安排及规范中促进了国际关系的新发展。这样的全球社会早已不是民族国家现代性规划所能控制的，它超出规划的范围，不断腐蚀规划赖以形成和发挥作用的国家边界。

第三，民族国家政治生活也显现出全球特征。首先，全球问题的增长要求全球治理的国际合作。当代全球问题关涉人类的前途，它影响人类的生存安全（如疾病的传播、大规模杀伤性武器的扩散、恐怖主义等）和人类的可持续性发展（如生态与环境危机、难民潮、气候

---

① 参见［英］安东尼·吉登斯《现代性的后果》，田永译，译林出版社2000年版，第18页。

变迁等）。在威胁和挑战人类前途的全球问题面前，没有任何民族国家可以逃脱自己的责任，全球治理需要各民族国家以多边主义或相互协调方式合作，在合作过程中，民族国家将转让自己的部分权力给国际组织，或将共同达成的条约与协议转化为国内立法条款，以促进治理目标的实现。其次，国内事务与全球事务的一体化使国内政治过程受国际社会的影响与支配。国内政治只有适应与全球经济紧密相连的国内经济和其他社会事务的要求才能使自己运转下去。最后，国内政治忠诚的部分转移。现代公民在全球化时代的忠诚对象不仅只限于民族国家，他们将政治忠诚投向边界之外的国际社会（如环保主义者和国际人道主义者）。这一转移源于个体反思性的形成。反思性能力塑造了新的自我批判主体，在此基础上形成了新的价值和信仰的自我重建。①

从意识形态方面看，全球性资本主义意识形态正在经历重大变化，出现了所谓的"文化唯物主义"，文化在社会生活的许多领域似乎有着决定性的作用，经济唯物主义似乎正在变成文化唯物主义。此外，意识形态的分化和整合趋势也日益明显。强调市场经济和公民社会的新自由主义和新多元主义已经成为西方发达资本主义的主导性政治意识形态，而其他各种各样的极右和极"左"意识形态的影响却并没有明显减弱迹象，一些极右思潮如新法西斯主义反而在不断增大。所以，西方左翼学者在提出"文化唯物主义"分析的同时，也倡导"多元文化主义"或"文化多元主义"。

在上述时代背景下，面对全球资本主义时代民族国家此起彼伏的政治、经济、社会乃至文化危机，新社会运动应运而生。新社会运动是第二次世界大战以后，特别是西方60年代中后期以来出现的一种新的社会政治现象，它包括西方70年代以来发生的和平运动、学生运动、反核运动、少数民族的民族主义运动、同性恋权利、妇女权利、动物权利、选择医疗、原教旨主义宗教运动、新生代运动、生态运动，等等。一般来说，生态运动、女权运动、和平运动、第三世界

---

① 参见［英］尼格尔·多德《社会理论与现代性》，陶传进译，社会科学文献出版社2002年版，第234页。

反经济帝国主义斗争、反种族主义运动构成新社会运动的五种最基本的运动形态。其中，生态运动和女权运动是最成熟、最主要的两种形式。新社会运动与传统的工人运动不同，它在广义上指当代资本主义国家人民反抗资本主义的一切形式的斗争，狭义上主要指生态运动等近30年来新出现的社会运动形式。新社会运动内容复杂，但总体特征是对西方工业化所产生的一系列问题，如人性异化、环境破坏、性别压抑等问题的批判。这场影响巨大的社会群众运动脱离了阶级集团、利益集团和政党意志范畴，在活动上不再依赖国家、政党或军队这类组织的原则，因而也不再是权力导向的而是文化导向的运动。它的目标是对一元化工业主义观念包括价值原则、思维模式、话语体系以及行为、习惯、等级秩序等的解构。无论是新社会运动，还是绿色运动都旨在维护生活世界，反对工具理性的侵蚀。新社会运动暴露和凸显了全球资本主义时代新产生的社会矛盾和冲突。

西方马克思主义者用不同概念来表示当代资本主义社会，如"后竞争资本主义"或"后市场社会"（阿多诺）、"晚期资本主义社会"或"有组织的资本主义"（哈贝马斯）、"发达工业社会"（马尔库塞）、"有机资本主义"（列斐伏尔），等等。这些概念的含义不尽相同，有时指19世纪末20世纪初以来的现代资本主义，有时则指第二次世界大战以后的当代资本主义。但在他们眼里，当代资本主义社会都出现了这样一些新变化及新特征：科学技术成为主要的生产力和独立的剩余价值来源；资本主义经济结构及所有制关系已经改变；国家职能及政治、行政结构发生变化；资本主义危机形式及重点已转移；生产社会化和私人占有之间的矛盾不再是当代资本主义的基本矛盾，无产阶级和资产阶级矛盾不再是社会主要矛盾；统治的权力正逐步由资本家转向技术专家，统治方式从经济剥削和人身摧残转向思想意识方面的奴役；技术统治论的意识形态取代等价交换的意识形态而变成当代资本主义社会合理性辩护工具，如此等等。资本主义的新变化使洛克、马克思和韦伯等人的传统叙事结构遭到挑战。60年代以后的西方马克思主义者特别着力于研究当代资本主义社会新的危机问题，如哈贝马斯、米利班德主要讨论合法化危机；生态社会主义者莱斯、阿格尔等人则主要讨论生态危机。在危机理论基础上，他们讨论了当代资本主义社会变革的可能性。

（二）全球生态环境恶化

伴随全球化资本主义带来的经济一体化、世界经济贸易和商业活动的蓬勃发展，生态破坏、环境污染等全球性问题越来越突出。

20世纪30年代起，环境公害事件在资本主义国家相继发生。如1930年12月在比利时发生了马斯河谷烟雾事件，1943年5—10月在美国洛杉矶发生了光化学烟雾事件，1948年10月在美国发生了多诺拉烟雾事件，1952年10月在英国发生了伦敦烟雾事件，1953年在日本九州南部熊本县发生了水俣事件，1955—1972年3月在日本富山县发生了骨痛病事件，1961年在日本四国发生了哮喘病事件，1968年在日本九州爱知县等23个县府发生了米糠油事件，这就是震惊世界的"八大公害"事件。环境公害事件把更多公众置于危险的生态环境中，带来了严重的生态危机。与此同时，伴随着工业化迅速从发达资本主义国家推广到世界更多的国家和地区，人口迅猛增长，人类消费不断增加，环境问题从区域性环境污染扩展为全球性的生态危机。

根据国际环境与发展研究所和世界资源研究所发表的《1987年世界资源》报告，全球生态环境恶化主要表现在以下几个方面：

（1）土地资源逐年衰竭。20世纪六七十年代以来，化肥和农药的过度使用，工业排放物的增加，严重地破坏了人类赖以生存的土地资源。目前，全世界每年损失耕地2100万公顷，每分钟损失40公顷；每年土地沙漠化600万公顷，每分钟有10公顷土地沙漠化。按照联合国环境规划署的全球土壤退化评价分类标准，在过去几十年间，全球大约有12亿公顷有植被覆盖的土地发生了中等程度以上的土壤退化，相当于中国和印度国土面积的总和，其中3亿公顷土地发生了严重退化，其固有的生物功能丧失。

（2）森林植被遭到毁灭。根据世界观察研究部门的研究报告，地球上森林的总面积已从1万年前的62亿公顷减少到现在的28亿公顷。目前世界上平均每年有1800万公顷的森林消失，即每分钟消失森林30公顷。如果听任这种趋势继续发展下去，170年以后，全世界森林将毁灭殆尽。

（3）水资源日趋紧张。20世纪以来，随着人口增长和工农业生产规模的迅速扩大，全球淡水用量急剧增加。1900—1975年，世界农业用水量增加了7倍，工业用水量增加了20倍。并且近几十年来，用水量正以每年4%—8%的速度持续增加，淡水供需矛盾日益突出。1977年联合国警告全世界：水不久将成为一项严重的社会危机，石油危机之后的下一个危机是水。目前，世界上有60%的地区面临淡水不足的困境，40多个国家的水资源严重匮乏。另外，每年又有成千上万吨的废油、污水、有毒废物被排入江海湖泊。现在全世界每年排放污水约4260亿吨，造成55000亿立方米的水体受到污染，约占全球径流量14%以上。据联合国调查统计，全球河流的稳定流量的40%左右已被污染，不仅使渔业资源直接受到危害，而且使全世界约有18亿人不得不饮用被污染的水，每年有30%的人因此患上各种疾病。

（4）大气污染日趋严重。目前，全世界的工厂和电厂每年向大气中排放的二氧化碳达到50多亿吨。据科学家预计，在21世纪的前50年内，大气中的二氧化碳的含量将比现在增加一倍。此外，二氧化硫、氧化氮、氯化氟、甲烷等有害气体向大气中的排放也在迅速增加。这些污染物在大气中形成酸雨，导致土壤变酸，森林、农作物死亡，严重破坏了地球的生态。同时，二氧化碳等气体在大气中含量的增加还会使地球温度上升，造成"温室效应"。联合国《1996—1997年度世界资源报告》预测，到2020年，全球能源消耗将增加50%—100%，由此造成的二氧化碳等温室气体排放量将增加45%—90%。据估计，在未来100年中，全球气温可能再升高1—3.5℃。地球变暖将使海平面不断上升。另外，空气中氯化氟含量的增加使大气层上方的臭氧层出现巨大的"空洞"。科学家们发现，南极上空的臭氧自1979年以来一直在加速减少。臭氧减少将会使更多紫外线照射地球表面，使地球生物遭受太阳紫外线的伤害，尤其是使皮肤病和眼疾患者急剧增加。

（5）物种数量迅速减少。物种是自然生态系统的重要组成部分，它的盛衰不仅是衡量生态状况的重要标志，而且它本身是人类潜在的生存资源。一个物种一旦灭绝对人类将是无可挽回的重大损失。物种的消亡恶化了人类的生存环境，反过来环境的恶化也加速了物种灭绝。在过去25000万年中，重要的物种灭绝事件大约每隔2600万年发生1次。然而，工业革命以来的近200年，伴随着人口数量膨胀和经济快速发展，野生动植物的种类和数量以惊人的速度减少。科学家估计，由于人类活动的强烈干扰，近代物种的丧失速度比自然灭绝速度快1000倍，比形成速度快100万倍，物种的丧失速度由大致每天1个物种加快到每小时1个物种。据世界《红皮书》统计，20世纪有110个种和亚种的哺乳动物和139个种和亚种的鸟类在地球上消失了。目前，世界上已有593种鸟、400多种兽、209种两栖爬行动物以及2万多种高等植物濒于灭绝。此外，新加坡科学家领导的一个国际研究小组还发现，主要濒危物种在消亡同时还会连带相关的其他物种共同灭绝。据估计，目前濒危物种中的主要物种一旦灭绝，将有6000多种昆虫、螨类、真菌及其他有机生物一起消失。更令人担忧的是，科学家们对这些物种的研究只不过了解一些皮毛，地球上估计共生存着1400万个物种，只有175万种被记录在案。许多种生物甚至在被人类发现之前就灭绝了。除上述种种令人忧虑的事实与可能性之外，人类还受到噪声污染、电磁波污染、热污染、核污染、生物污染等污染的威胁。

令人震惊的环境事件和数字都使人们认识到一个严峻事实：生态环境已恶化到无以复加的地步，人类赖以生存的地球已处于严重的生态危机之中。面对着已威胁到人类生存的生态危机，人类不得不思考：如果生态环境继续恶化，自己是否真的能独善其身？造成生态危机的根源到底是什么？如何才能真正解决生态危机？1962年美国海洋生物学家雷切尔·卡逊的《寂静的春天》一书以大量事实揭露了农药污染对自然环境中一切生命，包括人类在内的严重危害，犹如一声春雷唤醒了世人的环境意识。1972年6月在斯德哥尔摩召开的第一次全球性的环境大会——"人类环境大会"，将全球环境运动推向了一个高潮。在这次会议上，巴巴拉·沃德的非官方报告——《只有一个地球——对一个小小行星的关怀和维护》强调了环境问题对人类社会的高度重要性，对建立地球上的新秩序提出了建设性的意见。同年"罗马俱乐部"在它的第一份研究报告《增长的极限》中提出了著名的"人类困境"：人类片面追求经济增长必然导致极限。"如果世界人口、工业化、污染、粮食生产以及资源消耗按现在的增长趋势继续不变,这个星球上的经济增长就会在今后一百年内某一个时候达到极限。"① 它强调把环境保护放在比人类权益更优先的位置上考虑的重要性。此后,各种环境保护组织、环境保护运动蓬勃发展起来。

在环境公害与日益增强的环境意识面前,西方马克思主义重新反思资本主义生产方式,批判资本主义的反生态本质,提出解决全球生态问题的替代制度方案——生态社会主义。

二 传统社会主义理论与实践的困境

产生于19世纪40年代的科学社会主义理论认为,资本主义社会由于资本积累会导致工人的相对贫困和失业,最终产生自己的掘墓人——工人阶级,科学社会主义理论把产业工人作为社会革命的主体力量。但马克思没有预见到资本主义生产方式在矛盾中的继续生存的能力。在西方马克思主义看来,资本主义之所以能继续生存有两个原因:第一,工人阶级已丧失了阶级意识。欧洲工人阶级并没有像马克思和恩格斯所指出的那样牢记自己的革命使命,它缺乏足够的阶级意识和理论的、政治的方向(卢卡奇在1923年的《历史和阶级意识》一书中的观点)。第二,资本主义生产力的发展足以保证向工人阶级也提供在此前只为资本主义上层人物提供的商品。这是在假定工人阶级的人数和劳动时间较马克思时代没有发生太大变化的前提下说的。工人阶级的变化无疑使传统社会主义理论陷入困境。

生态社会主义者高兹曾在《资本主义、社会主义和生态学》一书中描述了自19世纪60年代以来起西方资本主义国家的阶级结构产生的新变化:1961—1988年,产业工人阶级的人数在英国减少了44%,在法国减少了30%,在瑞士减少了24%,在西德减少了18%。在这20多年的时间中,欧洲的一些国家约有1/3甚至一半的工业劳动岗位不存在了。法国在这20多年减少的工业劳动岗位差不多与从1890—1968年创造的工业岗位一样多。工业劳动阶级似乎已经衰弱并部分被主要由女性构成的后工业无产阶级所取代,鉴于这一阶级所处环境的不稳定性和所担负工作的性质,是不可能从其劳动中衍生出可承受起

---

① [美]梅多斯等:《增长的极限》,商务印书馆1984年版,第12页。

经济的、技术的和政治权力的那种社会地位和使命的。①

西方马克思主义者对当代西欧社会阶级状况的描述反映了全球资本主义时代工人阶级的新变化，这一变化对科学社会主义理论形成挑战。左派究竟应该如何做？如何成为一个社会主义者呢？正是在这种条件下，生态社会主义者努力探求对新的社会形势下的社会矛盾的新认识，以寻求一条不同于马克思的人的解放道路。如高兹把左派、社会主义者的奋斗目标定位为不仅使产业工人而且使所有的人都获得自我实现，不仅仅使劳动者的劳动而且使劳动者的非劳动活动都成为一种自主的创造性活动。用一句话概括，即实现所有的人的所有活动的自主化。这一总结在一定程度上反映了西方左派对传统社会主义理论的修正，放弃了工人阶级的历史变革作用。但工人阶级的变化并不能说明马克思的阶级斗争的观点已经过时，虽然西方资本主义国家的无产者减少了，但随着发达国家的资本输出，世界上受资本剥削的劳动者不是减少，而是增加了。工人阶级的分化也不能说明他们没有共同利益，而只能说明必须以新的组织和协调形式，将共同利益转化为具体行动，并形成政治力量。

伴随西方工人阶级的这种新变化，社会主义实践运动也出现了困境。东欧与苏联政权的崩溃，使很多人对社会主义丧失了信心。1989—1991年，苏联以及东欧社会主义国家发生剧变，世界第一个社会主义国家在建立74年之后突然瓦解，世界社会主义遭到史无前例的大挫折。苏联和东欧社会主义国家"红旗落地"的现实，使世界社会主义运动陷入了迷茫和困惑之中。各国共产党、马克思主义者以及关注人类前途和命运的学者对苏东社会主义模式的得失、社会主义的发展道路、马克思主义的相关理论等问题进行了深刻思考和积极探索。西方马克思主义把苏联的社会现实与马克思的社会主义理想进行比较，批判苏联高度集权的政治、经济、文化体制及其片面追求经济增长，忽视人与自然关系问题的发展模式。认为苏联不是马克思所设想的社会主义，而是独裁主义国家、异化社会。西方社会民主党的历

---

① Andre Gorze, *Capitalism Socialism and Ecology*. Translated by Chris Turner, London: Verso, p. 32, 1994.

史性失败，是社会主义运动遭遇困境的第二个原因。社会民主主义的劳工运动，曾经在巨大的群众动员与斗争中从资产阶级那儿取得重大胜利。最重要例子包括把每周工时逐步从72小时减到38小时，取得普选权，为工人设立各种保护制度使其免受过度剥削。由此观之，我们应当对社会民主党的斗争成果感到骄傲。但所有这些改良的总和未曾导致社会发生本质改变，没有一个地方因此消除了资本主义社会秩序的基本性质。所有这些改良都没有超越经济上的资本主义性质，意味着它们无法防止周期性经济危机、周期性的大量失业及广泛贫穷，以至于周期性限制或废除民主自由与人权，还有周期性的战争或其他困难。在很多人眼中，实现社会主义目标的两大历史性运动，即社会民主主义与共产主义运动都不尽如人意。

20世纪80年代以后，随着工会的衰落、传统社会主义工人运动的淡出，欧洲社会主义政党面临重大挑战。新左派认为，在目前阶级力量对比中，社会主义作为一种意识形态受到怀疑，左翼力量相对弱小，因此有必要采取新的联盟战略。左翼不能再把注意力集中在工人阶级运动尤其是有组织的工会运动上，而应当从组织、政治和意识形态上扩大自己同盟者的范围。潜在的同盟者包括生态运动、和平运动、人权运动、妇女运动、学生运动以及同性恋运动之类的迄今为止仍受社会歧视的运动。新的左翼联盟将像彩虹一样有多种意识形态色彩，但它的核心组织原则是民主、社会主义取向（从长期而不是直接的意义上讲）、反对帝国主义全球化、可持续发展。简言之，从左翼社会主义运动角度，社会主义政党需要从以绿色生态运动为代表的新社会运动中汲取新的动力。

著名的左翼理论家、生态社会主义者安德烈·高兹从当代资本主义变化、社会主义的危机与前途和新左派的历史使命的战略高度，提出了"红绿联盟"的必要性。他指出，第一，传统社会主义陷入危机。当代科技革命即第二次工业革命的社会后果，是传统社会主义运动的衰落和无产阶级的消亡。第二，社会主义没有过时。西方在冷战中的胜利不能说就是资本主义的胜利。资本主义的内在逻辑是追求利润最大化，在资本主义条件下，经济合理性与生态合理性是互相矛盾的。为了解决二者冲突，必须走向生态社会主义。生态社会主义具有反资本主义的社会主义方向，它限制利润和市场的逻辑，凸显了社会主义事业至今对我们仍然具有的清晰意义。第三，社会主义必须与新社会运动结盟。如果社会主义要生存下去，必须回到一百年前社会主义的起源，组成反叛资本主义的联盟，进行激进的社会批判。社会主义左派要在组织上把宽容态度贯彻到底，坚持与新社会运动的主流——生态运动结盟，建立一种新左派，即30年代反法西斯人民阵线那样的联盟，共同反对晚期资本主义，为解决当代全球问题指明行动方向。高兹的看法虽然反映了当代资本主义的新变化，但他关于传统社会主义运动已消亡的定论太过武断，他所说的生态社会主义也与马克思的科学社会主义具有截然不同的含义。

三 西方生态运动与绿色政治的兴起

20世纪60年代，随着环境公害事件的不断发生，生态问题逐渐演变成为一个普遍的社会问题。为了寻求良好的环境与健康的生活，西方发达国家的广大群众自发掀起声势浩大的环境运动。千百万人走上街头，游行、示威、抗议，要求政府采取有力措施，治理和控制环境污染，社会各界人士纷纷为环境和健康而呼吁，很多社会团体把生态保护列为宗旨。比较有代表性的有"地球日"活动与环境正义活动。

"地球日"活动。1969年4月22日，美国民主党参议员盖洛德·尼尔森提议在校园举办有关环境问题的讲习会。哈佛大学学生领袖丹尼森·海斯提出把尼尔森的建议变成全美范围内开展大规模社区性活动的构想，并提议次年4月22日作为"地球日"，在全美开展环境保护活动。该提议很快得到广大青年学生的响应。1970年4月22日，"地球日"活动首次举行。美国各地有2000万多人参加，是第二次世界大战以来美国规模最大的一次社会运动，仅在纽约市区，就有几十万人上街游行。"地球日"活动正式开启了生态保护运动。

环境正义运动。又称为反对环境种族主义的运动，即反对将污染转移到落后地区、种族和国家的运动。1982年，在有色人种和低收入人群聚居的美国瓦伦县，居民举行大规模示威游行，阻止美国政府将该地区作为有毒垃圾掩埋场所。这次运动提出了环境保护中存在的社会不公正现象，证明污染公害不是被解决，而是被转移到有色人种和低收入阶层居住的地区。1987年，美国联合基督教会种族主义委员会发表《有毒废弃物和种族》的研究报告证明，美国政府长期将少数民族居住区选定为有毒垃圾掩埋点。有色人种和穷人承担着不成比例的巨大环境风险，是最直接、最严重的受害者，而白色人种和富人则不受其害。1991年10月，在华盛顿召开的"第一次全国有色人种环境领导高峰会"上，将环境正义运动推向高潮，会议提出要建立平等、充分尊重、充分公正的关系，并通过环境正义的17项具体主张。环境正义运动很快由美国国会向全球发展中国家扩展，成为一种穷人的环保主义，号召发展中国家人民反对环境污染和风险由发达国家向发展中国家、地区转移，反对发达国家、跨国公司对发展中国家和地区的资源掠夺和不平等待遇。环境正义运动的目标在于：在处理环境保护问题时，各群体、区域、民族和国家所应承担的权利和义务必须公平、对等。这样，环境正义运动所解决的矛盾就从人与自然的矛盾进一步深入发展为人类内部矛盾。

在生态运动蓬勃发展的同时，各种环境组织如"环境保护—绿色运动""未来—绿色运动""环境保护—绿色名单""地球之友""世界卫士""自然之友""第三条道路行动"等团体相继成立，而且其队伍迅速壮大。1972年，联邦德国的"环境保护—全国自发组织联合会"拥有约30万成员；到1985年，发展到拥有150万名成员。就连环境保护运动起步较晚的日本，到1976年也拥有1000多个非政府环境保护组织。一种基于平民运动的生态政治运动在西方国家兴起，并很快遍及欧美各国，甚至一些发展中国家也纷纷追赶这股绿色浪潮。

参加生态运动的社会基础十分广泛，既有生态学家、工程技术员、教师、学生、医生、律师，也有工人、农民和家庭妇女。起初，他们只是自发地开展一些环境保护活动。例如，呼吁保持和扩大森林面积、整治土地、净化空气和水源；要求实现工业无毒化，对废物加以利用，减少垃圾；提倡保护动物、植物，反对利用动物进行科学实验，反对使用动物的皮毛和器官做衣物、药物；反对使用核能，主张利用太阳能、风能和水力资源，反对兴建大型机场、高速公路等。后来，一些国家环境保护组织开始游说各党议员，并对议会和政府施加压力，试图从根本上影响政府的立法和决策，通过政治力量来保护生态环境。

发生于20世纪六七十年代的生态运动引起了全世界的广泛的关注和公众的强烈反响，对当代社会产生了巨大的冲击作用。它使环境问题被提高至政治高度，进入了国家和世界的政治结构，促进绿色政治的崛起，改变了政府在不考虑环境的情况下制定和实施发展战略和重大决策的错误倾向，推动国家参与环境管理，使政府制定有益于环境保护的决策和政策。

环境保护运动的高涨同时也对政府行为产生了巨大影响。面对日益广泛的绿色抗议，许多国家的政府开始重视环境问题，相继设立国家级的环境管理机构、制定和实行保护环境和控制污染的法律、法令，将生态环境问题纳入国家政治结构。1967年，瑞典环境保护厅成立；同年，日本公布《反对公害对策法》。1969年，美国成立"环境质量委员会"，并颁布了《国家环境政策法案》。1970年，美国正式成立专门行使环境保护职能的"国家环保局"；同年，英国、加拿大等主要工业化国家也纷纷成立了国家环境管理机构。在广大公众的压力下，发达资本主义国家还拨出大量资金用于环境保护教育和宣传，增强公众的环境保护意识。

与此同时，环境保护也进入了国际政治领域。1970年，联合国教科文组织制定《人与生物圈计划》，系统研究生物圈及其不同区域的结构和功能，预测人类活动引起的生物圈和资源的变化。联合国及其所属环境保护组织也相继制定了一系列的国际环境保护公约。例如，1972年的《联合国人类环境会议宣言》，1973年的《面临灭绝危险的野生动植物国际贸易公约》《防止船舶污染国际公约》，1982年的《世界自然资源保护大纲》《联合国海洋法公约》，1992年的《气候变化公约》和《保护生物多样性公约》等。为了更有效地解决空气污染、水污染等国际性污染问题，一些国家和地区开始协商共同合作，1987年欧洲共同体的《欧洲单一文件》明确提出，把环境问题归属欧洲共同体治理。1990年3月，欧洲共同体正式决定成立欧洲环境保护局，并且向非欧共同体成员国的其他欧洲国家呼吁，加强各国间的合作，以便共同解决环境问题。"环境外交"也开始走上国际舞台。

1989年7月，发达国家在巴黎召开首脑会议，第一次把环境问题列为主要议题，这次首脑会议因此被西方报刊称作"绿色首脑会议"。总之，全球生态问题已成为国际政治中的焦点。

就在全球环境保护运动蓬勃发展的同时，西方马克思主义也完成了从哲学批判到社会学、政治学批判的转向。他们把生态危机和资本主义工业文明发展联系起来，和人类解放联系起来，并深刻指出资本主义通过过度生产和诱导人们过度消费来维持其存在，这必然导致生态危机，生态危机不仅不可避免，而且是当代资本主义转移危机的必要手段。新马克思主义的这些观点迅速在学生和工人运动中传播开来，使20世纪六七十年代的生态运动具有政治意蕴。20世纪70年代末到80年代初，环境保护运动又与民主运动、和平运动、女权运动相汇合，发展成为全球性的群众性的生态政治运动。这为绿党建立奠定了基础。

伴随生态运动规模的扩大和深入发展，生态运动转向政党政治，即从以群众运动为主体发展到以政党政治为主体。一支新兴的左翼政治力量——绿党在世界各国应运而生，并且在国家政治生活中的地位、影响日益增强。1972年，新西兰诞生了世界上第一个绿党，此后，西欧国家出现了绿党组织兴起的高峰，其中德国的绿党对全球绿党组织产生了极大的影响和推动作用。1983年，德国绿党以5.6%的选票出人意料地首次获得27个议席，这标志着绿党在国家政治生活中正式步入历史舞台。由于德国绿党以崭新的政治风格展现在公众面前，其党纲将生态、经济、政治紧密结合起来，反对核军备竞赛，谋求国际和平和女权、人权等，并提出相当完备的持续发展方案，因此在1987年议会选举中得票率突破了8%，并获得42个联邦议席。到两德统一后的1994年，绿党已在联邦议席中占有49个席位，成为联邦议院内第三大政党。1998年，绿党领导人菲舍尔出任德国外交部部长，首次成为国家政府中重要领导人。同时，20世纪80年代以来，欧洲的比利时、奥地利、意大利、英国、法国、瑞典等国家以及90年代以来东欧及其他多党制的发展中国家也相继建立绿党组织。据统计，1979—1989年，西北欧15个国家的绿党共有117名成员进入11个国家的议会，并于1999年2月在巴黎召开了欧洲绿党联合会第二次代表大会，有 28 个国家的 300 多名代表参加会议，提出了"绿色国际"等国际生态政治发展的新概念和新趋势。

绿党以生态环境问题为中心，从政治观念、组织结构等方面进行创新，建立了一种倡导人与自然之间和谐关系的新型政党，提出了一种全新的绿色政治学。绿色政治学批判传统政治学片面追求工业生产增长，忽视自然资源的有限性，并导致世界性生态危机的日益恶化。绿党分开宣称自己的绿色政治学以四个基本原则为基础：生态学、社会责任感、基层民主以及非暴力。这四个基本原则成为绿色政治学区别于传统政治学的四根支柱。除此之外，绿党的某些成员觉得绿色政治学还有第五个原则，即分散化。分散化主要指政治权力的分散。绿色政治学反对过分的官僚化和政府的等级结构，反对极权主义，提倡管理单位分散化和简单化，主张实行基层自治。政治上提倡建立地区那样大小的国家，这样的地区可以用生态的和文化的（如语言）界限来决定。另外，绿色政治学还提出后家长制式的（或女权主义的）观点。

随着西方生态运动和绿色政治的日益发展与壮大，绿党内部分化日益明显，产生了红色绿党和绿色绿党两大阵营。所谓红色绿党，即生态运动中以社会主义为理论基础、主张生态社会主义的派别，包括马克思主义和社会民主主义者；所谓绿色绿党，即生态运动中以无政府主义为理论基础、主张生态中心主义的派别，包括生态原教旨主义者、"深绿派"、生态无政府主义者和主流绿党等。红色绿党是绿党中激进的左派。他们认为，绿党倡导的绿色政治是一种无政府主义的后现代主义政治，必须对其生态中心主义理论进行红色批判，以便走向更现代主义的世界观。他们运用马克思主义、社会主义对生态问题进行分析、研究，并深刻指出：生态危机的根源在于资本主义制度，只有建立生态社会主义制度才能解决生态危机。

第二节 生态社会主义的思想渊源

一 马克思关于人与自然关系的辩证思想

美国生态社会主义者奥康纳认为，马克思"在关于社会的观点中包含有人类不再异化于自然界，人类对自然界的利用不再建立在资本积累逻辑的基础上，而是一方面以个人和社会的需要，另一方面以我们今天所谓的生态学的理性生产为直接基础的思想"。① 马克思在很多著作中表述的人与自然的辩证统一的思想是生态社会主义的思想基础。

马克思关于人与自然关系的认识在其理论发展不同时期具有不同特点。总体来说，其关于人和自然关系的基本观点如下：

（一）人与自然的内在统一

在《1844年经济学哲学手稿》中，马克思用了很多篇幅论述人与自然的关系问题。

首先，马克思强调自然界与人类的生存在活动的先在性。"没有自然界，没有感性的外部世界，工人就什么也不能创造。它是工人用来实现自己的劳动，在其中展开劳动活动，由其中生产出和借以生产出自己的产品的材料。"② 承认自然界的客观独立性和地位的优先性是一切唯物主义的共性，马克思自然观的独特实质并不在于此，而是在此基础上把人和自然的关系看作一个复杂的对立统一的整体。

其次，人和自然的辩证法表现为：第一，自然界是人的无机的身体，人是自然界的一部分。人是自然界长期发展的结果，是自然界的产物。"整个所谓世界历史不外是人通过人的劳动而诞生的过程，是自然界对人说来的生成过程，所以，关于他通过自身而诞生、关于他的产生过程，他有直观的、无可辩驳的证明。"③ 自然界与人的形成都是一个自然历史过程，作为社会产物的人，归根结底是自然界的产物。"人直接地是自然的存在物。人作为自然存在物，而且作为有生命的自然存在物，一方面具有自然力、生命力，是能动的自然存在物；这些力量作为天赋和才能，作为欲望存在于人身上；另一方面，人作为自然的、肉体的、感性的、对象性的存在物，和动植物一样，是受动的、受制约的和受限制的存在物，也就是说，他的欲望的对象

---

① ［美］詹姆斯·奥康纳：《自然的理由——生态学马克思主义研究》，唐正东、臧佩洪译，南京大学出版社2003年版，第3—4页。
② 《马克思恩格斯全集》第42卷，人民出版社1979年版，第92页。
③ 同上书，第131页。

是作为不依赖于他的对象而存在于他之外的;但这些对象是他的需要的对象;是表现和确证他的本质力量所不可缺少的、重要的对象。"①人是自然界的一部分。恩格斯说:"我们连同我们的肉、血和头脑都是属于自然界,存在于自然界的。"② 这就是说,人类和社会的生活归根结底是无所不包的生物地球化学过程和生态系统物质循环的组成部分。第二,自然是人和社会存在的物质条件。"人靠自然界生活。这就是说,自然界是人为了不致死亡而必须与之不断交往的、人的身体。所谓人的肉体生活和精神生活同自然界相联系,也就等于说自然界同自身相联系,因为人是自然界的一部分。"③ 马克思的这一论断又包含以下几层含义:第一层含义是只有人化的自然界才有意义和价值。人和自然是不可分割的。"被抽象地孤立地理解的、被固定为与人分离的自然界,对人说来也是无。"④ "在人类历史中即在人类社会的产生过程中形成的自然界,是人的现实的自然界;因此,通过工业——尽管以异化的形式——形成的自然界,是真正的、人类学的自然界。"⑤ 第二层含义是自然界是人类生存与发展的物质前提。自然界为人类生产提供了生产资料,同时也为人类提供着生活资料。"人(和动物一样)靠无机界生活,而人比动物越有普遍性,人赖以生活的无机界的范围就越广阔。……人在肉体上只有靠这些自然产品才能生活,不管这些产品是以食物、燃料、衣着的形式还是以住房等等的形式表现出来。"⑥ 第三层含义,自然界给人类提供了丰富的精神食粮。第三,自然界是人与人联系的纽带。人是类的存在物,类的形成是以人们之间相互交往为手段的,而这种交往又在生产和生活实践中不断发展。因此,人要生存与发展就必须与自然界进行物质、信息和能量的交换,于是自然界就成为人与人联系的纽带。马克思指出:"自然界的人的本质只有对社会的人说来才是存在的;因为只有在社会中,

---

① 《马克思恩格斯全集》第42卷,人民出版社1979年版,第167—168页。
② 恩格斯:《自然辩证法》,人民出版社1971年版,第159页。
③ 《马克思恩格斯全集》第42卷,人民出版社1979年版,第95页。
④ 同上书,第178页。
⑤ 同上书,第128页。
⑥ 同上书,第95页。

自然界对人来说才是人与人联系的纽带,才是他为别人的存在和别人为他的存在,才是人的现实的生活要素;只有在社会中,自然界才是人自己的存在的基础。"① 自然界是人本身的自然与人的外部自然的统一体。从人本身的自然看,人的身体是人际交往、互相联系的物质承担者,从人体外的自然来看,自然界是人际交往的媒介物。

(二) 劳动是人与自然相互作用的中介

对于人与自然的相互依赖关系,马克思提出"再生产整个自然界"的要求。马克思通过比较动物的生产与人的生产的不同来说明人的生产特点:"动物只是按照它所属的那个种的尺度和需要来建造,而人却懂得按照任何一个种的尺度来进行生产,并且懂得怎样处处都把内在的尺度运用到对象上去;因此,人也按照美的规律来建造。"② 动物的生产只有一个尺度,即只按照自身所属的那个物种尺度和需要,而人的生产要遵循内在的和外在的两种尺度。所谓内在尺度,是指人的生产是要按照人的需要和目的进行的,生产是以人为本的。而所谓外在的尺度,是指人类生产时要按照各个物种本身的要求来进行生产,要按照自然生态规律来进行生产。

在《德意志意识形态》中,马克思集中批判了以费尔巴哈为代表的旧唯物主义的抽象自然观,强调了自然概念的社会历史中介性,看到人类生产对自然界的加工与改造作用。在《关于费尔巴哈的提纲》中,马克思批判了所有旧唯物主义对自然界,对事物、现实和感性所给予的直观的理解,而没有从实践活动和主观能动的角度去理解自然界,这是机械自然唯物主义的通病。马克思站在实践的立场上,看到了环境与人的生存发展的辩证关系,明确了人创造环境,环境也创造人的思想,并主张依赖积极的、能动的实践活动来实现"环境的改变与人的活动的一致"的社会理想。在《资本论》中,马克思用"人与自然之间的物质变换"、"人和土地之间的物质变换"来定义人的生存活动。"劳动作为使用价值的创造者,作为有用劳动,是不以一切社会形式为转移的人类生存条件,是人与自然之间的物质变换即人

---

① 《马克思恩格斯全集》第42卷,人民出版社1979年版,第122页。
② 同上书,第97页。

类生活得以实现的永恒的自然必然性。"①"劳动首先是人和自然之间的过程，是人自身的活动来中介、调整和控制人与自然之间的物质变换的过程。"②马克思还提出了劳动实现人与自然物质变换的前提条件，即要在最无愧于人类本性因而也是最无愧于自然的本性前提下进行。当然，资本主义大工业条件下的劳动是不符合人性的，因此它也斩断了人与自然的物质变换，造成自然的破坏。

总之，马克思强调人和自然的现实统一，人不是像动物那样直接生存在自然界，而是以社会和自然之间特殊的联系形式——劳动作为基础。因为，"正像人的对象不是直接呈现出来的自然对象一样，直接地客观地存在着的人的感觉，也不是人的感性、人的对象性。自然界，无论是客观的还是主观的，都不是直接地同人的存在物相适应的"。人必须根据自己需要，在改造对象世界的过程中让自然以适合于人需要的方式提供给人。正是通过创造对象世界，改造物质世界的劳动，自然界才表现为人的劳动对象，表现为人类生活的对象。由此看来，整个人类的历史不过是自然界对人来说的形成过程，不过是自然界通过人的劳动而产生的过程。这就是马克思所说的"自然界的人化"过程。

在《哥达纲领批判》开篇，针对德国工人党的"劳动是一切财富和一切文化的源泉"的观点，马克思针锋相对地指出："劳动不是一切财富的源泉。自然界和劳动一样也是使用价值（而物质财富本来就是由使用价值构成的！）的源泉，劳动本身不过是自然力的一种表现，即人的劳动力的表现。"③这里马克思强调自然对于劳动和物质财富创造的重要性，自然条件是一切劳动资料和劳动对象的第一源泉，在人类生产劳动活动中，没有自然界所提供的劳动资料和劳动对象，人类社会的生产劳动将无法维系，社会财富也无法产生。

（三）只有共产主义才能实现人与自然的和解以及人类本身的和解

马克思主义不但强调劳动对人与自然关系的中介作用，而且强

---

① 《马克思恩格斯全集》第23卷，人民出版社1972年版，第56页。
② 《马克思恩格斯选集》第2卷，人民出版社1995年版，第177页。
③ 《马克思恩格斯选集》第3卷，人民出版社1972年版，第5页。

调社会制度对人与自然关系的影响。马克思在《1844年经济学哲学手稿》中，从对人与自然关系研究中得出了下面结论：人与自然和谐统一的理想境界的实现，不能依靠资本主义制度，而只能依靠共产主义社会制度的实现。因为，在资本主义社会，异化是普遍存在的。在资本家看来，"人是微不足道的，而产品则是一切"。① 他们"把工人只当作劳动的动物，当作仅仅有最必要的肉体需要的牲畜"。② 资本主义的"工业直到现在还处于掠夺战争的状态"。③ 因此，资本主义社会的基本矛盾决定了它不可能真正实现人与自然的和谐统一。而这种理想只能在共产主义社会才能实现。因为"这种共产主义，作为完成了的自然主义，等于人道主义，而作为完成了的人道主义，等于自然主义，它是人和自然之间、人和人之间的矛盾的真正解决，是存在和本质、对象化和自我确证、自由和必然、个体和类之间的斗争的真正解决"。④ 由于只有在共产主义社会人类才能够真正解决上述矛盾，所以，人类社会要想真正达到人与自然的和谐统一，就必须从必然王国走向自由王国。马克思认为，只有共产主义才能实现社会解放、人的解放与自然解放的统一。在《资本论》中，马克思批判了资本主义生产方式引起的人与自然新陈代谢的断裂，描述了当时资本主义社会制度给自然生态环境和工人的生产与生活环境所造成的灾难性后果。"资本主义生产方式按照它的矛盾的、对立的性质，还把浪费工人的生命和健康，压低工人的生存条件本身，看作不变资本使用上的节约，从而看作提高利润率的手段。"⑤ 马克思具体从在当时资本主义生产方式中占主导地位的几个生产部门情况出发，揭示了资本主义生产方式对自然环境和工人的生存环境造成的破坏。

马克思恩格斯认为，要实现社会和自然的和谐发展，"还需要对我们现有的生产方式，以及和这种生产方式连在一起的我们今天

---

① 《马克思恩格斯全集》第42卷，人民出版社1979年版，第72页。
② 同上书，第57页。
③ 同上书，第60页。
④ 同上书，第120页。
⑤ 《资本论》第三卷，人民出版社1975年版，第102页。

的整个社会制度实行完全的变革"。① 这种变革追求的目标是："社会化的人，联合起来的生产者，将合理地调节他们和自然之间的物质变换，把它置于他们的共同控制之下，而不让它作为盲目的力量来统治自己；靠消耗最小的力量，在最无愧于和最适合于他们的人类本性的条件下来进行这种物质变换。"② 为此目的，马克思提出"使自然界真正复活"、"使人和自然的矛盾真正解决"的历史使命。恩格斯也提出了克服私有制社会中人与自然冲突和人与人冲突的任务，实现人与自然的和解、人与人之间和解的目标。马克思预言，在社会主义社会，自然力量和社会力量一样，都不再作为异己力量与人类相对立，人类在对必然充分认识基础上，进入自由王国。

马克思和恩格斯关于人和自然、社会和自然的辩证法是生态社会主义思想的理论基础，就马克思的自然观本身的讨论也成为生态社会主义理论的重要组成部分。

二 法兰克福学派对资本主义生态危机的批判

法兰克福学派对人与自然的关系、资本主义生产中出现的生态危机等问题进行了研究与批判。《启蒙辩证法》是法兰克福学派的一部代表作。它的基本特征是把对德国法西斯主义的批判追踪到启蒙精神的自我摧毁，并把极权主义归因于科学的逻辑，进而对资本主义社会进行批判。在这一著作中，霍克海默和阿多诺指出，旨在征服自然和把理性从神话镣铐下解放出来的启蒙运动，由于其自身内在的逻辑而转向了它的反面。在他们著作中多次提到培根，"他（培根）关于人能理解事物本性的值得庆幸的尊严的思想是颇有威望的。他认为战胜迷信的理性可以指挥失去魔力的自然界。知识就是权力，它既无限地奴役生物，也无限地顺从世界的主人"。③ "人们想从自然界学到的东西，都是为了运用自然界，完全掌握自然界

---

① 恩格斯：《自然辩证法》，人民出版社1971年版，第160页。
② 《资本论》第三卷，人民出版社1975年版，第926—927页。
③ ［德］马克斯·霍克海默、特奥多·阿多尔诺：《启蒙辩证法》，洪佩郁、蔺月峰译，重庆出版社1990年版，第2页。

和人的。除此以外没有别的目的"。① 这就是说，人们要从自然中学习的东西，就是如何使用它，以便掌握自然和统治自然。启蒙精神最初作为神话的解毒剂而出现，发展到后来，理性本身却成了神话。启蒙目的是使世界非神秘化，而经过启蒙的世界却充满了不幸，因为此时的世界被排除了任何目的，它成了赤裸裸的实在。"神话变成了启蒙，自然界变成了单纯的客观实在。人们以他们与行使权力的对象的异化，换来了自己权力的增大。启蒙精神与事物的关系，就像独裁者与人们的关系一样"。②

人对自然的统治和人对人统治的关系问题，是《启蒙辩证法》一书所要探讨的主要内容。他们已看到："每一个企图摧毁自然界强制的尝试，都只会在自然界受到摧毁时，更加严重地陷入自然界的强制中。欧洲文明就是沿着这个途径过来的。"③"不仅对自然界的支配是以人与所支配的客体的异化为代价的，随着精神的物化，人与人之间的关系本身，甚至个人之间的关系也神化了。个人变成了事实上必然表现出来的习俗的活动和活动方式的集中表现点"。④由于屈从于维持自我生存的目的，理性转变成工具。一方面是人对自然的控制加强了；另一方面是社会对人的生活，甚至是对人的内心的操纵加强了。因此霍克海默和阿多诺在《启蒙辩证法》中所得出的结论是：历史的目标不应是对自然的统治，而应是与自然的和解。这正是现代生态运动的政治纲领，只是后者带有更多的经验成分。

继霍克海默和阿多诺之后，1946年马尔库塞在其所著《单向度的人》一书中，系统阐述了发达工业社会的意识形态。他认为，技术进步并没有解放人类，而只是有助于创造社会控制的更有效的形式，资本主义统治通过提供越来越多的商品来控制人的需求，以转移人们在异化的非自主性劳动中所产生的失落感，这就导致支配现

---

① ［德］马克斯·霍克海默、特奥多·阿多尔诺：《启蒙辩证法》，洪佩郁、蔺月峰译，重庆出版社1990年版，第2页。
② 同上书，第7页。
③ 同上书，第11页。
④ 同上书，第24页。

象和虚假需求。生态社会主义者阿格尔在此基础上指出,这种支配和虚假需求造成了生态压力。

马尔库塞也意识到自然的压抑与资本主义制度的内在联系。他指出,当代资本主义在压抑人的同时也压抑着自然,在造成人的异化的同时也造成自然的异化;生态危机已不是一个纯粹自然的、科学的问题,它实质上是资本主义的经济危机、政治危机和人的本能结构危机的集中表现。他强调被异化的自然成为统治者的工具,而屈从于资本主义现实合理性。因此,生态问题从根本上说是资本主义制度问题,是制度造成了自然污染。

"这方面的斗争是一种政治斗争;对自然的损害在多大程度上直接与资本主义经济有关,这是十分明显的。……今天我们必须反对制度造成的自然污染,如同我们反对精神贫困化一样。我们必须发展资本主义世界的环境保护,使它不再受到阻碍,为此我们必须首先在资本主义世界内部推进这项工作"。[①] 同时马尔库塞把控制自然看作是中性的。他说:"和平以控制自然为前提,自然是而且将继续是同发展中的主体相对的客体。不过存在两种控制:压迫的控制和解放的控制。后者导致不幸、暴力和残酷行为的减少。"[②] "一切欢乐和幸福都导源于超越自然的能力——在超越之中对自然的控制本身服从于生存的解放与和平……对自然的事物的颂扬是保护一个不自然社会、反对解放的意识形态的一部分"。[③] 他并不反对控制自然,他反对的是对自然的压迫的控制;控制应是解放的控制,在人和自然的和谐关系下的控制:"在此情况下,征服自然就是减少自然的蒙昧、野蛮及肥沃程度——也暗指减少人对自然的暴行。土壤的耕作本质上不同于土壤的破坏,自然资源的提取本质上不同于浪费性的开发,开辟森林空地本质上不同于大规模砍伐森林。"[④] 马尔库塞对控制自然的这一辩证认识开辟了生态社会主义先河,同时也和马克思的自然观相一致。

---

① [美]马尔库塞:《工业社会和新左派》,商务印书馆1982年版,第129页。
② [美]马尔库塞:《单向度的人》,上海译文出版社1989年版,第212页。
③ 同上书,第213页。
④ 同上书,第215页。

在探索克服生态危机、克服人与自然关系异化乃至自然的解放与人的解放之间的关系问题中，马尔库塞首先将自然的解放作为人的解放的手段或前提，具体做法就是用科学技术保护自然并重建生活环境，让自然自由发展。在《反革命与造反》中，马尔库塞这样指出他要论证的目的："本章则试图指出，解放最终和什么问题有关，亦即和人与自然的新关系——人自己的本性与外部自然的新关系有关。自然的急剧变化将成为社会急剧变化的主要组成部分。"① 为什么人的解放以自然的解放为前提呢？"当前发生的事情是发现（或者主要是重新发现）自然在反对剥削社会的斗争中是一个同盟者，在剥削社会中，自然受到的侵害加剧了人受到的侵害。自然的解放力量及其在建设一个自由社会时的重要作用的发现将成为推动社会变化的一支新力量"。② "自然的解放乃是人的解放的手段"。马尔库塞这里的自然包括两个组成部分：其一是人性也即人的本能和感官，其二是外部自然即人的生存环境。马尔库塞论述更多的是前者。在他看来，人的感觉和本能作为人的内部自然并不是单纯的心理现象，它是媒质，社会的要求在其中变为个人需要；同样地，它在改造社会的政治实践中和对个人解放的追求之间也起着中介作用。马尔库塞认为马克思虽然强调了政治意识的发展，但对解放的个人基础研究不够，这种解放的个人基础在马尔库塞看来就是个体感觉和本能的解放。"自由社会的建设是以和世界的传统经验及歪曲的感觉的决裂为前提的"。③ 马尔库塞先分析历史与自然的关系。他说："自然被打上历史的烙印，这表现在两个方面：其一，自然作为社会地变化了的自然和人相对，它屈从于一种特殊的合理性，这一合理性越来越发展为一种适应于资本主义要求的技术的、工具主义的合理性。其二，这一合理性也贯穿在人的本性，人的本能之中。"④ "在现存社会中，越来越有效地被控制的自然已经成了扩大对人的控制的一个因素：成了社会及其政权的一个伸长了的胳臂。

---

① ［美］马尔库塞：《工业社会和新左派》，商务印书馆1982年版，第127页。
② 同上。
③ 同上书，第130页。
④ 同上书，第127页。

商业化的、受污染的、军事化的自然不仅从生态的意义上，而且也从生存的意义上缩小了人的生活世界，它妨碍着人对他的环境世界的爱欲式的占有：它使人不可能在自然中重新发现自己，无论是在异化的彼岸，还是在此岸；它也使人不可能承认自然是自主的主体——人和这一主体一起生活在一个共同的人的世界里"。①

最后，马尔库塞对"自然的解放"做了界定："自然的解放意味着重新发现它那提高生活的力量，重新发现那些感性的美的质，这些质对在无休止的竞争中浪费了的生命来说是陌生的；这些质表明了自由的新的质。"②马尔库塞所说的自然的解放并不是回到技术前状态，而只是推动它向前，以不同的方式利用技术文明的成果，以达到人和自然的解放，和将科学技术从为剥削服务的毁灭性滥用中解放出来。马尔库塞还从哲学上分析解放自然的含义："解放要求自然迎合这样一种活动，要求自然中拥有能支持和促进人的解放的力量，而这些力量曾经受到歪曲和压制。自然的这样一种能力可以被看作是'偶然的'或'盲目'的自由，这种能力能赋予人的努力一种意义：将自然从这种盲目性中解脱出来，用阿多诺的话来说就是：帮助自然、'睁开它的眼睛'；在这个贫困的地球上，帮助它做到它也许能做到的事情。"③

马尔库塞赞同马克思《1844年经济学哲学手稿》中关于人与自然关系的思想，认为把自然的解放作为人的解放的手段的思想是马克思手稿的中心问题，主张应该按照马克思的"对自然的人道的占有"，即按照人的本质占有自然的思想确定我们所进行的"自然革命"的内容。那就是从改变人、改变现存社会造成的人们的生活方式、思维方式、心理类型和心理机制入手，进行一场人的本能结构革命和自然观革命。这种革命的目的是为实现人的自我本质、克服各种形式的异化，使自然得到解放，使人类人道地占有自然。马尔库塞通过对马克思《1844年经济学哲学手稿》研究，认为它是马

---

① ［美］马尔库塞：《工业社会和新左派》，商务印书馆1982年版，第128页。
② 同上。
③ 同上书，第133页。

克思关于解放全人类的学说中一个一直未被人们重视的方面。过去，人们只是对从资本主义制度的奴役下解放全人类的问题予以关心，而没有把自然视为人类解放的一个领域。马尔库塞认为，把自然的解放当作人的解放的手段的思想是马克思上述手稿的中心思想，他认为，既然人对人的统治是依赖对自然的统治来实现的，那么人的解放同样也要依赖自然的解放来实现，而自然的解放就是恢复那些自然中所产生的向上的力量，恢复那些与生活相异的、表示着自由新特性的感性美的特征。马尔库塞认为，马克思在《1844年经济学哲学手稿》中把人的一切感觉和特性的彻底解放看作是社会主义基本特征，尽管具有科学的特征，尽管费尔巴哈的哲学自然主义占了主导地位，但它们仍表达了最激进、最全面的社会主义思想，而且正是在这些文章中，自然占据了它在革命理论中应该占有的地位。

"随着技术对自然征服的增长，人对人的征服也得到了增长"这一思想在法兰克福学派那里得到充分表述。可以看出，他们的思想明显受到海德格尔技术批判理论的影响。马尔库塞是海德格尔的学生，有人曾经把马尔库塞与海德格尔进行比较研究，认为海德格尔对技术的批判和对人类生存条件的关注止于哲学，那么马尔库塞等人的理论则进一步现实化为社会学，所以，可以把马尔库塞称为"被应用的海德格尔"，这个规定同样适合于霍克海默。两者之间的不同在于，海德格尔的批判矛头是直接指向技术的，他的保护地球和自然的观点带有抽象人本主义色彩，而马尔库塞等人则是在对资本主义制度进行批判的前提下谈论人对自然的统治和人对人的统治之间的关系的。因此，法兰克福学派是站在马克思主义立场上考察问题的，这正是它的可贵之处。他们并没有从根本上否定马克思主义，而只是认为当代资本主义新趋势、新特点使"原本马克思的异化—社会基本矛盾—经济危机—人的解放"这样一条思路变得模糊起来。而他们所要做的就是揭示自我施加的支配现象，他们的失误之处在于对解放做出了悲观主义结论。

三　生态学、系统论的方法论

生态社会主义产生于19世纪的新兴科学——生态学基础上，它力图克服生态学方法论的非历史性缺陷，把社会理论与生态学结合起来。"生态学"概念是 1868 年德国生物学家海克尔最早提出的，他把生态学理解为关于有机体与周围外部世界的关系的一般科学。生态学概念的提出，不仅创立了一门新的生物学科，而且把环境因素纳入生物学研究，开创了生物科学新时代，开创了人类面对自然的新理念。过去人们对生命现象的认识只限于生物有机体本身，却不包括环境因素。但是，生物离开环境是一种死物，把有机体与环境分割开来进行研究，这只能是一种抽象研究，而不是研究现实的生命。现实的生命，除有其特殊的有机组织及其功能外，还有它的特有环境，以及它们的相互作用，把这些综合起来，才会有对生命现象的完整的认识。

生态科学的哲学前提是系统科学的关联原则。"系统"一词最早见于希腊文，即由部分组成整体之意。系统论创始人美籍奥地利物理学家路德维格·贝塔朗菲认为，系统是由若干相互作用、相互依赖的要素所组成的具有一定结构和特定功能的有机整体，它一般具有整体性、联系性、目的性、环境适应性、层次性等特征，它强调事物的整体性和各部分之间的关联性。1935 年，英国植物生态学家坦斯利首次提出生态系统概念，开始把生态学和系统论结合起来，从更宏观的角度认识生态问题，强调了生物和环境是不可分割的整体；强调了生态系统内生物成分和非生物成分在功能上的统一，把生物成分和非生物成分当作一个统一的自然实体。简单地讲，这是一种把世界视为整体的新观点，并且这不再是传统哲学中那种抽象的"普遍联系"，而是来自现代科学的直接确证。20 世纪 40 年代后出现的系统科学和复杂性科学实际形成了全新的自然科学方法论，这就是系统存在的理论规定性。系统论反对将事物独立起来的做法，认为一切事物都是由多元要素功能性构成的相互作用着的整体。存在的整体不是要素之和，任何一个要素在脱离了整体的功能互动后也将失去自己的系统存在。系统存在是一种要素之间相互作用、相互依存的动态平衡。系统论实际上在很深的层面上反对了生物圈中的人类中心和利己主义。这是因为，如果人把自己孤立起来，用伤害的手段对待生态系统整体中的其他要素（自然），那么在破坏了系统存在整体的功能运转之后，必然要在整体的毁灭中毁灭自己。这正是现代生态学的哲学元方法论的前提。

生态学早先研究动物与其生存环境的关系，随后研究所有生物与环境的关系，今天已经发展到对人类活动引起的环境问题的全方位研究，即以整个地球生物圈的整体性为基点，关注生态环境系统的内在关联和相互依存性，反对人类主体能力的过度滥用，要求人类限制现代工业发展特别是科学技术对生态基础的根本性破坏，以求得最终意义上的人类生存之良性结构。这里实际上存在三个相互联结的核心概念：人类生态环境、生态系统和生态平衡。人类生态环境是指我们周围的各种自然因素总和，它是人类生存和发展的摇篮和襁褓；生态系统是以生物圈为核心的生物与环境的相互作用、相互依存的功能性统一体；生态平衡是由生物自身与环境在相互交流中所达至的一种稳定状态，这个稳定状态是整个生态系统得以维系的根本。在现代生态学视界中，工业社会以前人类生态环境还是由自然、人与社会三个相互作用的基本要素所构成的良性运转系统，但是，一旦以现代科学革命为基础的工业技术出现后，原有人类生态系统就发生重大的变化。当代科学技术就像是数学中的"乘号"，人类的生产力在技术的驱动下发生了成百上千倍的增长。人类生存世界的原有动态格局被大大改变了。自然、社会与人的格局一下子突变为以技术为轴心的异化式的旋转态势，人创造了技术，却不能有效地控制技术的张力。人、自然和社会都在技术的无限扩张下畸变为一种新的附属物。最重要的是，技术已经突破了自然界生态环境可能容纳的极限，环境被严重污染，资源在面临枯竭，人口膨胀已到了难以承受的地步，而人自己制造出来的核武器却要直接毁灭整个世界……人类社会由此也在走向自己末日。而这些，恰恰是人自己创造出来的技术杀手造成的。因此，生态学要求控制技术，限制人类生产力的发展，重新审视人与自然、技术与整个生态环境的关系，建立一种新的排除人类中心主义的生态价值取向。

生态学概念、观点被广泛引用到其他领域，它已经从一个传统的经验性描述的学科发展成为一个用现代理论与高技术武装起来的多学科交叉的庞大学科，产生了许多边缘学科，并且逐渐渗透到人文科学如政治、管理、美学、伦理、文化等领域，出现了所谓科学"生态化"现象。生态社会主义正是这些现象之一。著名生态学家欧德姆1997年出版的《生态学：科学和社会的桥梁》一书认为，生态学是一门独立于生物学，甚至独立于自然科学之外的有关人类社会持续发展的系统科学，即社会生态学，社会生态学所关注的不只是人与物质环境的关系，还要关注人与人的关系，特别是人的物质生活与精神生活的关系。它是一门交叉学科，在这门学科中，自然科学和社会科学的概念和方法论必须一起运用。社会生态学越来越坚持新的方法论并把它涵盖在其研究之中，这种方法论的趋向为它不仅包含科学的背景，而且包含生态学目的的背景。在日益大众化压力下，它变得越来越具有前瞻性。社会生态学的这种未来学的定位总体上不同于把自身定位于生物学的一个分支的生态学。

生态社会主义理论正是建立在生态学、社会科学相结合的社会生态学基础上的。近代生态学具有与系统科学、社会科学相渗透的两大趋势。正是在19世纪、20世纪这两大科学及其结合基础上产生了绿色政治学包括生态社会主义和"网络系统"的思想。"网络系统"思想是生态社会主义认识世界的基本方法，它与生态系统在本质上并无区别。曾任联邦德国绿党发言人的曼农·马伦格里泽巴赫教授曾喜欢用"网络系统"而不用系统思想，"网络系统"思想中的系统其实是生态系统中的系统。生态社会主义"网络系统"思想认为，在自然界，每一种有机体都是一个统一的整体，都是一个生命网络系统，整个自然界包括人就是一个由无数不分主次、互相联系、不断发展的生命网络系统构成的生态系统。所有系统都是由它们的组成部分的相互作用和相互依存产生的。当一个系统被分割为孤立的组成部分时，这个系统的特性就会遭到破坏，更大的系统也会随之改变。因此，人类必须研究自然界中相互联系着的各种过程的特殊网络，研究人类之间以及人类与自然之间的相互作用，维护生态系统的稳定性。正是在这种建立在生态学和系统论基础上的"网络系统"思想指导下，生态社会主义视生态高于一切，把维护生态平衡，用"生态经济"模式代替现行的资本主义"市场经济模式"作为其第一重要目标，所以，没有生态学、系统论及其与社科学的结合,就没有生态社会主义。生态社会主义是生命与环境科学发展引发社会价值观念变革的结果。生态学与系统学更多的是一种科学的成就,以社会实践为己任的马克思主义研究必须把它与社会学、政治学结合起来,才能达到自己的目的。生态社会主义无疑具有生态学的血统。

第三节 生态社会主义概念及历史发展

一 生态社会主义概念

生态社会主义是西方资本主义国家绿色运动和社会主义运动相互影响而交互发展的产物。作为一种理论,它主要探讨晚期资本主义资本的全球性扩张与生态危机之间关系,并在此基础上勾画一种生态社会主义的替代方案;在实践上,生态社会主义则表现为当代资本主义绿党政治中左翼具有社会主义性质的探索。生态社会主义者一般认为,生态危机的根源在于资本主义制度,资本主义的生产方式以经济理性为基础,片面追求利润的最大化,不择手段地节约生产成本,其结果必然把自然资源作为免费的礼物,造成生态环境急剧恶化。生态社会主义者也不认同现存社会主义制度,认为现存社会主义国家同样存在着严重的生态问题。他们认为,苏联以及东欧社会主义国家生产资料公有制并非马克思设想的全社会公共所有制,实质是国家所有制或官僚所有制,同时现存社会主义国家也没有实现民主,为了追赶资本主义国家,提高国家实力和国民生活水平,优先发展重工业、追求财富的快速积累,其结果是造成生态环境的严重破坏。生态社会主义宣称自己走的是"第三条道路"——既区别于资本主义,也不同于苏东式社会主义的中间道路。

生态社会主义与生态主义理论具有本质的区别。一般生态主义哲学提出的解决生态危机的方案不涉及改变资本主义的根本社会制度,因此他们的生态理论与社会主义并没有联系;生态社会主义则希望通过对资本主义必然导致生态危机的分析引发一场社会主义政治运动。一般生态主义理论,其研究方法具有超越具体历史条件的抽象性缺陷；而生态社会主义则坚持自然和社会相互作用的方法论原则。一般生态主义理论往往受技术决定论支配，而生态社会主义认为更重要的是应用技术的社会结构和组织形式。

生态社会主义与生态马克思主义是相互联系又有所区别的两个概念，生态社会主义属于绿色运动中的左翼，而生态马克思主义则属于左翼中的左翼。生态社会主义概念的外延较大，在生态社会主义的阵营中，既有坚持马克思主义的，也有反对马克思主义的。另外，在理论内容上，生态马克思主义在哲学上探索较多，对生态社会主义方案探讨较少；生态社会主义则相反，他们对马克思恩格斯文本的挖掘往往不那么全面和深刻，但对生态社会主义本身思考较多。

二 生态社会主义的历史发展

生态社会主义自产生以来，经历了不同发展阶段，大致可分为四个历史时期：20世纪70年代的形成时期，80年代的发展时期以及90年代的成熟时期和21世纪的分化时期。

（一）生态社会主义形成时期

这一时期的代表人物主要有英国生态社会主义者威廉·莫里斯、德国绿党理论家鲁道夫·巴罗和波兰共产党理论家亚当·沙夫。生态社会主义思想最早可追溯到19世纪中后期英国社会主义者莫里斯。他通过文艺作品表达了对资本主义制度下生产和生活方式的批判，在其《乌有乡消息》等著作中，他揭示了环境问题的资本主义制度根源，提出了消除虚假需求和异化劳动的思想，并看到工人阶级在社会变革中的作用。之后的生态社会主义者大都从他那里汲取思想营养。

鲁道夫·巴罗和亚当·沙夫是最早介入绿党的共产党人，被看作是红色的绿化，其政治道路典型特征是从红到绿。鲁道夫·巴罗原是东德统一社会党党员，后因持不同政见出逃到联邦德国，在汉诺威大学任教授，同时开始倡导社会主义生态运动，研究生态社会主义，谋求绿色和红色政治力量的结合，被誉为"西方社会主义生态运动"代言人。巴罗提出，要建立一个由绿党、生态运动、妇女运动和一切进步的非暴力社会组织组成的群众联盟。他的主要著作有《从红到绿》《创建绿色运动》等。亚当·沙夫原是波兰共产党意识形态负责人和马克思主义哲学家，是波兰人道主义马克思主义的代表人物，1968年被解职后任奥地利大学客座教授、维也纳大学哲学教授，1972年后成为罗马俱乐部最早成员之一，1980年任罗马俱乐部执行委员会主席。以上二人既是共产党人中最早介入生态运动的人，也是第一代生态社会主义代表。这一时期的生态社会主义者虽然提出了"生态社会主义"的口号，但缺乏系统性理论成果。

（二）生态社会主义的发展时期

20世纪80年代生态社会主义进入发展时期，主要表现为绿色运动的继续高涨和理论构建。1987年国际绿党大会的召开标志着在生态社会运动基础上形成的绿党已成为国际政治舞台上的一支重要力量。与之同时，生态社会主义的理论也不断得到发展。这一时期的主要代表人物是威廉·莱斯、本·阿格尔、安德烈·高兹、大卫·佩珀、沃德·帕森斯、阿什顿和哈维等。其中影响最大的是莱斯、阿格尔、高兹和佩珀。主要理论著作有莱斯的《自然的控制》（1972）和《满足的极限》（1976）、阿格尔的《论幸福和被毁的生活》（1975）和《西方马克思主义概论》（1979）、高兹的《作为政治学的生态学》（1975年）、佩珀的《现代环境运动的根源》（1984）、帕森斯的《马克思恩格斯论生态学》（1977年）、哈维的《资本的极限》（1982）和阿什顿的《绿色之梦：红色的现实》（1985）等。这一时期的生态社会主义者比较明确地提出了生态社会主义的社会政治、经济、社会生活和意识形态等要求，在社会生态运动中占有相对主导地位，初步实现了绿色运动向社会主义的转向。他们认为，当代资本主义的危机从本质上说就是生态危机。由于受生态中心主义的影响，大多数生态社会主义者将生态危机根源归于科学技术、工业化、人类的自私贪婪、基督教和控制自然的传统观念。例如，莱斯认为，控制自然的观念造成与日俱增的环境问题，阿格尔则指出，资本主义的异化消费是导致生态危机的根源。他们认为，解决生态危机的关键在于变革人们的观念和改变技术，主张用小规模的技术取代高度集中的、大规模的技术，使生产过程分散化、民主化。也有一些生态学马克思主义者把生态危机与资本主义制度联系起来进行分析,把生态危机的解决同社会主义结合起来。例如,高兹就明确指出,资本主义的"生产逻辑"不可能解决生态问题。阿格尔也把解决生态问题的斗争同社会主义联系在一起。但是,在如何实现社会主义和建构未来社会主义模式问题上,他们仍未摆脱生态中心主义的影响,这表现为他们反对工业增长,反对发展科学技术,反对马克思主义的暴力革命。高兹认为,建立新的社会制度完全取决于运用与资本主义不同的技术。阿格尔认为,发达资本主义国家争取社会主义道路不能依靠暴力革命,而只能运用马克思的异化理论和他们的生态危机理论发动人民批判资本主义那种违反自然和人性的集中化和官僚化;然后,在适当时候创造条件,解决所有制问题;最后,把生产过程的分散化、非官僚化、工人管理三者结合起来,建立一种稳态经济的社会主义。大致地说,在这一时期,生态社会主义形成了比较完整的理论体系,全面探讨了生态危机的根源和解决生态危机的途径,描绘了未来社会的理想蓝图。

(三) 生态社会主义理论成熟时期

20世纪80年代末90年代初,苏联、东欧现实社会主义国家失败,使人们对传统社会主义社会的希望破灭了。但人们又普遍对资本主义的现实感到不满,产生幻灭感。这种双重幻灭使人们对资本主义和现实社会主义之外的"第三种选择"更加感兴趣。生态社会主义因其对生态问题的关注,对社会主义的独特见解而日益引起人们的重视。此外,20世纪80年代以后,由于生态运动的迅猛发展和欧洲政治风向的右转,欧洲一些社会党、共产党开始采取与绿色运动结盟的政策,西方社会主义的日益"绿化"也增加了生态社会主义的力量,提高了它在生态运动中的地位。这一时期生态学社会主义的主要代表人物有高兹、乔治·拉比卡、瑞尼尔·格仑德曼、大卫·佩珀、詹姆斯·奥康纳、福斯特等。主要理论论著有高兹的《资本主义、社会主义和生态学》(1991)、格仑德曼的《马克思主义与生态学》(1991)、佩珀的《生态社会主义:从深生态学到社会正义》(1993)、奥康纳的《自然的理由——生态学马克思主义研究》（1997）、福斯特的《马克思的生态学：唯物主义与自然》（2000年）等。

　　这一时期生态社会主义者在吸取了西方绿党生态学、社会责任、基层民主和非暴力等基本原则基础上，着重强调生态社会主义与马克思主义的渊源关系，强调马克思主义是生态社会主义的理论基础，并以马克思的人与自然关系的辩证法为指导重返人类中心主义。这一时期的生态社会主义者对生态危机根源的分析更深刻，对资本主义的批判更尖锐、更系统，他们不但反对将生态危机的原因归于科学技术、工业化和控制自然的传统观念，而且反对把生态危机根源归于资本家个人的自私贪婪，或者消费者的异化消费。他们认为，生态危机是资本主义生产方式的必然产物，资本主义为了追求利润最大化而导致了生态危机，而且把生态危机转嫁给发展中国家。因此，他们对世界银行、国际货币基金组织之类的国际金融机构对发展中国家的援助持否定态度。总之，这一时期的生态社会主义者强调资本主义生产方式的内在矛盾是造成生态危机的根本原因，解决生态危机必须与反对国际资本主义的斗争结合其起来。

　　20世纪90年代以后的生态社会主义者对生态社会主义模式的探讨更系统。他们提出，要超越当代资本主义和传统社会主义模式，建立一种人与自然和谐发展的新型的社会主义模式，并全面探讨了关于社会变革的领导力量和主体力量、社会变革的现实途径和策略以及未来社会主义的模式，形成一个更加完整、系统的理论体系。与早期相比，这一时期生态社会主义者的观点发生了明显的变化：他们不仅明确提出反对生态中心主义的人类中心主义原则，而且重视马克思主义的阶级斗争理论，同意将某种形式的阶级斗争（如罢工）作为非暴力斗争的一个补充，并且反对舒马赫主义，放弃稳态经济，主张经济以满足人的需要为目的的适度增长，坚持工业社会的发展观。此外，他们还反对基层民主，认为区域的、国家的、国际的计划是必要的。总体上说，90年代以后，生态社会主义克服了早期生态社会主义反工业化的生态浪漫主义倾向，在理论上更加完善，并呈现出"红色"后来者居上趋势。

（四）生态社会主义的分化和深化时期

进入 21 世纪以来，生态社会主义表现出新的特征：观点出现分化、理论更加深化。如在是否坚持人类中心主义的立场上，分化出人类中心主义的生态社会主义和生态中心主义的生态社会主义，在英国坚持前者的有格仑德曼、佩珀，坚持后者的有本顿、艾克斯丽；在如何看待经济增长问题上，分化出适度增长的生态社会主义和限制增长的生态社会主义，坚持前者的如佩珀，坚持后者的如印籍德国生态社会主义者萨卡·萨拉。萨拉提出增长的极限，要求无论资本主义国家还是发展中国家都要实行经济压缩；在如何对待马克思主义的问题上，分化出马克思主义的生态学的挖掘与重释和对马克思主义的重构，前者如福斯特、柏格特，他们通过对马克思恩格斯文本的重新解读，从马克思关于人与自然的新陈代谢的思想、历史唯物主义、劳动价值论和共产主义思想中发掘出生态逻辑。后者如奥康纳和科威尔，他们认为，马克思主义理论中存在着生态学空场，并试图对马克思主义进行重构。这一时期的生态社会主义对马克思恩格斯生态思想的挖掘更系统，对资本主义制度的批判更深刻和对生态社会主义的建构更全面。同时，这一时期的生态主义影响进一步扩大，超出欧美，在其他国家获得共鸣，如日本的岩佐茂结合日本生态环保实践，用日本语言和思维方式阐述生态社会主义思想。

第二章 生态社会主义理论述要

第一节 马克思主义与自然

一 詹姆斯·奥康纳对历史唯物主义的生态学重构

美国当代社会生态学家詹姆斯·奥康纳在其《自然的理由》一书中认为，马克思的历史唯物主义存在着生态学的理论空场。"对土地的挚爱，地球中心主义的伦理学及南部国家的土著居民和农民的生计问题"在马克思主义的理论和实践中被遗忘了。[①] 奥康纳致力于探索一种能将文化和自然的逻辑与传统马克思主义的劳动或物质生产的范畴融合在一起的方法论模式，正是在对这种方法论探索中，奥康纳完成了他对历史唯物主义的生态学重构。

奥康纳认为，在认识论的层面上，对历史唯物主义观念进行修订是很有必要的，因为它已既不够历史也不够唯物了。不够历史是因为马克思在商品和资本拜物教理论之外，并没有一种社会和文化理论。不够唯物是因为《资本论》不包括一种自然和生态学理论。马克思的资本、阶级斗争以及革命理论对于文化或环境运动没有实质的涉及。之所以如此，一个重要的原因就是，在马克思那个时代还没有这两种类型的重大运动。马克思生活和工作在资本主义发展的早期阶段，当时反对欧洲旧秩序的政治革命多少已经完成，而经济革命还正在进行。马克思的《资本论》对于经济革命即资本、雇佣劳动、技术、股

---

① [美]詹姆斯·奥康纳：《自然的理由——生态学马克思主义研究》，唐正东、臧佩洪译，南京大学出版社2003年版，第5页。

份公司、世界市场的发展等当然很了解。但是，直到马克思去世，欧洲和新世界的社会本身才发生了革命性变化，尤其是资本主义的社会和文化才形成。这涉及两种基本变化：劳动对人性的压抑更加明显，商品也以满足人们虚假需求的形式开始了对日常生活的统治，在20世纪末期，消费主义和这种"景观社会"达到了高潮。另外，土地也日益商品化了，最后变成一种投资，不动产被看成与其他投资没有什么两样。与劳动在工作场所失去了它的自治权一样，土地也变得不再是一种场所、一个家园或一个社区了，它更多地变成了一种商品，社会也变得更为个人主义化、私人化和物化了。而政治身份的形成则更多地依据于归属、文化身份和场所，而不是经济的和社会的等级。在此期间，资本已日益将自然系本身商品化。奥康纳指出：在正统马克思主义形成时期，工业资本主义文化和自然还处在胚胎阶段，因此马克思不可能把社会的、文化的以及环境的线索作为自己的理论基础，只能以政治和经济的历史作为历史唯物主义理论的主导逻辑，而现在伴随着生态危机的全球蔓延，生态科学的出现和生态斗争的兴起，马克思主义必须拓展自己的理论内涵，进行历史唯物主义的"重构"。历史唯物主义需要把自己的内涵向外扩展到物质自然界，因为，自然界，不管是"第一"自然还是"第二"自然的变化与发展都将对人类历史产生影响；反之亦然。同时，历史唯物主义还需将内涵向内延伸，因为，人们需求的变化以及社会再生产过程已被社会所调节和建构，这将对人类和自然界的历史产生影响。

总之，奥康纳认为，马克思生态学理论空场的存在客观上要求文化和自然两大主题和传统马克思主义的社会劳动主题融合起来，而对这种融合的方法论探索，就是对历史唯物主义的生态学重构。

在历史唯物主义中，社会劳动是一个双向过程。第一个过程是由人类与自然界提供的物质资料之间的技术关系。第二个过程是由技术关系所构建的社会关系，或者说作为对自然界的开发利用之基础的社会组织关系所构成的。马克思主义学者一般把包括工业技术、机械和工具以及工人的技能在内的技术关系定义为"生产力"；而人们在开发自然过程中所构建的社会关系通常被称为"生产关系"。一般来说，生产关系的内涵是指包括社会产品的财产占有形式和权力占有关系。

在马克思关于历史变迁与发展的历史唯物主义理论中，生产力（人与自然界的关系）的发展是一个历史性累积过程，这一过程以科学的发展为基础，每一个社会都继承和利用了以前的时代所延续下来的科学知识和生产力状况，包括有关自然界本身的生产能力的知识的积累。就整个历史过程来看，生产力决定生产关系。当生产关系不适应生产力发展的要求时，革命或变革就出现了。旧的生产关系或者被全部改变，或者被部分变革。生产关系不是一种累积因素，它的发展方式表现为历史过程中的渐进式变化和周期性的革命性质变。

奥康纳认为，在马克思生产力和生产关系的解读模式中，文化和自然的线索是缺失的。事实上，生产力和生产关系同时都是文化和自然的。因此历史唯物主义不仅要立足于对工业技术、劳动分工、财产关系以及权力关系的研究，而且还要立足于对具体的、历史的文化和自然形式的研究，这些形式就跟狭义生产力范畴一样，也是累积性的。文化形式也是累积性的，或者说能在变化中展示其延续的。因此，历史唯物主义必须面对自然和文化的历史性累积形式之间的关系问题，由于这两个因素都有可能内含于社会劳动或劳动分工之中。因此，历史唯物主义还必须研究社会劳动作用于自然和文化的方式问题。

生产力和生产关系都具有二重维度。生产力双重维度表现为：一是客观性维度，因为它是由自然界所提供的（或通过劳动从自然界中获得的）生产资料和生产工具以及生产对象构成的；二是主观性维度，因为它除包含活劳动之外，还包含着劳动力的不同组合或协作方式，而这些方式不仅受技术水平影响，还受文化实践的影响。生产关系也同样具有双重维度：它是客观的，因为它的发展是以价值规律、竞争规律、资本的集中与垄断规律以及资本主义的其他一些发展规律为基础的。如在当今世界经济体系中的每一个国家或文化系统中，都存在着一种劳动力再生产成本的下降趋势；存在着大额资本通过跨国集团公司的形式进行重组的趋势；存在着利润率下降的趋势。生产关系同时也是主观的，因为它所内含的财富范畴同时也具有文化意蕴，并且它对生产劳动方式的建构也受制于具体的文化实践。奥康纳以日本企业文化重责任感和美国企业文化以个人主义为核心来说明这一点。文化主题应在历史唯物主义中被凸显。因为"在包括资本主义在内的所有生产方式中，不管是生产力还是生产关系其实都是与文化规范问题融合在一起的。……劳动既是一种物质实践，也是一种文化实践"。①

至于自然主题，奥康纳认为，"历史唯物主义的确没有一种（或只在很弱的意义上具有）研究劳动过程中的生态和自然界之自主过程（或自然系统）的自然理论"。②他认为，传统马克思主义突出的是社会关系与物质技术关系之间的紧张关系即生产力与生产关系的关系，它虽然成功地论证了不同生产方式中自然界遭遇的不同的社会性建构，但自然界之本真的自主运作却被边缘化了。经典历史唯物主义理论弱化了这样一个事实：在人类通过劳动活动改造自然界的同时，自然界本身也在改变和重构着自身，或者说在生产过程中人类的力量和自然界本身的力量相互统一在一起。奥康纳提出，生产力和生产关系跟在地球上物质和能量的热力学原理、化学循环的运作以及动植物的生态分布等问题是紧密联系的。所以自然主题也应该被重构到历史唯物主义中。

奥康纳对历史唯物主义的重构是以协作（劳动关系）为介入点的。他认为，在传统马克思主义关于历史发展的解释中，文化与自然的范畴之所以被忽略，其主要原因在于协作被单方面的处理。在马克思主义的方法论中，不管是协作的文化形式，还是协作的自然系统内涵，都不在其中占主要地位，因而也很难说在马克思主义的理论中有什么文化与自然维度的生产力和生产关系理论。例如，当马克思主义在解释生产方式从一种形态向另一种形态转型的时候，没有对文化及生态变迁的历史作用问题做出阐释。在对欧洲社会从封建主义向资本主义转型历程的阐释中，马克思主义对由基督教改革运动向反基督教改革运动引起的文化变迁，以及由过时的农业耕作、能源开发和建筑方法导致的生态变化和破坏都被弱化了。

---

① ［美］詹姆斯·奥康纳：《自然的理由——生态学马克思主义研究》，唐正东、臧佩洪译，南京大学出版社2003年版，第61页。
② 同上书，第62—63页。

奥康纳认为，传统马克思主义中还存在着技术决定论的理论倾向。在马克思那里，决定一个具体的协作模式之性质的是现有的生产工具和生产对象、技术水平以及自然条件。而受卢卡奇和西方马克思主义影响的学者从现有"权力关系"起源角度推导出协作模式的性质，即"权力关系决定论"（这种观点受马克斯·韦伯的影响）。奥康纳认为，这两种立场都是单面性的：第一种立场关注的是劳动的分工与专业化，而第二种立场关注的则是劳动者的分工与单面化；一个是把协作看成生产力，另一个是把协作看作是生产关系。事实上，任何一种既定的协作模式既是一种生产力也是一种生产关系。如果不知道权力因素的起源，就不可能真正明确一种既定的技术关系的内容；同样，如果不知道技术因素的起源，那也不可能对权力关系有真正的了解。奥康纳则认为，协作应或多或少地建立在文化规范和生态样式的基础上，即由技术、权力关系、文化和自然四因素决定，进而将协作和劳动关系模式与历史发展之间的关系进行探讨。生产关系的变化引起协作关系进而影响生产力水平的变化。协作本身既有量的维度又有质的维度：协作量的维度即协作的规模，这一维度在现时代最突出表现便是全球协作分工模式的形成；协作质的维度是指用历史的、具体的方式把劳动和生产过程中的劳动者组织起来的力量形式，以及反抗这种力量的形式。《自然的理由》中以罗马银矿协作、封建庄园协作和资本主义早期工场协作为例说明三者不仅有协作量的维度区别，更有协作质的维度不同，并推动生产力不同程度的发展。

社会劳动是传统马克思主义历史观的主题。《自然的理由》第一部分主要阐述人类史与自然史的交互作用，社会劳动则在人类历史与自然历史之间起着调节作用。奥康纳认为，社会劳动是在社会和自然界之间的一个物质性的中介，并指明了社会劳动的客观和主观的两种功能：社会劳动的客观功能是指创造我们工作和生活的客观世界；社会劳动的主观功能则是建构自己的主观意识世界以及对新的人类物质活动可能性的双重影响。至此，社会劳动与文化、自然一起成为奥康纳生态学社会主义历史观的三大主题。

在奥康纳那里，文化维度和自然维度是生产力和生产关系理论的核心要素。奥康纳对历史唯物主义的重构就是从文化维度和自然维度的生产力和生产关系理论展开的。他认为，马克思将文化视为上层建筑的一部分，而不把它视为与社会基础相交织在一起，无疑还处于"前人类学"阶段。奥康纳同时论述道：在一个生产力日益呈现出社会性本质的时代，一些主要经济体制之间的竞争能力，不仅与科学技术的发展水平直接相关，而且与特定的文化把科学技术的力量动员与利用起来的能力直接相关。文化并不是一件只与剩余产品相伴而生的东西，它是日常生活的经纬线，不仅从上而下而且从下而上地被注入工作场所之中。各种历史的、具体的、偶然的文化实践都被拼装进了以各种形式维持劳动人体稳定的体系之中。奥康纳将文化维度的生产力和生产关系理论表述为："生产力始终只是文化力量的一部分。劳动关系是由各种文化实践、技术和工艺水平、生产工具和生产对象的发展水平、维持劳动价格稳定的能力、阶级的力量等因素多元决定的。"①

奥康纳同时阐述了自己的自然维度的生产力和生产关系理论：自然系统不仅内在于生产力之中，而且还内在于生产关系之中。自然具有一些自主性的生产力，这种自主性源于"森林的持续性、土壤形成的周期、特定种类人口的增长模式以及气候的变化"等自然界的"弱规律性"；自然的生产关系意味着自然条件或自然过程的一定形式，与其他因素相比，对任何一个既定的社会形态或阶级结构的发展，提供了更为多样的可能性。因此，他更进一步指出，自然界不仅如马克思所说是生产过程的"合作者"，而且是自主合作者。

奥康纳的文化维度的生产力和生产关系理论站在现代人类学的立场上，凸显了文化实践的作用；他的自然维度的生产力和生产关系理论针对马克思的生态理论空场，完成了对历史唯物主义生态重构，但这种重构又与"地理环境决定论"和"生物学决定主义"具有严格区别。

生态学马克思主义者奥康纳完成了对历史唯物主义重构的同时，也对传统马克思主义社会劳动概念进行了重构：社会劳动被赋予了文

---

① [美]詹姆斯·奥康纳：《自然的理由——生态学马克思主义研究》，唐正东、臧佩洪译，南京大学出版社2003年版，第72页。

化的特征；反之亦然。人类的劳动不仅建构在阶级权力和价值规律的基础之上，而且也建构在文化规范和文化实践的基础之上，而文化规范和文化实践反过来又被社会劳动的形式所决定。同时社会劳动又被赋予了自然特征；反之亦然——"人类的劳动不仅建立在阶级权力、维持商品价格稳定的努力以及文化的基础之上，而且也建立在自然系统的基础之上，而自然系统反过来也被社会劳动所调节。资本内嵌于自然过程之中，改变着自然界的规律及可能的发展趋势，或者在创建一种先前不存在的自然界之新形式或新关系的意义上改变着自然界"。① 在根据社会化原则而建构起来的社会劳动中，文化与自然的因素相互并存和相互融合，使得文化生态学和生态文化学成为客观事实，但文化和自然二因素的结合具有不确定性，因此，奥康纳的政治理想认为，单一生态学文化导致的单纯绿色政治和单一文化生态学导致的单纯红色政治，应该在物质性和政治性的维度上被扬弃，作为"红""绿"结合的生态学社会主义在逻辑上和实践中应走向前台。

在《自然的理由——生态学马克思主义研究》的第三部分"社会主义和自然"中，奥康纳对替代晚期资本主义的制度理想——生态学社会主义做了如下描述："生态学社会主义是一种在生态上合理而敏感的社会，这种社会以对生产手段和对象、信息等的民主控制为基础，并以高度的社会经济平等、和睦以及社会公正为特征，在这个社会中，土地和劳动力被非商品化了，而且交换价值是从属于使用价值的。"②

二 约翰·福斯特：马克思的自然唯物主义及其生态含义

约翰·贝拉米·福斯特撰写的《马克思的生态学：唯物主义与自然》从马克思在其博士论文中对希腊哲学家德谟克里特和伊壁鸠鲁的唯物主义的论述，到恩格斯关于国家起源和私人财产的主要著作，全面回顾了两位思想家的学说，对马克思的唯物主义以及社会和自然之间辩证关系进行了系统梳理，阐述了如何重新构建马克思的唯物主

---

① [美]詹姆斯·奥康纳：《自然的理由——生态学马克思主义研究》，唐正东、臧佩洪译，南京大学出版社2003年版，第77页。
② 同上书，第439—440页。

义。福斯特对马克思学说中有关生态学的支离破碎看法进行了系统化分析，并得出以下结论：在马克思的著作中有比其他一些零散的生态学家更加关注生态学；社会与自然间的新陈代谢或物质交换关系是贯穿整个马克思学说的根本观点。

福斯特认为，马克思的世界观是深层的、真正系统的生态学的，这种生态的观点来源于他的唯物主义。福斯特认为，为了理解生态学的根源，必须理解从17世纪到19世纪的唯物主义和科学的发展中生发出来的关于自然的新观点，着重在于论证科学和唯物主义的发展如何推动了生态思维方式的产生。福斯特的整个讨论围绕19世纪两个最伟大的唯物主义者达尔文和马克思的著作建构起来，并认为，马克思构建了一种重要的生态学原则——把社会的变革和人与自然关系的变革以生态的方式连接起来。

在《马克思的生态学：唯物主义与自然》一书中，福斯特首先从源头上区分唯物主义和生态学问题并对这些问题做简要的批判性分析，目的直指现代社会生态学的危机。他借鉴英国科学哲学家罗伊·贝斯卡的做法，把理性的哲学唯物主义作为一种由三种含义组成的复杂的世界观：本体论的唯物主义、认识论的唯物主义和实践唯物主义。本体论的唯物主义主张社会对物质存在的单向依赖，即社会产生于物质世界；认识论的唯物主义认为科学认识是独立存在的、有自己独特规律的活动；实践唯物主义主张在社会再生产和社会方式的转变过程中人的变化的行为的建构作用。而马克思的唯物主义主要致力于实践的唯物主义。人与自然的关系一开始就是实践的，关系是通过活动建立起来的。可在他的更多的自然和科学的唯物主义观念中，他同时强调本体论和认识论的唯物主义。在马克思看来，这样的唯物主义的自然概念对科学的追求来说也是必要的。

福斯特认为，马克思理解的唯物主义的自然概念不是机械论的粗糙的、机械的决定主义，恰恰相反，马克思致力于证明关于自然事物的唯物主义观念如何为人类自由观念提供了本质基础。马克思对唯物主义的研究为古希腊哲学家伊壁鸠鲁的著作所启发，因此，把伊壁鸠鲁的哲学作为其博士论文研究的题目。伊壁鸠鲁是一个唯物主义者，但不是一个决定主义者，他的哲学致力于显示关于事物本质的唯物主义如何为人类的自由的概念提供必要的基础。福斯特认为，对于英法唯物主义来讲，一个共同的基础就是伊壁鸠鲁的哲学。伊壁鸠鲁最重要的是坚持反目的论的观点：拒绝建立在第一因和神意识之上的自然的解释。唯物主义和科学在这一点上是一致的。作为一种自然理论的马克思主义兴起于古希腊哲学的开端。它与许多科学的进步联系在一起，在特定时代，几乎就是科学的代名词。

福斯特认为，对马克思来说，唯物主义和唯心主义的杰出代表是伊壁鸠鲁和黑格尔，而伊壁鸠鲁对现实的辩证概念的形成起到了正面作用。因为他第一个把现象把握为现象即本质的异化，而且宣告人的自我意识具有最高的神性。伊壁鸠鲁的唯物主义强调世界的有限性和所有的存在和生命的变化的特点。它的最基本的原则是没有什么事物来自虚无，没有什么事物可被毁灭至虚无。所有的物质都是独立存在的，起因于原子的无限的组合模式。所以，在伊壁鸠鲁的哲学里没有德谟克利特的第一因的需要，而是强调自然本身的永恒的变化，构成有限和暂时的永垂不朽。福斯特认为，马克思博士论文的目的不仅是对伊壁鸠鲁自我意识的辩证法思想的揭示，更重要的是在于伊壁鸠鲁同英、法唯物主义的特定联系。这从马克思关于伊壁鸠鲁哲学的七个笔记以及后来的著作中都可以看出。

在福斯特看来，青年黑格尔派的成员之一路德维希·费尔巴哈对黑格尔唯物主义批判部分综合了马克思刚刚完成的关于伊壁鸠鲁的博士论文中的批判。在1833年《现代哲学从培根到斯宾诺莎的历史》中，费尔巴哈已发展出一种唯物主义态度，这是一种机械唯物主义的态度，费尔巴哈用它来反对黑格尔的唯心主义。这使得他最终强调直观。在他的论文序言中，他把人类本质同精神的抽象本质相对立。费尔巴哈的决定论使他强调感觉论。在马克思看来，费尔巴哈的唯物主义和所有早期形式的唯物主义一样陷入思维中的唯物主义，因为他完全缺少任何实践的伦理内容。对马克思来说，需要的是把唯物主义转向积极的实践的方向。在福斯特看来，尽管马克思使唯物主义实践化，但他从没放弃对自然的唯物主义概念的常规解释，即唯物主义既是一个本体论范畴，又是一个认识论范畴。唯物主义的这两种意义在马克思的分析中是本质的，它意味着马克思对所有目的论形式思想的唯物主义批判。在这种意义上说，马克思坚持的是现在被称为"现实的本体论"态度，强调独立于意识的外部世界的永恒存在。从一个公开承认的唯物主义的观点出发，马克思采取了现实而又辩证的观点。如果说黑格尔试图通过辩证的方式来克服康德物自体代表的二律悖反，那么这在黑格尔的哲学里恰好意味着否定了物质的独立存在。而对马克思来说，无论观念还是语言都不能构成独立的领域，它们仅仅是实践生活的体现，即所谓"意识只是被意识到的存在"。

但是，本体论意义上的唯物主义的重要性也不能被扩大。作为一种现实主义，马克思坚持自然科学和社会科学，自然物质和社会之间连续的紧密联系。正因为如此，他把唯物主义定义为一个自然历史过程，强调社会实践中社会的辩证特性和人类社会的中介性。任何试图把唯物主义从自然和自然科学的领域分离出去的做法从一开始就被否定。同时，他的唯物主义在社会领域中呈现出独特的实践特性，这一特性反映了存在于人类历史中的自由。这样，马克思的唯物主义构建了自然主义的可能性，即在自然科学和社会科学的方法之间有一个本质的统一，不管它们的领域多么的不同。主要是它超越了社会科学的一方面是超自然的实证主义，另一方面是反自然的解释学的二元对立。福斯特对马克思哲学中本体论意义上的唯物主义的重视，与某些西方马克思主义者如施密特是一致的。他们都注重实践，但同时没有丢弃实践的唯物主义前提，而这对生态逻辑的发展是非常重要的。

福斯特对以卢卡奇为代表的西方批判马克思主义提出批判。他说，西方批判的马克思主义被定义为对19世纪实证主义的拒绝，力图把机械的、简单化的世界观转换为社会性存在领域。但是，在拒绝机械主义包括达尔文主义的各种机械生物论的同时，人文思想家包括一些马克思主义者越来越丢掉现实主义和唯物主义，承认社会全部由人类实践关系所建构，简单地否定了知识的客观性。在马克思主义发展中，这代表了唯心主义方向的转折。在特定意义上，它通常主张辩证法仅仅同人类实践相联系、同人类世界相联系，反对恩格斯的自然辩证法，这样，他们与真正的科学脱节了。福斯特的批判有中肯之处，特别是针对卢卡奇，但西方马克思主义对本体论的唯物主义的看法也经历了一个自我否定的过程，如在施密特那里，哲学的唯物主义

（本体论的唯物主义）作为马克思历史唯物主义的必要前提已被着重强调。

当然，对马克思主义来说，悲剧性结果是唯物主义的概念变得更抽象和无意义，仅仅成为一个口头上的术语，被简单化为生命的生产、经济存在和在上层建筑之上的一些最终意义上的优先性，它变得同经济基础和上层建筑的模式不可分割。所以，批判的西方马克思主义通常反对这种经济基础和上层建筑的隐喻。但是，福斯特认为，深层次的和更彻底的唯物主义使得依赖这种隐喻成为不可避免。如此深层的唯物主义只有同现实的生产、物质的存在和自然物质条件联系（包括感官领域）才成为可能，也只有通过这种方式，生死、再生产和对自然的依赖等基本问题才能真正被解决。我们看到，唯物主义在福斯特这里得到复兴，当然是以一种人类实践的方式以及崭新的生态思维的方式。

福斯特提出，在社会科学中，真正能捍卫自身同唯心主义对抗的唯物主义不会通过否定物质存在的自然方面使唯物主义贫困化。福斯特的矛头是指向西方批判的马克思主义的。福斯特认为，马克思的立场要求科学必须是唯物主义的，没有任何历史发展的变化和可能性的研究可以脱离自然科学的研究，所以，马克思终生为保持与科学的发展并行而勤奋工作。

总之，在福斯特那里，马克思关于伊壁鸠鲁博士论文对马克思思想形成具有重大意义，同时又引导马克思和恩格斯毕其一生都致力于自然科学的发展，其中包括马克思和恩格斯对自然神论的批判，对李比希著作中关于社会与自然养分循环及其与代谢断裂之间关系的分析的赞赏，直到最后，与达尔文的进化论以及第一批史前人类遗迹发现之后所形成的人类学革命的创造性相遇。

对于马克思来说，伊壁鸠鲁代表了一种非还原论和非宿命论的唯物主义，同时表达出一种人类自由的哲学思想，即辩证唯物主义的思想。在研究伊壁鸠鲁自然哲学的过程中，马克思一直都在寻找并阐述一种对欧洲科学和现代自然唯物主义哲学具有重大影响力的观念，这种观念同时也对欧洲社会思想的发展具有深刻的影响力。伊壁鸠鲁的自然哲学中所包含的本体论和认识论基本原则构成了我们今天所谓的物质守恒定律。对伊壁鸠鲁来说，自然界是没有等级秩序的，在人类和其他动物之间并没有绝对的不可逾越的鸿沟。伊壁鸠鲁的这些观念有助于理解马克思的唯物主义思想。达尔文的自然哲学与马克思的自然哲学在反目的论的传统上具有同根性,它们都可以追溯到伊壁鸠鲁哲学,并在培根身上寻找到现代组成成分。马克思和恩格斯称赞达尔文的进化论为"目的论的终结",马克思称其为"自然科学的基础"。他们不仅仔细研究达尔文的著作,而且加入了达尔文著作所引起的关于人类进化的争论中。

不同于马克思的思想缺少生态关怀的观点,福斯特认为,马克思在现代布尔乔亚的生态意识产生以前就谴责了对自然的掠夺。从一开始,马克思的人类异化劳动的概念就与人类从自然中的异化相联系,正是这种双向异化需要历史解释。

福斯特认为,对马克思的生态批评混淆了马克思和其他马克思本人也曾批评过的社会主义者。马克思曾对持劳动是财富的唯一源泉而忽视了自然的贡献的德国社会主义者的超自然观点进行过尖锐的批判。而且马克思的批评者们没有意识到人与环境相互作用的基本事实。生态问题被简单化与任何一种价值相比是第一性和最重要的,可是人与自然的无数演进的物质的相互作用这个较难理解的问题被忽视了。从辩证的唯物主义的观点出发,问题不是一个人类中心主义还是生态中心主义的问题,而是一个共同进化的问题。问题的真正关键是研究自然与自然存在的整个唯物主义历史。

福斯特强调的自然的唯物主义观念有两个基本点:一是人与自然的相互作用或关系;二是自然的物质世界的独立存在。他说:"一旦我们意识到,在控制自然的观念和可持续性的概念没有必要的原则性的矛盾,控制的概念与可持续性从同一个培根传统中生发出来就不奇怪。"[①] 因此,福斯特认为,培根的思想包含着可持续性发展的意义。福斯特强调了以达尔文的生物进化论为代表的自然科学的发展也是自然的唯物主义观念与变化的历史条件共同作用的结果。自然科学的发展源于科学家们坚定和不妥协的唯物主义。正是在达尔文生物历史著

---

① John Bellamy Foster, *Marx's and Nature.* New York: Monthly Review Press, 2000, p. 12.

作的基础之上，同时还有其他科学家的生物科学的补充，如德国伟大的农业化学家李比希（他强调土壤肥力的循环及其和动物代谢的关系），现代生态学才在19世纪中期得以产生。

福斯特认为，唯物主义对生态意识发展更广泛的应用和更重要的意义可以从康芒纳著名的生态四规则得到更好的理解。第一，任何事物都同其他事物相联系；第二，任何事物必须去一定地方；第三，自然界最了解；第四，没有任何东西来自无。前两个规则和最后一个可以推导出伊壁鸠鲁哲学的原则，第三个规则乍一看去，似乎意味着自然主义、目的论和决定主义，但是，在康芒纳的语境中被理解为"进化最了解"较好。也就是说，在进化过程（不能理解为一个僵化的决定论或目的论过程，而是在每一个阶段都包含着不测事件的过程）中，物种（包括人类）通过各种自然选择和非自然的变化变得适应它们的环境。按这种观点，我们应该在制造生态变化时保持谨慎。如果把新的化学药品添加进环境，我们是在玩火。

当然，人类不是在全部意义上被自然条件决定，事实上有一种人类自由的因素，一种突然改变的能力，但这总是建立在先行存在的并对人们形成一定限制的物质条件的基础之上。因而如伊壁鸠鲁强调的人类存在于一个为"不适应环境的物种就要灭绝"的规则统治的、以人与生存的关系为特征的世界，所有这些取决于不测事件、人类道德选择的状况和社会结构。

在说明以达尔文的生物进化论为代表的启蒙科学的唯物主义特点对生态意识的重要意义之后，福斯特转而说明马克思的唯物主义与其生态意识的联系。在福斯特看来，马克思在早年就从某种程度上为之奋斗的正是这种唯物主义哲学。甚至在作为一个学生时，在他了解黑格尔之前，马克思就把握了伊壁鸠鲁对宗教世界观的批判。其博士论文对伊壁鸠鲁与德谟克里特原子论的比较研究，使他关注早期唯物主义理论、他们的人类自由概念，启蒙精神的起源，黑格尔自然哲学的问题，宗教的批判、科学的发展成为可能。对马克思来说，伊壁鸠鲁的哲学的主要局限性在于它仅是一种思维中的唯物主义，费尔巴哈也是如此。在继承了黑格尔哲学的辩证法和实践要素之后，马克思形成了一种植根于实践概念的实践唯物主义。但这在他的著作中的任何一点上从来没有同他的内在于其思想中的深层的自然唯物主义的观念相脱离。而这种自然唯物主义给予马克思的著作以超越于寻常的巨大力量,使之很快地弄清李比希和达尔文著作的含义,而且也能帮助我们理解如何能在前者的基础上建立可持续发展的认识,在后者的基础上建立共同进化的认识。

福斯特把马克思的这种自然唯物主义看作是反目的论、唯意志论和有机论的,它把进化看作一个自然历史的开放过程,虽为偶然性所统治,但对理性的解释是开放的。同时这一自然唯物主义又是辩证的,把这一进化过程看作一个排除任何绝对倾向的在相互联系中的生存方式的演化过程。有机生命和外部世界并不是在相互隔绝中存在,与之相反,二者之间相互作用。也就是说,一种彻底的生态分析不仅需要唯物主义立场而且需要辩证法立场,是把自然过程看作相互联系的方式变化的过程,拒绝任何绝对的倾向。彻底的生态学研究应使人们认识到通常的有机系统不仅仅是简单地适应环境,他们也以不同的方式作用于环境,通过作用环境而改变环境。这种关系是互动的。一个生态社会和它的环境之间也是一个辩证整体。在这一整体内,不同等级的存在在总体上都是有意义的——没有一个中心目的在指导这一整体,即使普遍的人类目的也因他们的限定性特点而成为问题。理解生态联系的这种辩证复杂性,意在超越所有单面的简单化的立场,对中心问题的复杂性进行理解。即生态学必须处理好互相依赖和相对自主、同一性和差异性、一般和特殊、机会和必要、平衡和变化、连续和中断的矛盾,它必须形成对自己哲学的自我认识。这种哲学不仅是唯物主义的而且是辩证法的。

因此,福斯特认为,马克思的生态学洞见来源于与17世纪科学革命和19世纪对自然唯物主义观念和环境的深层哲学理解,马克思从早期开始就成熟和敏感地从生态角度分析人同自然的异化。这种倾向在其关心人类存在以及与土地的关系以及整个资本主义农业的发展时被加强,其中,中心的观点是反对城乡分离的认识。生态思想在马克思的晚年并没有消失,而是在其最后十年的文化人类学的著作中试图解决前历史和原始社会的模式时呈现了新的重要性。

福斯特把马克思的自然唯物主义作为其生态学哲学基础,并把这一观念一直追溯到青年马克思时期——博士论文时期，认为这种自然唯物主义超越了一切机械唯物主义、它重视自然但又不主张决定论，在尊重自然的同时又给人的自由意志留下了空间，给生态问题的分析和解决提供了方法论的指导。福斯特认为，马克思在《资本论》中已经研究了具体的生态问题。这集中体现在他对资本主义农业和土壤肥力关系的分析，马克思在这里提出了一个著名的生态学论题：新陈代谢的断裂。这一时期的马克思深受德国农业化学家李比希影响。在马克思最后十年中潜心研究文化人类学而不是资本也证明马克思对生态学的终极关怀。

在整个分析中，福斯特提供给我们的是一个系统的马克思生态思想——自然唯物主义及具体的生态问题的发展的历程，同时也是从哲学到自然科学的系统论述。但福斯特在强调马克思生态思想基础的同时，假定马克思一开始就具有了生态学的天赋，以至于把马克思的早期著作也作为其成熟思想来分析。其实，马克思的博士论文整篇突出的还是自我意识，用人来取代神和宗教，这和青年黑格尔派倡导的启蒙精神一致。与伊壁鸠鲁相比，德谟克利特是更典型的唯物主义的代表（机械唯物主义），这里马克思强调的并不是唯物主义，而是人的自由意志。马克思的唯物主义观念成熟于对费尔巴哈的批判之后。这时的物已不是自然物，而是把自然物和人的活动凝结在一起的社会关系的客观性。马克思的唯物主义观念或许可以从一个更辩证角度来分析。福斯特批判了西方马克思主义把人的实践作为出发点，取消了自然唯物主义的存在，从而走向了唯心主义。其实，西方马克思主义者（如施密特也承认自然界对于人类活动的优先性）只是针对第二国际决定论提出了对马克思主义的辩证的理解方法，而当时对唯物主义的僵化理解正在盛行，在这种情况下，批判理论理应强调人的实践的重要性。总之，马克思的思想经历了一个由唯心主义到历史唯物主义、由抽象到具体的发展过程，不重视这一点进行断章取义式的理解只能导致对思想史的误解。福斯特认为，马克思有很多深刻的生态学思想，因而应是最早的生态学家。这一结论并不符合实际。实际上，马克思作为一个启蒙精神的倡导者，他对资本主义农业的分析以及由此导致的对资本主义制度的批判并不是出于生态学的考虑，而是出于解放由于自然限制而遭到破坏的生产力的理性考虑。作为一个批判的哲学家，马克思一开始的批判对象是神和宗教，等这一任务完成之后，马克思就转向对资本主义制度本身的批判，但马克思的批判显然并不是从生态学的角度，而是从经济发展的角度：一方面，资本主义对利润的追求造成了种种问题（如对人的异化、对自然的异化），这些问题会反过来限制经济的发展导致经济危机。马克思的批判最后落脚在由制度导致的阶级斗争上，这种阶级斗争是新社会实现的希望。当然，马克思的这些着重点都与生态问题有着隐性的关联，其他生态社会主义者也在具体解释这种关联。显然，马克思认为生产力是无罪的，有罪的是资本主义生产关系。这里，可以说马克思是一个政治家或社会学家，但显然不是一个生态学家。至于马克思晚年从事的古代史研究，倒真的是具有生态学意蕴的，因为这时马克思关注的是不同的民族社会发展道路的独特性，这正是文化生态学的核心观点。

三 乔纳森·休斯对马克思主义的生态学辩护

英国生态社会主义者分为两大阵营，以泰德·本顿为代表的一派认为马克思的历史唯物主义与生态学之间存在断裂，主张从生态学的角度来重建历史唯物主义。而包括乔纳森·休斯在内的另一派学者，则认为历史唯物主义与生态学之间并不存在断裂，而是具有明确的相关性，在历史唯物主义的框架下足以分析和解决当代的生态问题。历史唯物主义与生态学之间的相关性表现在：历史唯物主义主张在自然中定位社会，强调人类社会依赖自然条件并为其所塑造，把社会存在置于自然之中，这充分说明了其生态学立场。

在《生态与历史唯物主义》一书中，乔纳森·休斯表达了坚定的马克思主义立场和用马克思主义指导解决生态问题的信念，他的马克思主义并不是大家熟知的苏联东欧马克思主义或者西方马克思主义，而是在生态维度重新发现的马克思主义。休斯对马克思主义的生态辩护可分为几个专题，即关于人类中心主义、增长极限、自然在历史唯物主义中的定位、生产力发展、需要的探讨。现主要就增长的极限、生产力发展和关于需要的探讨三个问题进行论述。

（一）马克思对马尔萨斯人口论的批判

休斯通过分析马克思对马尔萨斯人口论的批判，提出环境限制并非纯粹自然的限制，社会和科技因素在这些限制的形成中也起到重要作用。马克思认为，人口因素并不存在纯粹自然法则，人口作为一种自然要素与社会相中介，单纯研究人口的限制是抽象的，应揭示的是人口背后的社会制度要素。休斯认为，马克思对马尔萨斯人口论的批判并不与生态原则矛盾，其对资本主义制度批判的维度正是找到了生态问题产生的社会根源。

马尔萨斯的人口论是深生态学的典型代表。他提出：如果人口不加限制，将会呈几何级数增长，而生活资料只是呈算术级数增长，人口的增长远远快于生活资料的增长，如果不对人口的增长进行人为的控制，人类将因生活资料的短缺而陷入生存的困难。

如何对人口的增长进行限制呢？马尔萨斯把对人口增长的限制分为两类：一类是预防性限制，即通过抑制婚姻导致的出生率的降低；另一类是积极的限制，即通过营养不良、疾病和战争导致的死亡率不断上升。马尔萨斯反对济贫法，认为这样的措施只会使穷人面临的问题更加恶化，也使人口增长失去控制。总之，生活资料相对于人口增长短缺带来的苦难不可避免地由下层民众来承担。

马克思和恩格斯曾对马尔萨斯的人口规律进行批判，一些生态主义者因此断定马克思和恩格斯是反生态的。而休斯认为，马克思和恩格斯对马尔萨斯的批判并不表明他们忽视对自然环境的保护，恰恰相反，他们指出了现代环境问题的最根本原因，弥补了深层生态学理论的不足。

休斯认为，马克思和恩格斯指出了马尔萨斯的意识形态意图，马尔萨斯的人口论具有保守的政治意蕴，他为资本主义的不平等制度辩护，掩饰贫困出现的真正原因，并把贫困看作人类永恒的命运，反对革命的进步力量。正如马克思所说："社会主义不能消除自然本身造成的贫困，而只能使它普遍化，使它同时分布在社会的整个表面上！"①

在对马尔萨斯的人口论的动机进行批判之后，马克思和恩格斯还对其核心观点进行了质疑。恩格斯在《政治经济学批判大纲》中认

---

① 《马克思恩格斯选集》第3卷，人民出版社1995年版，第310页。

为，人口增长并非不可避免地遵从一个几何模式增长，而是会受到社会环境的影响。另外，恩格斯认为，马尔萨斯低估了政府的作用，政府可以通过推进社会改革来教育群众从道德上限制生育。同恩格斯一样，马克思也认为人类人口增长是社会的、历史的和自然的因素共同作用的结果，并引用数据证明人口并不总是增长，有时也会落后于生产的增长，甚至当生产增长时人口数量反而会下降。马克思和恩格斯提出的人口增长因社会条件变化而变化的观点已为人口统计学所证明，特别是一旦社会达到某一特定的富裕程度，出生率就会下降的趋势已证明人口变迁规律与马尔萨斯的理论是不同的。

马尔萨斯把贫困和饥饿的原因归结为人口数量过多，而根据马克思的相对剩余价值理论，贫困不是自然原因而是社会条件导致的。"马尔萨斯愚蠢地把一定数量的人同一定数量的生活资料硬联系在一起。李嘉图当即正确地反驳他说，假如一个工人没有工作，现有的谷物数量就同他毫不相干，因而，决定是否把工人列入过剩人口范畴的，是雇佣资料，而不是生存资料"。① 马克思认为，资本对利润的追求会导致机器排挤工人，工人成为相对过剩人口，这是资本主义的法则。人口过剩的数量及其表现形式在每种生产方式中是不同的，它是一种由历史决定的关系，并不是由数字或生活资料的生产性的绝对界限决定的，是由一定生产条件规定的界限决定的。而马尔萨斯却错误地把经济发展的不同历史阶段上的过剩人口看成一样的。②

休斯指出，马克思对马尔萨斯的批判体现在四点：第一，马尔萨斯的理论是维护资本主义社会的意识形态。第二，自然限制存在但相对遥远。第三，这个限制不单是自然作用的结果，也是人类和自然相互作用的结果，在实际中人类的知识和能力可以不断突破不同程度的限制或者促成自然潜力的实现。第四，人类需求也是社会造成的，它产生于分配失败和生产不足。

结合马克思恩格斯批判马尔萨斯的方法，休斯分析了当代环境问

---

① 《马克思恩格斯全集》第46卷（下），人民出版社1980年版，第108页。
② [英] 乔纳森·休斯：《生态与历史唯物主义》，江苏人民出版社2011年版，第79页。

题根源：今天，上百万人的饥饿是社会环境造成的。充足的食物已被或可以被生产出来，人们遭受饥饿，是因为他们买不起食物。因为穷人买不起，能够生产食物的土地已不被用来耕种，已生产出来的食物被丢弃。生产追求的目标是货币价值最大化，而非产品的数量、营养和质量能够满足人们的需求。这样的事实意味着，马克思和恩格斯对马尔萨斯的批判没有过时。

通过分析马克思和恩格斯对马尔萨斯人口论的批判，休斯得出如下结论：由自然施加给人类的限制与技术状况相关，并受占统治地位的社会组织形式的影响。

（二）马克思主张的生产力发展是生态的良性发展

为了应对生态主义对马克思的指责，休斯提出马克思理论中生产力的发展并不必然违背环境的要求，生产力是一个中性因素，其对生态的影响取决于它所服务的生产关系。

休斯指出，为什么有些人认为生产力的发展会产生生态问题呢？这里与对发展的理解相关。马克思没有明确定义过生产力概念，其对生产力的理解一般来自对劳动过程的论述。生产力由劳动力和生产资料构成，劳动力由劳动者的体力、技能、知识和创造力构成，生产资料由劳动资料和劳动对象构成。劳动资料和劳动对象都来自自然并始终是自然的一部分。劳动过程中的自然成分说明生产要依赖自然给予的原料和生产资料，并且在劳动生产的过程中只有一部分会最终成为产品，材料也只有部分被劳动者认识和利用，因此劳动过程会伴随着浪费、污染和其他对环境有害的无意识后果。

生产力发展会不会导致生态问题加剧呢？休斯认为，生产力发展不一定会必然带来生态问题。首先要澄清生产力的发展这一概念。生态主义者一般把历史唯物主义看作技术决定论，说明他们把生产力的发展等同于技术的发展，事实是生产力的发展不等于技术的发展，技术只是生产力的一部分，生产力还包括劳动者的体能、原料和自然给予的生产资料。有时技术发展并不等同于生产力的增长，如原料的储备下降时，尽管技术发展了，但生产力反而下降了。当然生产力的发展与技术发展存在着密切联系。

对马克思的绿色批评往往将历史唯物主义视为一种技术决定论，

声称将生产力发展等同于技术发展。在休斯看来，生产力的发展不能等同于技术的发展。但是，如果退一步考虑，即便是把生产力的发展等同于技术的发展，那么是否技术的发展同生态环境的破坏有必然的联系呢？休斯认为，技术的发展产生生态环境问题，只是一种可能性，而不是一种必然性。"与所取代的技术相比，新技术或许而且往往会浪费更多的原材料，燃烧更多的燃料，产生更多的污染。然而，问题并不是这样的后果是否可能，而是他们是不是所有形式的技术的一个不可避免的后果，或者，另外，是否存在满足马克思生产力发展的准则而又能避免这样的后果的技术发展形式"。①

技术发展并不必然导致生态问题。新技术也可能提供更多有效的控制技术以减少潜在的生态破坏，使生态破坏水平更低。核能技术就是一个例子。核能在应用中比燃煤更清洁，但也存在着意外的风险。考虑到目前的人口数量、生产和基础设施水平，主要解决的问题并不是核能会不会带来风险，而是核能技术带来的风险是否比已存在的技术所带来的危险更小或更大。

另外，休斯还批判了自动化程度的加强必然会导致能源消耗增长的观点。一般认为，用机器替代人力确实需要增加来源于自然的能量，但也有可能比在人工劳动条件更加有效地利用能量，节省管理性劳动的额外能量。自动化可以通过提高效率来节省原材料，使污染排放量降低。技术发展在解决环境问题上有一定作用，当然，这并不是说单凭技术的变革就足以解决环境问题。

休斯指出，存在着不同的技术发展的标准，不同类型的技术发展带来的生态后果方面有所不同，技术发展可以采取不同的形式并服务于不同的目的，并产生不同的生态后果。

那么马克思的生产力发展致力于哪种技术标准呢？这种标准的生态后果又是什么呢？

马克思本人没有明确说明技术发展可能遵循不同的路径，没有明确说明生产力发展会有不同的形式。但在马克思那里，"生产力的发

---

① ［英］乔纳森·休斯：《生态与历史唯物主义》，江苏人民出版社 2011 年版，第 182 页。

展不是一个单线或一维的过程。既不存在它必须遵循的单一路径，也不存在能够衡量所有这些发展的单一的实质性标准。所有生产力的发展共有并符合的一个特点是，它们以某种方式对人类生存所面临问题的解决方法做出了贡献并促进了他们自身的利益；但这些利益和问题会因物质的和社会的环境以及不同的社会群体，而表现出不同的变化"。① 这样看来，马克思所提出的生产力发展标准中，理应包含避免或解决生态问题。因此，马克思所推崇的生产力的发展就是一种包含改善生态的良性的发展，它不是增加生态问题，而是减少或解决生态问题。正是因为作为历史唯物主义核心范畴的生产力能够沿着保护生态环境的生态良性发展道路前进，就为一种生态的马克思主义奠定了基础。

在马克思理论中，生产力发展的关键作用是为社会革命创造条件，休斯把这一点称为生产发展的革命性效应。休斯认为，马克思生产力发展的革命性效应在原则上由生产力的良性生态发展完成。社会变革并不必然以生态破坏性技术作为代价。一个具有良性生态的技术发展能够破坏不能有效发展这种技术潜力的资本主义的生存能力，并且能够为一个切实可行的共产主义社会提供技术上的先决条件。②

生产力发展的革命效应包含两种因素：促进效应（生产力发展到一定程度有可能创造一个新的社会形式）和破坏效应（发展到一定程度的生产力可以破坏一个旧的社会形式的生存）。休斯在分析生产力发展的破坏效应时重点分析了桎梏的概念。"社会的物质生产力发展到一定阶段，便同它们一直在其中运动的现存生产关系或财产关系（这只是生产关系的法律用语）发生矛盾。于是这些关系便由生产力的发展形式变成生产力的桎梏。那时社会革命的时代就到来了"。③ 桎梏不仅适用于生产力发展，而且适用于生产力应用。或者桎梏不是对一个社会新生产力发展的限制，而是对其应用高度发达的生产力的能

---

① ［英］乔纳森·休斯：《生态与历史唯物主义》，江苏人民出版社2011年版，第201页。
② 同上书，第150页。
③ 《马克思恩格斯选集》第2卷，人民出版社1995年版，第32—33页。

力的限制。① 一个效率低下的应用生产力的社会，可能比更高效应用生产力的其他社会的生产力发展更快。正如资本主义和共产主义社会，后者在对现存生产力潜力的应用方面更少浪费，但更有利于发展新的生产力。

资本主义生产力的应用问题并不是数量比例太小的问题，而是被错误目的所应用，被用来增加剩余价值。这种应用桎梏不能被生产力的快速发展所抵消。发展的桎梏也可被定性的理解。马克思在《德意志意识形态》中写道，与大规模的工业相联系的生产力"在私有制的统治下，这些生产力只获得了片面的发展，对大多数人来说成了破坏的力量，而许多这样的生产力在私有制下根本得不到利用"。② 马克思对生产力的片面的或破坏性的发展方式的批评，暗示了生产力的良性生态的发展方式与破坏性的发展方式的区别。

在生产力促进效应中，马克思强调由生产力的发展使得新的生产关系得以产生。这里的生产力的发展既有一个定性的维度，又有一个定量的维度。在马克思那里，共产主义的实现需要的不仅是技术能力的普遍的量的增长，而是特殊种类技术的发展，生产技术"生态效能"方面的增加可能被假设为共产主义的一个条件。共产主义的实现取决于满足人类需求的生产技术的发展，同时还要避免可能破坏这个目标的生态问题。而生产力的这种发展在资本主义制度下无法实现，因为技术的不合理利用，限制了技术的良性生态发展。因此，从本质上说，生态效能方面的增强被包括在实现共产主义必要的技术先决条件中。

休斯进一步指出，生产力发展形式的转变不是一个自主的过程，它要依赖于社会结构的选择。如何激发人们的认识来选择新的生产关系？这就需要对资本主义社会掩盖的现实进行揭露。马克思本人毕生都在从事这一工作。

虽然马克思设想的社会主义发展需要必要的生产产量的扩张，但

---

① ［英］乔纳森·休斯：《生态与历史唯物主义》，江苏人民出版社2011年版，第201页。
② 《马克思恩格斯选集》第1卷，人民出版社1995年版，第114页。

这种扩张的目的是人们需要的满足。如果人们的需要包括闲暇时间的增加和健康美丽的自然环境，那么限制产出的增加，改变技术发展达到这些目的就是生产力发展的方向。

（三）马克思需求理论的生态内涵

休斯还考察了马克思人类需要学说及其生态内涵。关于发展的生态限制的问题和人的需要的问题息息相关。休斯通过分析马克思的按需分配的共产主义目标，指出马克思主义的以人类需要和扩大了的人类需要的满足为特征的共产主义社会并不必然导致生态破坏的后果。

在马克思文本中，大量提到"需要"这个概念，正因如此，马克思受到了生态主义者的攻击。认为马克思所预见的物质丰富的共产主义社会肯定是建立在破坏生态资源基础之上。但事实上，马克思对真假需要做了区分，也就是区分了人们确实需要的事物与他们错误地相信自己需要的事物，并对导致虚假需要的资本主义制度进行了批评。在《1844年经济学哲学手稿》中，马克思提到了"臆想出来的需要"。在《资本论》当中，马克思的讨论主题就是交换价值扩张是独立于使用价值的扩张的，因此马克思对需要的分析成为后来生态学马克思主义研究的理论基础。

马克思对人类需要的全面阐述，表现在《1844年经济哲学手稿》中。他写道："每个人都千方百计在别人身上唤起某种新的需要，以便迫使他作出新的牺牲，使他处于一种新的依赖地位，诱使他追求新享受方式，从而陷入经济上的破产。每个人都力图创造出一种支配他人的、异己的本质力量，以便从这里面找到他自己的利己需要的满足。"[①] 这里的需要马克思称为臆想、幻想，即非真正的需要。在《资本论》中，马克思指出，资本扩张的需要不仅独立于人的需要，它还塑造了人类主体自认为拥有的需要。在竞争压力下，资本所有者如果不想从其资本所有者阶级中被驱逐出来，他们就需要扩大生产，而为了满足这种需要，他们转而寻求在他人身上创造虚假的需要。总之马克思对真正需要和虚假需要进行了区分，认为人们感觉的某些需要并非真

---

① 转引自[英]乔纳森·休斯《生态与历史唯物主义》，江苏人民出版社2011年版，第241页。

正的需要，因为缺乏真正需要的规范力量。由资本主义诱发的那些虚假需要实际抵制了"丰富的和多方面的"真正的人类需要的满足。

马克思在《1844年经济学哲学手稿》当中主张真正的人类需要超过了对身体生存所必需的需要，但是，资本主义否定了这一点。马克思指出，在资本主义制度下，工人的社会公认的需要只延伸到能使他们的肉体生存下去的事务上，以便使他们可以行使公认的职责。马克思认为，工人是被资本主义作为不完全的人类来对待的，是被作为动物来对待的。在资本主义国民经济学看来，工人的需要不过是工人在劳动期间生活的需要，而且只限于保持工人后代不至于死绝的程度。对马克思而言，只要社会承认的工人需要接近于生存的需要，那么它就远远达不到为实现全面发展的人的存在的需要。马克思为人类需要设置了比身体生存需要更高的水平，人类需要不仅仅是为人类继续生存所需要的条件，而且是作为人类生存所必需的条件，是公认的人类方式的条件。在《资本论》中，马克思指出，资本以工资的形式必须提供的工人的需要不仅包括生存手段，身体补给和繁衍条件，而且还包括生产发达的和专门的劳动力所需的教育和培训的组成部分。所以，人的真实的需要，在马克思看来可以划分为两个层次：第一个层次是解决工人生存的物质需要，即作为人的生存的公认的物质条件。第二个层次是自我实现的需要。在《詹姆斯·穆勒〈政治经济学原理〉一书摘要》中，马克思阐述了雇佣劳动如何改变劳动过程的物质特征和意识结构，以降低工人自我实现能力。"产品是作为价值、作为交换价值，作为等价物来生产的，不再是为了它同生产者直接的个人关系而生产的。生产越是多方面的，就是说，需要越是多方面的，另一方面，生产者完成的制品越是单方面的，他的劳动就越是陷入了谋生的劳动的范畴，直到最后他的意义仅仅归于谋生的劳动并成为完全偶然的和非本质的，而不论生产者同他的产品是否有直接消费和个人需要的关系，也不论他的活动、劳动本身的行动对他来说是不是他个人的自我享受，是不是他的天然禀赋和精神目的实现"。[1] 自我

---

[1] 转引自［英］乔纳森·休斯《生态与历史唯物主义》，江苏人民出版社2011年版，第265页。

实现需要是马克思理解人类需要的核心。马克思拒绝那种平均化的欲望，认为这种欲望所实现的只不过是"粗陋的共产主义"，认为它是对整个文化和文明的世界的抽象否定，是向贫困的、没有需求的人（他不仅没有超越私有财产的水平，甚至从来没有达到私有财产的水平）的非自然的单纯倒退。自我实现的需要往往被生态主义者批判，认为这种自我实现具有反生态性质。但是，马克思并不这样认为。马克思坚信需要的增长主要指自我实现的需要，而不论是在生产过程之中或之外，这种需要的满足并不必然以资源消耗的扩大以及随之而来的生态恶化为条件。相反，自我实现的完成将取决于这些问题的最小化，甚至可能是通过旨在带来那种最小化的活动来完成。① 在生产过程中，人的力量的发挥也体现在人的智慧的应用上，在资源消耗的现有水平上，以更少的资源获得更多的产出或者实现更多的物品。人的自我实现的需要当然具有扩大生产的趋势，但是这种扩大生产并不一定破坏生态，因为生态效率的提高和科学技术的发展，有可能实现生态友好型的生产扩大。即自我实现的需要可以以生态良性的方式得以满足。

针对马克思对资本主义生产的乐观情绪被一些生态主义者批驳，休斯提出马克思论述资本主义生产力的乐观情绪并不意味着赞同资本主义生产对生态的破坏，也不意味着马克思把物质需要作为人的主要需要。实际上，马克思对资本主义生产的自豪情绪立足于对人的能力的不断增长的自信。正是在资本主义生产过程中，人才能不断增长自己的实践能力，才能不断认识自己真正的需要。休斯对马克思主义的生态辩护无疑建立在对历史唯物主义的深刻、准确理解基础上，在一定程度上也是对马克思主义理论的拓展。然而为了避免一些反马克思主义者对历史唯物主义机械性、还原性的责难，休斯转向了分析的马克思主义。他站在分析马克思主义立场上，指责马克思主义的辩证法是神秘和模糊的，转而采用分析马克思主义者科恩的功能分析法，对历史唯物主义的基本观点进行了功能主义解读。抛弃辩证法无疑削弱

---

① 转引自［英］乔纳森·休斯《生态与历史唯物主义》，江苏人民出版社2011年版，第283页。

了休斯分析人与自然互动关系的力度。① 其四,休斯还指责马克思无视生态问题的道德评价,忽视了道德评价的有效性。休斯在价值观上主张一种"广义的、非工具主义的人类中心主义"。这种"广义的、非工具主义的人类中心主义"既不同于生态中心主义(自然本身有与人类同等的生存权利),也不同于人类中心主义(人类应当以一种工具性关系统治自然);"广义的"人类中心主义就是将非感知自然的价值建立在对人类生命价值所做贡献之上,"非工具主义"表明它不单单从工具性方面看待这种贡献。休斯进而把他自己主张的这种所谓的"广义的、非工具主义的人类中心主义"纳入马克思主义的视角之中,这在名义上是补充和丰富马克思主义,但实际上是背离了马克思主义。

第二节　生态危机与资本主义批判

在生态社会主义那里,资本主义与生态环境问题的本质联系是其核心理论观点。综观生态社会主义理论,虽然它们对资本主义制度的变革具有改良和革命的不同观点,但是,它们都认为,资本主义与生态危机之间有着直接的因果关系。生态社会主义者从不同侧面对资本主义制度的反生态性进行剖析,如安德瑞·高兹提出,资本主义的哲学基础——经济理性必然导致生态危机的产生;约翰·贝拉米·福斯特则认为,资本的本质——逐利性必然破坏环境;詹姆斯·奥康纳认为资本主义制度蕴含的双重矛盾(生产力与生产关系的矛盾,生产力、生产关系及其生产条件之间的矛盾)以及资本不断扩张的本质决定了资本主义体系无法克服自身固有的生态恶化的趋势。他们断言全球性生态危机的产生不是因为科学技术的应用,而是资本主义制度本身的反生态性所致。

一　高兹:资本主义经济理性与生态危机

作为当代生态哲学和生态社会主义的代表人物之一,与其他生态

---

① 参见铁省林《人是依赖自然的》,《东岳论丛》2014年第8期。

社会主义者相比,高兹对当代资本主义生态批判最为系统和尖锐。高兹把当代资本主义社会中的生态危机归结于资本主义的利润动机,而资本主义的利润动机属于资本主义的经济理性范畴。这样,他又从资本主义利润动机批判延伸为对资本主义经济理性的批判,即从抽象的哲学层面上来探讨资本主义生态危机的根源。高兹对资本主义经济理性的批判集中体现于其1988年出版的《经济理性批判》一书中。

高兹认为,目前的生态危机是现代化过程中的非理性动机所致。为了克服生态危机及其他社会危机,理论家们需要做的是对现代化的前提加以反思,即给现代化设定理性的界限。高兹认为,要给现代化设定界限,就必须考察经济理性在当代资本主义社会中的运作情况,因为在资本主义社会中,现代化进程是与经济理性的运作联系在一起的。那么何谓经济理性呢?高兹所说的经济理性是与计算机和机器人联系在一起的,以计算和核算为基础,把由于劳动手段改进所节省下的劳动时间尽一切可能地加以利用,让其生产出更多的额外价值。高兹指出,计算机化和机器人只有一种经济的合理性,确切地说,它以尽可能有效地使用生产因素的经济的要求为主要特征。它要求用简单的度量衡单位对这些要素的安排加以衡量、计算和计划,并且表述它们,而不管这些要素是什么样的。

经济理性形成过程是这样的。在前资本主义的传统社会中,人们可以自由地决定其需求的程度和工作的程度,经济理性并不适用。"那时,人们为了使其工作控制在一定的限度内,就自发地限制其需求,工作到自认为满意为止,而这种满意就是指自己认为(所生产的东西)已足够了。不过,足够这一范畴是调节着满意的程度和劳动本身的量之间的平衡。"① 在前资本主义时代,人们在劳动和生产中所遵循的原则是"够了就行"。当然,这里的"足够"范畴并不是一个经济范畴,它是一个文化范畴。经济理性的出现是与资本主义的诞生同步的。当人们学会了计算和核算,即不是为了自己的消费而是为了市场而进行生产的时候,经济理性也就开始起作用了。"经济合理性发端于计算与核算","从我的生产不是为了自己的消费而是为了市场那

---

① Andre Gorz, *Ecology as Politic*. Boston: South End Press, 1980, pp. 111-112.

一刻开始，一切就开始变了"。① "于是，计算和核算就成了具体的合理化的典型形式。它关注的是每单位产品本身所包含的劳动量，而不顾及那种劳动的活生生的感受，即带给我幸福还是痛苦，不顾及它所要求的成果的性质，不顾及我与所生产的东西之间的感情的和美的关系。……我的活动取决于一种核算功能，而无须考虑兴趣和爱好"。② 实际上，高兹提出了经济理性的具体内容。"在经济理性的指导下，生产必然仅仅是被商品交换所支配，它必然被在一个自由的市场上进行交换这一原则所驱使，在这一市场上，被割裂的生产者面对着同样被割裂的购买者，它们在竞争中发现自身"。③ 既然在经济理性的指导下，生产主要是为了交换，那么这种生产必然是越多越好。于是"足够"的范畴就不像在传统社会中那样仅仅是一个文化的范畴，而变成了主要是一个经济的范畴。其标志是突破了原来的"够了就行"的原则，而开始崇尚"越多越好"的原则。高兹说：资本主义经济理性"提出了一种用以衡量工作成效的客观的标准，即利润的尺度。从而成功不再是一种个人评价的事情，也不是一个生活品质的问题，而主要看所挣的钱和所积累的财富的多少。量化的方法确立了一种确信无疑的标准和等级森严的尺度，这种标准和尺度现在已用不到由任何权威、任何规范、任何价值观念来确认。效率就是标准，并且通过这一标准来衡量一个人的水平与效能：更多要比更少好，钱挣得多的人要比钱挣得少的人好"。④ 这段话比较完整地表述了经济理性的含义。所谓经济理性的原则，就是计算与核算的原则、效率至上的原则、越多越好的原则。高兹所说的经济理性实际上就是资本主义的生产方式。

经济理性危害在哪里？高兹首先借用马克思的观点来揭示经济理性的危害。在马克思和恩格斯看来，作为资本主义特征的经济合理性"要扫除所有从经济的观点看来是不合理的价值和目标，而只留下个人之间的金钱关系，留下阶级关系，留下人与自然之间的工具关系，从而产生了一个一无所有的工人——无产阶级，这个阶级只是可以无

---

① Andre Gorz, *Critique of Economic Reason*. London: Verso, 1989, p. 109.
② Andre Gorz, *Critique of Economic Reason*. London: Verso, 1989, pp. 109 – 110.
③ Ibid., pp. 110 – 111.
④ Ibid., p. 113.

限地交换劳动力，被剥夺了任何特殊的利益"。①按照马克思观点，经济合理化的过程"一方面在人与自然之间造就了一种造物主性质的、创造性的关系，这种关系是机械化的一大成果，另一方面又赋予这样一种劳动组织难于置信的支配生产力的权力，这种劳动组织既使劳动又使劳动者失去一切人性味"②，"作为资本主义合理化的一大成果，劳动不再是一种个人的活动，不再受制于基本的必然性，但也付出了重大的代价，这就是劳动失去了其界限，劳动不再变成有创造性的了，不再是对普遍力量的肯定，它使从事劳动的人非人化"。③ 高兹强调，按照马克思观点，经济理性的危害可以归结为一方面使人与人之间的关系变成金钱关系，另一方面使人与自然之间的关系变成工具关系，而核心问题是使劳动者失去人性。这些问题是一种广泛意义上的生态危机。

高兹认为，资本主义经济理性还会导致生态非理性，使资本主义产生生态危机。相对经济理性，高兹提出了生态理性概念。生态理性是人们基于对自然环境的认识和自身生产活动所产生的生态效果对比，意识到人的活动应有一个生态边界并加以自我约束，从而避免生态恶化危及人自身的生存和发展，其目标是要建立一个人们在其中生活得更好而劳动和消费则更少的社会，动机是生态保护，追求生态利益的最大化。高兹认为，资本主义存在着经济理性与生态理性的矛盾，作为人类劳动交换关系体现的经济理性无法兼顾更高层面的生态平衡。"生产力的经济规则与资源保护的生态规则判然有别。生态理性是以尽可能少的劳动、资本和资源投入，采取尽可能好的生产方式和手段，最大限度地提高产品的使用价值和耐用性来满足人们的物质需要。反之，经济理性把利润最大化建立在生产效率、消费和需求最大化的基础上，只有通过这种最大化的消费和需求才能获得资本的增殖，其结果是企业生产力的发展导致整个经济领域浪费的日益加剧。从生态观点来看是对资源的破坏和浪费，而用经济眼光来看则是增

---

① Andre Gorz, *Critique of Economic Reason*. London: Verso, 1989, p. 19.
② Ibid., p. 20.
③ Ibid..

长。……从生态观点来看是节俭的措施,用经济眼光来看是国民生产总值的减少,未能充分利用资源。"① 资本主义生产目的与内在逻辑是追求利润最大化和经济效率最大化,以尽可能高的利润、最大化的效率生产尽可能多的物品,进行最大量的销售,这种经济效率最大化在总体上区别于资源保护的生态最大化。个别企业对生产率最大化的追求导致经济总量浪费的增加,要求消费的最大化,从而促进企业之间互相竞争,加快产品的更新,以满足扩大化了的消费,表现为资源的浪费和破坏,引起由生态问题而导致全面的社会危机。

高兹指出,当代资本主义社会经济理性的社会危害就是新奴隶主义的出现。"对经济领域中劳动的不平等分配,以及与此相伴随的对由技术发明所创造的自由时间的不平等分配,导致了这样一种情境,在这种情境下,一部分人能从另一部分人那里购买到额外的空闲时间,而后者沦为只是替前者服务。……对于提供个人服务的那些人,这种社会分层也就是服从于和人身依附于他们为之服务的那些人。曾经被战后工业化所废除掉的'奴隶阶级'再次出现。"② 新奴隶主义的出现使人与人之间的关系沦为工具关系,使人的劳动失去创造性,使人失去人性味。只有摆脱经济理性束缚,才能为现代人开辟出一个足够大的自由空间。在这一空间中,以经济为目的的劳动大大减少,自主的行为有可能在社会中占支配地位。

高兹对资本主义经济理性的批判无疑是深刻的,然而彻底取消经济理性是不现实的。现实可行的做法是让经济理性服从于生态理性,在保证经济增长与发展的同时实现生态理性的目标;在政治上强化民主法制等社会理性,使经济理性和生态理性建立在严格的社会契约关系基础之上,在严格的社会契约约束下合理利用和开发自然。经济理性批判是在西方现代化已经完成的情况下、在西方社会充分发展后对工具理性造成人与自然的疏离、生活意义丧失的批判,以批判现代性为主。而中国正在进行现代化进程中,具有建设和批判现代性的双重任务,高兹批判的经济理性恰恰是中国现代性建设的目标,建立和完

---

① Andre Gorz, *Critique of Economic Reason*. London: Verso, 1989, p.183.
② Ibid., p.6.

善现代的政治、经济机制是中国目前尤为迫切的任务,因此不能照搬西方语境中的经济理性批判,必须具有清楚的本土意识。要辩证地看待中国现代化进程中经济理性的作用,使经济理性与生态理性相结合,既重视经济理性也重视生态理性,中国的现代性应是以人为本,人与自然、人与社会"双赢",并把社会与自然的代价减少到最低限度的、和谐的现代性。

高兹还分析了资本主义社会中过度积累、再生产危机以及生态危机三者关系,以说明生态危机是资本主义社会的一切危机的最终根源。他首先把过度积累的危机归结为再生产的危机。"资本主义在其'发达资本主义阶段',其发展主要依靠的是用机器取代工人,用死劳动取代活劳动。……但机器是损耗性地进行生产的;而这些机器所体现的资本的投资又必须得到回报,这就意味着:投资者期望得到远多于装置所损耗掉的回报。只要机器主要用来生产剩余价值(通过操纵机器的工人的中介),机器就是资本。资本的逻辑就是不断追求增长。"① 从这一论断出发,高兹进一步论述说,资本主义的过度积累的危机能否得到遏制,就取决于能否有效地组织再生产,但实际情况是资本主义社会是不可能组织有效的再生产的。为什么不能呢?高兹从再生产的危机追溯到生态的危机。其一,为了逃避过度积累的危机,再生产越来越变为浪费性的即破坏性的。"它加速破坏了它以此为基础的不可再生的资源;它所过度消费的是那些基本上是不可再生的资源,如空气、水、森林、石油等,它以相当快的速度使这些资源趋于匮乏。"② 其二,面对被掠夺资源的枯竭,工业采取各种极端的措施,"企图通过进一步扩大生产来克服由扩大生产所带来的匮乏","但是这种由扩大生产而形成的产品并没有为最终的消费增添了什么,它们被工业自身消费掉了"。③ 最后,高兹归纳说:"我们所面对的是典型的过度积累的危机,这种危机被再生产危机所加剧,而说到底再生产危机最终又根源于自然资源的匮乏。"④ 因而,把包括过度积累危机、

---

① Andre Gorz, *Ecology as Politics*. Boston: South End Press, 1980, pp. 21 – 22.
② Ibid., p. 26.
③ Ibid., p. 27.
④ Ibid..

再生产危机、生态危机在内的当代资本主义社会所有危机联成一体的是资本主义的这样一个规律：资本主义使未满足需要的增长超过它能满足需要的增长。高兹提出，当代资本主义社会中经济增长的主流是被一种不平等刺激起来的综合过程。本来，经济增长为满足人的需要创造了条件，但由于某种原因这种经济增长总是与不平等的制度联系在一起，所以，这种满足也是相对的、有条件的。从表面上看，经济增长的结果使大多数人能够很快享受到那些迄今只为精英们独占的特权，这种特权因此而贬值，贫困线所表示的生活水平提高了一个等级。当这种原有的特权被相对满足的同时，新的特权又从那些大多数人被排挤在外的地方被创造出来。这就是说，资本主义的经济增长在满足原有的需求的同时必然又创造出新的需求。资本主义的经济增长不是消灭而是无休止地制造匮乏，其目的在于重新创造不平等与等级制度。由此，高兹得出结论说：资本主义使未满足需要的增长超过它所能满足需求的增长。

当代资本主义社会人们普遍的价值观念是：对每个人都一样好的东西没有价值，你必须有着若干好于他人的东西才能受到尊敬。正是利用人们的这种价值观念，当代资本主义经济不断制造出新的需求，维护不平等，控制人们。高兹正确地提出要保护生态环境，首先要改变人们的价值观念，树立如下新观念：对一个人有价值的东西对所有人都是有价值的、在一个没有特权的社会，没有一个人会是贫穷的；宁愿过较多快乐和较少富裕的生活，也不要过较多富裕和较少快乐的生活等。他认为，当代资本主义社会的一个重要特征就是人们的大部分时间都花在生产和出卖自己并非绝对需要的东西，如化妆品、保健品、电子玩意儿、私人小汽车、带私人游泳池的豪宅等，他主张限制那些不必要的消费换来更多的自主活动空间。高兹的些主张切中时弊并给人以启发。

二 福斯特：资本主义的利润动机必然破坏环境

在《生态危机与资本主义》一书中，福斯特系统地阐述了资本主义与生态相悖的根本原因，并提出了走出生态危机的制度替换之路。福斯特认为，自然科学家们虽然从生物学、人口统计学和技术等方面做出了大量努力来警告我们人类和地球所面临的危机，但他们却没有认识到问题根源，因为他们大都没有深入探究生态危机背后的社会问题，这就是历史的生产方式，特别是资本主义的制度。福斯特提出，资本主义的利润动机必然破坏环境。他引用蕾切尔·卡逊的话，"当今世界崇拜速度和数量，崇拜快捷地赚取利润，这种盲目崇拜滋生了滔天罪恶"，导致最严酷生态问题的罪魁祸首是为了快速获得经济回报而将自然蜕变成工厂一样的组织形式。① 福斯特认为，资本对利润之神的崇拜必然会带来迅速失控的生态与社会危机及其对人类和与人类共存物种的毁灭性后果。资本主义的企业管理首要关注的并不是如何实现生产与自然相平衡、与人的生活相协调，如何确保所生产的产品仅仅服务于公众为其自身所选择的目标，使劳动变得更加愉快，它所关注的主要是花最少的成本而生产出最大限度的交换价值。自亚当·斯密以来，资本主义主流经济学家对此已达成共识。资本主义是一种直接追求财富而间接追求人类需求的制度，它并没有将其活动局限于满足人类基本需要的生产和提供社会发展必需的服务设施上，相反，创造越来越多利润已成为目的本身。在资本主义利润动机的推动下，产品的样式和它们最终的实用性已无关紧要，商品的使用价值越来越从属于它们的交换价值，生产使用价值的目的主要是满足虚荣的消费，哪怕对人类和地球具有破坏性（从满足人类需求的意义上讲毫无用途）。对资本家来说，一切生产的最终目的是获得利润，任何一个企业都对获取利润感兴趣，每个资本家都最大限度控制自然资源，最大限度增加投资，以使自己作为强者存在于世界市场。

从生态的立场出发，参照巴里·康芒纳的四条生态法则，福斯特概括出资本主义生产的四条反生态法则②，这四条经济生产的法则正是对资本主义的社会经济制度本质的最好的揭示。

第一，事物之间仅有的永恒关系是金钱关系。在资本主义条件下，人与人之间的所有社会关系和人与自然间的所有的关系都被简约为金钱关系。资本主义发展的固有倾向就是割断事物间的彼此联系并

---

① Rachel Carson, *Lost Woods: The Discovered Writings of Rachel Carson*. Boston: Beacon Press, 2002, pp. 194 – 195.

② John Bellamy Foster, *The Vulnerable Planet*. New York: Monthly Review Press, 1999, p. 120.

把它们简化。金钱关系成为衡量一切的标准。金钱关系异化了自然界中事物之间固有的关系，使自然碎片化。

第二，只要不重新进入资本循环，事物去哪里都无关紧要。当代资本主义条件下的经济生产不是一个循环系统，而是一条直线：从资源地到废物堆。在前资本主义社会，由农业生产产生的许多废物能按照生态律进入循环利用中。在资本主义社会却不是如此，由于自然被划分和分配的程度太深以及技术的高度发达，许多产品被人合乎需要地使用成为废物时，由于距离的阻隔或产品性质的非自然性而很难进入循环利用之中。在资源—生产—废物这个链条中，资本主义经济只注意到生产能否带来利润，生产是大写的，而对生态来说，三个环节都应该是大写的，只有三个环节都受重视才是一个循环系统。

第三，市场懂得什么是最好的。在资本主义社会里，市场规则统率一切社会的和自然的规律。食物（按照自然规律，食物对人的作用是能为人提供营养以供其生存）成了赚取利润的手段，食物的包装、运输和储藏优先于食物的营养价值，在市场交易中，前者比后者更能实现利润。所有的价值包括自然本身的价值都被作为实现市场价值的手段。利润成为最高目的，自然和社会本身是手段。

第四，自然的施予是资本主义免费的礼物。资本主义在战胜自然的资源和能源时没有把生态成本列作经济计算中的因素。正因为如此，资本主义就尽可能让稀有物资和能量在生产中的吞吐量达到最大化，这种流量越大，获得利润的机会就越多。对资本主义经济体制来说，自然的物质和能量资源就是它的免费的礼物，对这一免费礼物的破坏性使用导致的结果就是生态的恶化。

福斯特指出，当今威胁地球上所有生命的生态问题是由资本主义世界经济造成的，资本主义和生态学之间存在着根本矛盾，二者之间的对立不是某些点上的对立，而是各自作为一个整体的对立。除了对资本主义解决生态问题的不可能性进行阐释之外，福斯特的另一个重要贡献是挖掘出马克思的物质变换的断裂的概念，并赋予它重要的意义。福斯特认为，马克思曾对伟大的德国农业化学家李比希的著作进行了系统研究，其中人与自然关系物质变换的断裂这一概念使得马克思对自然的异化的分析更加成熟。马克思运用这个概念分析资本主义制度下的农业问题、城乡问题以及人与土地间的关系问题。

福斯特认为,在马克思时代引起人与土地间物质变换断裂的原因在当代并没有消除。城市的进一步分离,远距离贸易被全球化贸易的替代,只能加剧这种断裂。具体表现为:随着农业中实行机械化及农产品价格的降低,农民被迫离开农场,首先进入城市然后进入城市的郊区,而城市工业区和城郊的服务和管理部门为农民提供了工作机会。这样,随着离开农场农民的人口比例越来越大,由于城乡分离导致的人与土地间的营养成分循环的断裂就比19世纪更彻底。

福斯特进一步分析20世纪营养成分循环的特点。指出,在20世纪中期到20世纪末农业采用工业化经营方式的社会里,初级消费者与初级生产者的营养循环也断裂了。这是由两个原因造成的:一是廉价的氮肥的生产,取代了自然界中豆荚类植物的固氮作用,这使得农民在作物耕种、牲畜养殖上更专门化,并且可以不依赖豆荚类植物的种植了。二是在农业中,生产、加工和产品市场化越来越集中,如肉牛、家禽、猪等动物的生产、加工越来越集中在少数大企业手中,越来越集中在某一个地方。这两个原因导致农业中的动物生产不再依赖于以前为它们生产饲料的农作物种植地了。这使得土壤中营养成分和有机物质的退化更加恶化了。

福斯特还指出,在美国由于大量的租种土地现象的存在也阻止了土壤的改良。租种土地的农场主不会花大成本去改良土壤,因为他们投出的成本不一定能在租赁期内得到回报。他们倾向于用人工合成肥来施肥,而不会从环境的角度及土壤改良和维护的角度采用长期的土壤和作物管理战略。这些原因导致了20世纪末土壤的退化。

福斯特关于马克思的资本主义农业中物质变换的断裂理论进一步阐发为我们思考当代农业问题提供理论基础和出发点。我国正面临农业现代化的进程,农业发展及城市和乡村的发展正处于关键的转型期,在中国经济已融入世界经济的关头,中国农业应该怎样实现可持续发展?中国的城市规模正在极度膨胀,农村人口正在城镇化,大城市在中国社会中的地位和职能日益重要。面临这种现实,我们应该怎样认识和引导这些变化?福斯特对马克思的物质变换断裂理论的阐发无疑为我们思考人与土地的关系、人与自然的关系、城市与乡村的关系以及城乡分离对环境和生态的影响提供了重要启发。

三 奥康纳：资本主义的双重矛盾与两种危机

（一）资本主义生态危机与第二重矛盾

在对资本主义环境危机所做分析中，针对马克思关于资本主义基本矛盾引发经济危机最终导致生产方式的变革理论，奥康纳提出了资本主义二重矛盾和两重危机理论。他认为，"有两种而不是一种类型的矛盾和危机内在于资本主义之中"。① 传统的马克思主义揭示的是资本主义的第一重矛盾，即资本主义的生产力和生产关系之间的矛盾，这种矛盾导致了以生产过剩形式表现出来的经济危机。而资本主义的第二重矛盾是资本主义的生产力、生产关系与生产条件之间的矛盾，这种矛盾导致了以生产不足的形式表现出来的经济危机。如果说前一种矛盾和危机引发的是对生产力和生产关系的重构，那么后一种矛盾和危机引发的是对生产条件的重构。奥康纳所说的资本主义的二重矛盾：一重是生产力和生产关系之间的矛盾，另一重是生产力和生产关系与其生产条件之间的矛盾。

奥康纳把生产条件定义为："它并不是作为商品，并根据价值规律或市场力量而生产出来的，但却被资本当成商品来对待的所有东西。"② 依据这个定义，自然资源、劳动力、城市的基础设施和空间、社区都应被包含在生产条件的范围内。奥康纳详细地分析了三类生产条件的一般性质及其历史变化。如对劳动力的分析，他认为："劳动力也无法与其所有者相分离，进而也无法在市场上自由地流通。工人的劳动力，他们的身体及精神方面的健康状态、他们的社会化及技术方面的合格化的程度与水平、他们应付劳动关系之压力的能力等等，其实都是统一在一起的。资产阶级的意识形态则与此相反，在它们看来，没有任何一种本质性的或核心的'自我'能够游离于劳动力的商品线索之外。其实，不管劳动力市场试图想把人类打扮成什么样子，人类作为社会生产的力量，始终既是一种生物有机体，又是一种社会

---

① ［美］詹姆斯·奥康纳：《自然的理由——生态学马克思主义研究》，唐正东、臧佩洪译，南京大学出版社2003年版，第275页。
② 同上书，第486页。

有机体。"① 在此，奥康纳指出，劳动力的生产和再生产方式并没受价值规律支配，因此劳动力的价格不应当根据价值规律来进行阐释。甚至可以说，劳动力根本就没有什么交换价值。劳动力作为商品只是在资本的强压下、在资产阶级的意识形态下呈现出来。奥康纳按同样的方式分析了其他类型的生产条件在资本主义市场下的特性：在商品市场中，自然、城市空间和基础设施、社区及劳动力都被虚拟为商品，实质上，它们都不具备交换价值，不直接由市场力量或价值规律支配。自然界有其自身的、自主性的规律或发展原则；空间场所及基础设施除了直接被政治和市场建构外，还独立完成对资本在地理维度上的配置；劳动力既是交换的主体又是客体。这样，奥康纳对生产条件的论述在传统马克思主义赋予的技术性质的基础上，被主体化及赋予一种历史文化含义。

以对生产条件的规定和分析为起点，奥康纳进一步研究生产条件本身的生产和再生产问题。他认为，生产条件是在一定的财产、法律及社会关系中被生产和再生产出来的，因为生产条件及其生产和分配是不受市场力量或价值规律支配的。是资本主义国家控制着对劳动力、土地及原材料的获得和使用的权力，以及参与和退出那些虚拟商品的交易活动的权力，从而促使人类劳动力、自然界、社会性的基础结构以及空间等因素，以资本所希望得到的数量和质量，把自身呈现给资本。如果生产条件的再生产能力受到破坏，那么最直接的原因应当归咎于国家机构及其政策而不是资本自身。② 因此，环境破坏问题不应仅仅放在资本的维度上来加以审视，既然国家是资本主义与自然之间的中介，那么资本与自然之间的矛盾的解决焦点就应集中到国家上来。这样，奥康纳将资本主义生产条件转化为一个政治问题，而非资本主义制度本身的问题，资本主义第二重矛盾所产生的包括生态危机在内的资本主义危机被转换成一个政治或政策问题。换言之，生产条件在本质上已被政治化了，通达自然界的途径被各种斗争所中介，

---

① ［美］詹姆斯·奥康纳：《自然的理由——生态学马克思主义研究》，唐正东、臧佩洪译，南京大学出版社2003年版，第230页。
② 同上书，第236—237页。

外在自然界本身所具有的身份及主体性处于缺失状态。劳动力也只是围绕着他们自身的福利条件以及广义上的社会环境而展开斗争。

奥康纳指出，资本主义第一重矛盾——生产力与生产关系的矛盾反映的是资本对劳动所拥有的社会及政治性的权力，它会导致资本主义再生产实现维度上的危机，即资本的生产过剩的危机趋势。而资本主义的第二重矛盾——生产力、生产关系及其生产条件实际上内含在使用价值这一范畴之中。第一重矛盾从需求的角度对资本的再生产构成挑战。当个体资本为了维持或者恢复利润，把成本降低时，其意想不到的后果是市场对商品的需求也会下降，从而真正获得的利润也会下降。第二重矛盾是从成本角度对资本的再生产构成挑战。当个体资本为了维持或恢复利润而降低成本——比如，当它们把成本外化到生产条件上面去的时候，其意想不到的后果是抬高其他资本的成本（最终抬高了资本总体的成本），由此，生产性利润就会降低。在第一种情况下，在剩余价值的生产方面是没有问题的，只是在价值和剩余价值的实现方面存在问题。第二种情况下，价值及剩余价值的实现是没问题的，有问题的恰恰是在剩余价值的生产方面。

在马克思那里，资本主义第一重矛盾会造成资本主义的经济危机。在奥康纳看来，资本主义全球化时代生产力、生产关系对资本主义的生产条件的破坏和损害不仅会造成严重的生态危机，而且也会造成严重的经济危机。奥康纳以大量的事实阐述了资本主义的第二重矛盾在造成生态危机的同时进而也造成资本主义的经济危机。比如，资本主义积累造成的大气变暖、酸雨、水土流失、有毒废弃物、交通拥挤和抬高地租不仅破坏资本主义生态环境，而且破坏了资本主义生产和积累的条件，使资本主义国家和政府为了维持和修补这些生产条件和发展相关的替代品，不得不花费大量的社会资金，从而既产生了传统的经济危机又产生了全球化时代的财政和金融危机。最重要的是，由于生态危机的恶化导致资本主义社会的各种生态环境运动以及政治斗争和国家对资本主义生态问题的干预，都增加了资本主义积累的成本，产生资本主义的生产条件的供给不足，因而引发严重的资本主义经济危机。由此，资本主义第二重矛盾引发的是生态危机和经济危机并存的双重危机。

在马克思那里,资本主义危机是一种生产过剩危机。而奥康纳认为,资本生产过剩与资本生产不足过程并不是相互排斥的,它们可以相互弥补。"在当今世界资本主义中蕴含着的,不仅是资本的生产过剩的危机,而且也是资本的不充分发展的危机。危机不仅来源于传统马克思主义所说的需求的层面,而且也来自于生态社会主义所说的成本的层面。……因此很显然,关于传统的资本的生产过剩的危机与资本的不充分发展的危机之间的内在联系的问题必须加以提出。另外,自然界和人类的受损与资本的受损之间的关系也应当被提出来。同样显而易见的是,我们必须在理论上面对生产条件的问题,正像资本和包括工人为了健康及相关的问题而进行的斗争在内的新社会运动必然在实践上面对这个问题一样。"如果我们真的这样做了,那么,其结果必然是,我们能够清晰地看出今日我们所需要的,其实并不是'社会主义的建设',而是对自然的'社会主义式的重建'——包括我们自身的'自然'在内。"① 奥康纳认为,在新的全球化经济视域中这两个过程应该结合起来研究。

在传统的马克思主义理论中,生产力和生产关系的矛盾的加剧,是向社会主义转型的必要条件。在奥康纳的生态社会主义理论中,生产条件与生产力、生产关系的矛盾加剧则是向生态学社会主义转型的必要条件。在传统马克思主义理论中,资本主义充满了危机,同时危机给资本提供了一个机会,使它能够对自身进行重新整合,使自身理性化,以便使它能重新获得剥削劳动以及资本积累的能力。资本一般通过两种方法来调整自身:一种方法是对生产力进行调整,另一种方法是对生产关系进行调整。无论哪一个方面调整,都需要以个体资本内部及其相互之间、国家内部、资本与国家之间的新的、直接的或间接协作形式为前提。协作性或规划性的程度越高,由此导致的生产的社会化程度也就越大,同时对商品及资本的拜物教颠覆就越彻底。所以,危机本质上就创造出一种向社会主义转型的可能性。奥康纳的出发点是资本主义的生产力、生产关系与生产条件之间的矛盾,其理论

---

① [美] 詹姆斯·奥康纳:《自然的理由——生态学马克思主义研究》,唐正东、臧佩洪译,南京大学出版社 2003 年版,第 207 页。

焦点在于资本主义的生产关系和生产力,通过损害其自身的条件而积聚自我毁灭的力量,最终导致全球化资本主义的生态危机与经济危机。由双重危机所导致的生产条件的重构,必然会带来更多的国家控制、大型资本集团内部的更多计划性以及一个在管理或组织方面更具有社会性和政治性的资本主义,即一个更少具有似自然性的资本主义。在这种资本主义中,生产条件方面的变化将更具有政治性,它们将会被合法化。正像生产过剩的危机蕴含着对生产力和生产关系的重构一样,生产不足的危机所蕴含的是对生产条件的重构。同样,正像对生产力的重构意味着更为社会化的生产关系形式一样,对生产条件的重构意味着一种双向作用——更为社会化的生产力维度上的生产条件形式,以及更为社会化的社会关系形式,生产条件就是在这种社会关系中被再生产出来的。更为社会化的生产关系形式、生产力形式以及生产条件形式综合在一起,便内含着一种转向社会主义的可能性。

奥康纳进一步指出,如果说工人运动推动了资本主义转向更为社会化的生产力和生产关系形式,那么当今以女权主义、环境运动为代表的新社会运动,正在推动资本和国家转向更为社会化的生产条件的再生产形式。如果说马克思把社会主义革命的希望寄托在以工人阶级为主体的劳工运动上,奥康纳则把生态社会主义革命的希望寄托在新社会运动上。

奥康纳资本主义的第二重矛盾理论在一定程度上是马克思关于资本主义基本矛盾理论在全球生态危机时代的补充和拓展。然而,他试图用人与自然的矛盾来取代资本主义的基本矛盾和主要矛盾(即生产社会化与资本主义私人占有制之间的矛盾和无产阶级与资产阶级之间的矛盾),用生态危机来取代经济危机的观点却偏离了马克思主义的实质。奥康纳认为,传统马克思主义的经济危机及向社会主义转型的理论的出发点是资本主义的生产力与生产关系之间的矛盾。与此相反,在生态危机理论及向社会主义转型问题上的生态社会主义理论,其出发点则是资本主义生产关系(及生产力)与资本主义生产条件的矛盾。在奥康纳看来,当代资本主义社会虽然还存在着生产力和生产关系之间的矛盾,但是,更为主要和根本的矛盾是资本主义生产关系(及生产力)与资本主义生产的条件之间的矛盾。奥康纳对资本主义社会的基本矛盾的概括有失偏颇。

其实,人与自然矛盾自人类社会产生以来就一直存在着,只是在资本主义社会由于资本主义特定的生产方式使这一矛盾更加显著,更加尖锐而已。但是,我们并不能由此就认定人与自然的矛盾是资本主义社会的主要矛盾。任何社会的主要矛盾都是由该社会的根本性质决定的,当代资本主义社会的根本性质仍然是资本主义的私有制,因此,当代资本主义社会的主要矛盾仍然是生产资料私人占有与生产的社会化之间的矛盾。资本主义社会的生态危机不仅是人与自然矛盾的结果,而且是资本主义生产方式的必然产物,是资本主义政治危机和经济危机的一种新的表现形式。

(二)资本积累必然导致生态危机和经济危机

奥康纳还提出,资本主义积累必然导致生态危机。在资本主义经济中,利润既是经济活动的手段,又是其目的。利润之所以是手段,那是因为,它们驱动着货币资本不断地扩张,并努力使新的股份在令人满意的条件下进行运转,同时,还能给不断扩大的贷款进行担保。利润之所以是经济活动的目的,那是因为,不管管理部门还是股东,其目的都在于创造更多利润。个体资本用利润来获取更多的利润,这实际上就是资本的自我扩张。资本主义的自我扩张在经济的维度上没有严格的限制性。但是,由于资本低估了自然界的存在价值,把自然界作为自己的出发点,而不是其归宿之点。(用奥康纳的比喻:自然界对经济来说既是一个水龙头,又是一个污水池。作为一个水龙头自然界已经或多或少地被资本化了;但作为污水池的自然界则或多或少地被非资本化了。水龙头成了私人财产;污水池则成了公共之物)而自然系统是依据不同的原则而被建构起来的,在生产的曲线图的某些点上,自然界的生产能力是自我限定性的,这样势必会对资本积累形成障碍。这种生态维度上的障碍一般通过经济危机的形式来触及。

具体地说,资本积累是这样引发生态危机的:资本主义积累是建立在生产率的不断增长或再生产工人的成本不断降低的基础上的。生产率的增长就意味着一定的雇佣劳动量能够加工比以前更多更好的原料。如果经济在不断地增长,对原料的需求就将不断地增长(假定其他条件不变)。其结果是:原料在不变资本中占有更大的份额,从而在商品价值中占据更多更大的份额。在这种情况下，对资源的需求的增加以及资源开发力度的加大，会提高平均成本，从而抵制利润率和积累的增长。于是，个体资本便会通过向设备、技术及基础设施方面的投资来发现新的矿物及矿物燃料的储存以及可耕作的土地等，并试图以此来克服上述的那些"瓶颈"。

与此相反，在原材料方面出现反方向的发展趋向。在更有效的生产和使用水平的前提下，付出比以前更低的平均成本，那么，成本和价格就会下降，平均利润率就会上升，原材料开发和资本积累的速度就会加快。原料的便宜带来了资源的快速耗费和衰竭的危险，这并不是由于它们本身的便宜，而是因为，当它们相对便宜时，利润率就会相对上升，从而对资源的需求以及积累的过程就会相对地加快。恶性循环就这样形成了：高利润率导致了高积累率，高积累率反过来又导致了对原料的更大的需求；对原料的更高水平面的开发导致了生产成本的降低，而生产成本的降低又会使本来就很高的利润和积累率变得更高。简而言之，如果原料很便宜，那么积累率以及资源的耗费和衰竭程度就会相对较高；而如果原料的价格很贵，那么，资本的投资就将被用来把它们的成本降低下来，或者发展出某种方法以使它们的使用效率更高。

不管原料、能源以及其他不变资本和可变资本因素的成本怎样，资本的积累和经济的增长都依赖第一部类投资的扩大。第一部类的增长越快，生产率、利润以及经济总体的平均增长率就越高。而在其他条件不变的情况下，经济增长的速度越快，资源的耗费及衰竭率就越高，同时，污染就越有可能被生产出来。

在分析了资本积累与生态危机必然联系之后，奥康纳又论述了经济危机与生态危机的关系。经济危机与生态危机是相互作用的。

一方面，经济危机导致生态危机。总体上说，经济危机是与过度竞争、追求效率以及成本削减联系在一起的，因此，它也是与对工人的经济上和生理上压榨的增强、成本外化力度的加大以及由此而来的环境恶化程度的加剧联系在一起的。经济危机与成本削减同时还会刺激那些先前已被禁止的对环境具有危害性的技术的和更新的现代技术的出现，从而导致生态危机的新形式（如高科技污染）。再者，经济危机还与降低资本流通时间联系在一起，这反过来会使得企业更加不关注工人的健康、所出售商品的环境及卫生影响、城市条件及基础设施的可持续性存在等。奥康纳把这种由经济危机导致的生态危机与资本主义积累导致的标准化的生态危机区分开来，把二者看作不同的类型，并指出生态问题的这两种类型在任何时刻都是相互结合（以不平衡的方式）和相互并存的。

另一方面，生态危机有可能引发经济危机。这是因为由资本自身所导致的生态问题——原材料的短缺会带来对利润损害以及通货膨胀的危险。再进一步，由生态危机所导致的环境运动有可能会加重经济危机的程度，这是因为，社会运动、政治斗争以及国家政策对生态和经济的变化与转型起干预作用，为保护生产条件或生活条件、重构生产条件而进行的斗争可能会导致成本的提高以及资本灵活性的减少从而危及或损害资本主义的积累。

总之，在奥康纳那里，资本主义积累一般会导致一定类型生态危机；经济危机与这种类型的生态危机部分相异、部分相似地联系在一起。资本的外在性障碍表现在稀缺资源、城市空间、健康及训练有素的雇佣劳动者以及其他生产条件方面，它们有可能会使成本增加，从而对利润构成威胁。而以保护生活条件、森林、土壤质量、环境的舒适、卫生条件以及城市空间等为目的的环境运动及其他社会运动，也有可能提高成本并使资本缺乏灵活性，这些因素也会导致经济危机的产生。资本主义积累和危机会导致生态问题，而生态问题反过来又会导致经济问题。这就是在生产、市场关系、社会运动以及政治维度上存在于经济危机和生态危机的倾向性之间的相互决定关系。资本在损害或破坏其自身的生产条件的时候，便会走向自我否定。

奥康纳的双重危机理论，为我们认识当代资本主义提供了一种新视角。和前期的生态社会主义者认为资本主义已经克服了经济危机不同，奥康纳明确提出，资本主义与可持续性发展不相容，资本主义不仅没有克服经济危机，而且还增添了新的危机——生态危机，两种危机并存并互相作用，使资本主义危机日益加深。资本主义由于资本逐利性的作祟，危机无法消除，出路只有一条——走生态社会主义的道路。应该说，奥康纳提出资本主义世界存在着生产力、生产关系与生产条件的矛盾，这对矛盾必然导致生态危机并引发经济危机，是有现实根据的。资本主义国家尽管通过国家干预一定程度减弱了经济危机的严重程度及其破坏性，但经济危机并没有被完全克服——当然表现形式与自由竞争时代已有很大不同。正如奥康纳所言，资本主义积累造成各种生态灾难不仅破坏了资本主义的生态环境，而且破坏了资本主义的生产条件，这将使资本主义国家和政府为了维持和修补生产条件和发展相关替代品，不得不花费大量的社会资金，从而产生了传统的经济危机同时又产生全球化时代的财政危机和金融危机；环境的恶化所导致的各种生态运动以及政治斗争和国家的干预政策，增加了资本积累的成本，产生了生产条件的供给不足，也同样会引发经济危机。资本主义世界不是可以高枕无忧，而是危机重重。奥康纳通过对生态危机进行全面而深刻的分析，揭露了现代全球性生态危机的根源在于扩张性的资本主义制度。

（三）资本的不平衡发展加剧全球生态恶化

马克思恩格斯曾经指出："资产阶级，由于开拓了世界市场，使一切国家的生产和消费都成为世界性的了。"[①] 奥康纳同时揭露了发达资本主义国家通过资本主义市场实行生态殖民主义罪恶。全球资本主义时代的发达资本主义国家凭借自身的竞争优势，推行生态殖民主义，通过世界市场来掠夺全球资源和输出污染，使本国的生态环境改观，但是发展中国家的生态环境却在迅速恶化，整个地球的生态环境也在加速恶化。

奥康纳认为，在资本全球化过程中导致的发达国家与欠发达国家的二元对立结构，加剧了人与自然物质代谢的断裂，使生态危机更加恶化。奥康纳以作为原料供应地区的第三世界国家与垄断产品生产的第一世界国家之间的二元对立性关系和作为整个全球资本主义体系的再生产的基础的城市与乡村之间的剥削与被剥削关系为例说明全球资本主义的不平衡发展及其带来的生态后果。

马克思指出，在资本主义制度下，资本的扩张使城乡之间分离（城市与乡村之间的劳动分工）有一种不断扩大的必然趋势，这种分离扰乱了人类与地球之间基本的新陈代谢，扰乱了被人类和动物所消

[①] 《马克思恩格斯选集》第 1 卷，人民出版社 1995 年版，第 276 页。

费的那些东西向土壤的回归,并指出,这种破坏作用不仅局限在资本主义国家内部,而且涉及国外。"大土地所有制使农业人口减少到不断下降的最低限度,而在他们的对面,则造成不断增长的拥挤在大城市中的工业人口。由此产生了各种条件,这些条件在社会的以及由生活的自然规律决定的物质变换的过程中造成了一个无法弥补的裂缝,于是就造成了地力的浪费,并且这种浪费通过商业而远及国外。"① 奥康纳在继承马克思这一思想的基础上指出,资本的全球化扩张导致了发达国家与欠发达国家之间的二元对立关系,这种对立加剧了对人类生态环境的破坏。奥康纳把资本主义国家与欠发达的国家之间的二元对立称为资本主义的不平衡发展。它类似于以整个全球资本主义体系的再生产的基础的城市与乡村之间的剥削与被剥削关系。不平衡发展造成了城乡之间和发达国家与欠发达国家之间的二元对立结构,加快了生态环境恶化的进程。由于求利性资本的存在,资本主义全球性的商业银行和跨国公司将发达资本主义国家先进的技术、管理经验以及精密的劳动分工与欠发达国家廉价的原材料和劳动力结合在一起,形成了前者对后者的剥削和掠夺关系,使资本主义工业、金融以及商业资本以更快的方式实现资本积累,并结合成更大的集团和联合体,从而拥有更大的政治权利,最终使欠发达国家和地区的自然资源和人力资源以及社会财富流向发达国家和地区,造成全球性范围内人与自然物质变换过程新陈代谢的断裂。奥康纳认为,城市对乡村的掠夺和剥削是近代以来的第一种剥削形式,资本主义"通过榨取农业剩余价值的方式支持工业化,供养城市人口,并为工业提供原材料"。② 20 世纪以来,马克思所阐述的问题不仅没有解决,反而在此基础上发展出全球范围内发达国家和地区与欠发达国家和地区之间的二元对立,作为外围的乡村和欠发达国家和地区不仅要为资本主义提供农业剩余价值和工业原料,还要为作为资本核心的发达国家提供廉价的劳动力和资本主义市场。发达国家与欠发达国家的二元对立加剧了物质代谢的

---

① 《马克思恩格斯全集》第 25 卷,人民出版社 1974 年版,第 916 页。

② James O'connor, *Natural Causes:Essays in Ecological Marxism*. New York:The Guilford Press, 1997, pp. 188 – 189.

断裂，使资本主义生态环境危机更加恶化。

资本主义不平衡发展的原因在哪里？在奥康纳看来，自然因素并不是决定性要素。资本主义经济出于降低成本的需要，因而促进了生产场所在城镇和城市的集中，而资本的集中联合以及城市化进程反过来又加快了金融和消费市场的集中和发展，并使劳动力的共享成为可能，从而进一步降低工业生产和商品交易的成本。因而资本在城镇和城市的集中意味着资本利润率的上升。但是，这种二元对立的不平衡发展是非可持续发展，最终会以两种普遍形式否定自身：第一，工业资本在地理位置上的集中迟早会导致交通、劳动力及其他成本的增加；第二，在原料产地会形成不断增加的商品化的土地和劳动力市场以及顺从于现代性的政府。① 奥康纳从经济、人口、政治层面阐述了不平衡发展的否定力量。

奥康纳着重探讨了全球资本主义时代资本主义的不平衡发展对农业所造成的新陈代谢的破坏。"不平衡的发展不仅使工业生产、商业、人口等因素集中在发达国家和地区，而且也使农业和对原材料的榨取集中在欠发达国家和地区，使欠发达国家和地区的人与自然之间的基本的新陈代谢遭到破坏。"② 发达资本主义国家和地区平衡的工业发展、有机农业体系完全是建立在欠发达国家和地区的不平衡和单一农业分工基础之上。为了向发达国家和地区提供出口农业新产品，欠发达地区形成了专门化甚至单一性的农业体系和农业耕作模式。从资源衰竭的角度来看，这种单一性的农业耕作模式的扩展所产生的影响之一是对土壤肥力的破坏。例如蔗糖生产在巴西东北部地区的扩展损坏了当地的土壤的肥力，也造成了当地居民的赤贫。非洲撒哈拉沙漠周边的那些半沙漠地区过去大多属于法国在西非和赤道非洲的殖民地，这些地区的环境遭到了很大的破坏，原因在于其出口性农业体系使农作物种类集中在可供出口的产品上，由此带来的后果是可供放牧的土地不断减少，土地的生态条件更加恶化。这些地区的自然环境和经济

---

① James O'connor, *Natural Causes: Essays in Ecological Marxism*. New York: The Guilford Press, 1997, p.190.
② Ibid., p.192.

力量越来越脆弱,大批的民众陷入贫困之中,而这些民众以前曾拥有一套以农牧交换为基础的、具有内在统一性和规范性的生存性体系。①

在奥康纳看来,全球资本主义不平衡发展所造成的第二种影响是森林的砍伐。随着19世纪工业、商业及国际资本输出的快速增长,欠发达国家为了追求出口而对雨林地区的木材资源进行直接砍伐。另外一个更重要的原因是,发达资本主义国家为了确保廉价原料和粮食的供应,将森林占地开垦为农牧业用地,掠夺欠发达国家和地区的土地资源,导致全球大部分森林消失。而发达国家却保留了自己的森林资源,进一步加深了二元对立的不平衡发展。全球性森林的消失给欠发达地区造成严重的生态灾难如旱灾、水灾、水土流失、河流干涸等,也造成发达国家与欠发达国家在粮食生产和消费上的两极对立。

资本主义的不平衡发展所带来的第三种影响是发展中国家和发达国家对矿物燃料的快速开采。在帝国主义和殖民统治的联合作用下,再加上能源垄断集团所具有的强大力量,能源的开采速度已经远远快于人与自然的正常新陈代谢所许可的开采速度。

在奥康纳看来,不平衡的发展的生态后果还体现在对那些以劳动力输出为特点的原材料供应地区所产生的影响上。欠发展的或非工业化地区的民众纷纷到正在发展的或已经工业化的地区去寻找工作,劳动力的短缺使传统的土地耕作无法正常进行,资金的缺乏导致无法进行农作物品种的改进,赤贫现象就在此基础上出现了。总之,资源消耗与污染都不是独立的问题。通过全球性的资本积累,这个世界上的自然资源被耗尽了,转化成了垃圾。利润率与积累率越高,资源耗尽的程度也就越大,从而也会间接地导致污染率的增大。

正如奥康纳指出的,西方资本主义国家在全球寻求最大利润的过程中,以各种方式把各种不同的社会经济形式联合起来,把自然资源的退化、环境的污染和职业危害输出到国外。当代发达资本主义国家将生态危机转嫁给第三世界发展中国家,对这些国家进行生态掠夺的做法即生态殖民主义。生态殖民主义是在新的国际形势下出现的没有殖民地的殖民主义。它虽没有旧殖民主义的武力征服或制造分裂的殖

---

① Ibid., p.193.

民活动，但它所造成的后果几乎与旧殖民主义毫无二致。

奥康纳在分析全球资本主义生态危机过程中，始终将经济因素与环境因素联系在一起，将马克思主义的经济危机理论与生态马克思主义的生态危机理论联系在一起，提出了全球化资本主义时代的双重危机理论。奥康纳在生态危机问题上的分析超越90年代之前生态马克思主义者对马克思主义经济危机理论的否定，将资本主义的危机归结为经济危机和生态危机同时存在的双重危机，不仅恢复了马克思主义经济理论对资本主义批判的合理性，而且进一步发挥了马克思主义危机理论在全球化资本主义时代的作用。他还分析了全球资本主义时代经济危机和生态危机并存的原因。奥康纳的资本主义二重矛盾和双重危机理论把马克思主义和生态马克思主义理论融合起来，一定程度上是对马克思主义理论和生态社会主义理论的拓展。

四　岩佐茂：资本的逻辑与生活的逻辑

（一）资本的逻辑

日本生态学马克思主义者岩佐茂在其《环境的思想》一书中指出，资本主义社会是资本的逻辑贯穿的社会，他所说的资本的逻辑是指"追求利润、让自身增值的资本的本性"。[①] 企业是根据利润最大化的资本逻辑运转的。通过大量生产来追求资本不断增殖以及利润最大化的资本本性，决定了资本主义生产方式在本质上是破坏自然、掠夺自然的。

在岩佐茂那里，资本的逻辑主要有经济学、哲学和意识形态方面的三层含义。从经济学的层面来看，资本的逻辑是指资本自身追求利润最大化的本性，它所关注的是如何以最小的成本换取最大限度的交换价值，包括充分节约不变资本。正如马克思所言，资本作为"一定量的积累和储存的劳动"，作为积累起来的劳动，遵循着利润至上和无限扩张的天然本性，"资本的合乎目的的活动只能是发财致富，也就是使自身增大或增殖"。[②] 而满足资本的逻辑有两个基本的条件：向

---

① [日]岩佐茂：《环境的思想》，韩立新等译，中央编译出版社1997年版，第169页。

② 《马克思恩格斯全集》第46卷（上），人民出版社1979年版，第226页。

外扩张空间和尽量节约成本。为了向外扩张，资本家会最大限度地去控制自然资源，最大限度地去增加投资，发达资本主义国家还会通过资本主义的世界市场推行"生态殖民主义"的罪恶政策，通过世界市场来掠夺全球资源和输出污染。为了节约成本，资本家在生产过程中会严格遵循经济理性原则，他们首要关注的是花最少的成本而生产出最大的交换价值，为了节省成本，资本家还会想方设法实行"成本外在化"的手段，增加原材料和能源的投入、向自然倾倒更多的生产废物。因此，资本的逻辑和市场经济一样都是"双刃剑"，它一方面推动生产力发展和社会的巨大进步，在它"不到一百年的阶级统治中所创造的生产力比过去一切时代创造的全部生产力还要多、还要大"；另一方面也容易使人陷入生存困境，它造成人与自然关系的对抗以及对生产力发展的限制，造成人的物性化、片面化的发展。因此，资本逻辑表现为"创造文明"和更为根本的"追求价值增殖"的双重逻辑。

在哲学层面，资本逻辑是一种社会关系。马克思洞察了在资本物像下掩盖着的人与人之间的社会关系。马克思曾指出，作为逻辑主体的资本"不是物，而是一定的、社会的、属于一定历史社会形态的生产关系，它体现在一个物上，并赋予这个物以特有的社会性质"。[①] 在资本主义生产关系中，表现为资本和劳动两个对立面。劳动和资本一起构成资本主义的生产关系，但资本在生产关系中占支配地位，体现为资本对劳动的统治。正如马克思所说的，从人与人的关系上看，资本是"对他人劳动产品的支配权"，也即积累起来的劳动即死劳动对活劳动的支配关系，反映了货币持有者与劳动者之间的社会关系。

资本的逻辑在更深层的内在意义上表现为占统治地位的意识形态。正如后现代主义文化逻辑表现为空前的文化扩张一样，资本逻辑表现为全球性和全方位的资本扩张，使资本成为决定一切的力量。资本代替人成为主体，人和自然界成为客体，现实的人只是一种失去生存意义的工具性存在，导致物统治和支配人的物役性现象以及拜物教观念。

---

① 《马克思恩格斯全集》第 25 卷，人民出版社 1974 年版，第 920 页。

(二) 生活的逻辑

生活的逻辑一般有形而上和形而下两个层面解释：从形而下层面来看，生活的含义是指日常生活，生活的逻辑即日常生活的逻辑。人有生存、发展和自我实现的需要，人的所有活动都可以用生活来表达，生活就是人的存在本身。"人为了生存，首先要吃穿住行，满足基本的生活需要"，要通过劳动来实现，劳动的本性在于以生产来使人类生活得到维持和发展，其目的是生产产品和使用价值。"生活的逻辑，是与劳动的本性相一致的，是在以满足人的生存和发展需要为目的的劳动本性的基础上产生的，它充分尊重人的环境权利以及人的全面发展的需要。"① 从形而上层面来看，生活的逻辑和人的生存意义有着内在关联。人是一种创造性的存在，生活的真正本质是寻求意义，即人的自我生成、实现过程。人与物有着多方面的对象性关系，"物"对我们来说并不仅仅是生活资料，它还是我们同他人发生关系的中介，是我们各种要求的对象，也是美的对象。"这里所说的生活的逻辑，是指在人的生存或'更好的生存'中发现价值，在劳动生活和消费生活的各个方面重视人的生活的态度、方法"②，是"生活自身追求本真化的生存之维，即'人诗意地栖居'的本性，亦即人之形而上学本性"。③ 注重生活的逻辑是对人"作为人而能够成为人"的一种觉解，也是作为人而成为人的过程。因此，生活逻辑的最终目的是人能够更好地生存，从而实现人生存的意义。从本质上说，生活的逻辑就是"人"的逻辑。实际上，生活的逻辑遵循着生态、健康和经济三原则的有机统一。生活的逻辑扬弃了资本的逻辑把包括人格在内的一切东西都作为追求利润的手段的本性，它为了满足人的生存发展的需要而适度利用自然物，在生活方式上坚持"更少而更好"，为了满足人的自我实现的需要而按照美的规律来改造自然界，对资源的开

---

① 参见王建辉《论两种"生态文明"之殊异：岩佐茂生态社会主义思想述评》，《国外社会科学》2008 年第 5 期。
② [日] 岩佐茂：《环境的思想》，韩立新等译，中央编译出版社 1997 年版，第 169 页。
③ 张艳涛：《资本逻辑与生活逻辑：对资本的哲学批判》，《重庆社会科学》2006 年第 6 期。

发和利用不危及整个生物圈健康存在的可持续性。作为生存环境的自然不被污染，作为自然存在物的人的健康也将得以保障。从社会形态上看，生活的逻辑也是社会主义生产方式和生活方式的价值目标。因为在资本主义生产关系中，生活的逻辑不可能从资本对劳动的统治中引申出来，而在社会主义生产关系中，劳动不受资本的支配；相反，"资本变为公共的、属于社会全体成员的财产"。① 在这种条件下，与生活逻辑相一致的劳动的本性能够得到充分体现。正如马克思恩格斯指出的："在资本主义社会里，活的劳动只是增殖已经积累起来的劳动的一种手段。在共产主义社会里，已经积累起来的劳动只是扩大、丰富和提高工人的生活的一种手段。"② 因此，生活的逻辑是贯穿于社会主义生产方式和生活方式中的基本原则，从这个意义上说，社会主义是遵循生活的逻辑的社会。

岩佐茂不赞成笼统地说资本主义生产关系是造成环境公害的根源，他认为，应该将资本和资本主义生产关系两个概念区分开来。尽管资本在资本主义生产关系中是占支配地位的，但资本并不是资本主义生产关系的全部。如果我们在说明环境破坏的原因时，具体列举的是资本的本性，使用的却是资本主义生产关系的概念，因而存在着逻辑上的混乱。因为在资本主义生产关系中，存在着资本和劳动两个对立面。虽然劳动也是资本主义生产关系的一方，与资本一起构成资本主义生产关系，但是，劳动的本性在于以生产来使人类生活得到维持和发展，其目的是生产产品及其使用价值而不是商品及其价值，劳动遵循的是生活的逻辑。生活的逻辑是贯穿于社会主义社会的逻辑。所谓生活的逻辑，是与劳动的本性相一致的，是在以满足人的生存和发展需要为目的的劳动本性的基础上产生的，它充分尊重人的环境权利以及人的全面发展的需要。环境的保护不能从资本的逻辑中引导出来，但对生活的逻辑来说，它是必不可少的。"这里所说的生活的逻辑，是指在人的生存或更好的生存中发现价值，在劳动生活与消费生活的各个方面重视人对生活的态度、方法。对人的生存来说，良好的

---

① 《马克思恩格斯选集》第1卷，人民出版社1995年版，第287页。
② 同上。

环境是不可缺少的,因此生活的逻辑也就必不可少地包含环境保护之意。"①

当然,资本逻辑与生活逻辑并不是截然对立的。在一般意义上,生活逻辑与资本逻辑密切联系表现为生活的逻辑是建立在资本逻辑之上的,资本的逻辑带来了生产力的发展和生活水平的极大提高,为生活的逻辑提供了物质基础和生成环境。但是资本的逐利目标颠倒了人类生存的手段与目的,忽视了人的生存论基础。追求利润按道理只是实现生活的一个手段,而资本的逻辑却将它视为至高无上的原则,并将它不断完善,最终偏离了生产利润的终极目的。此外,生活逻辑在整体性思维下考虑人,资本逻辑只是狭隘考虑人的生活的一方面,因而资本的逻辑最多只可以说是体现着生活逻辑内在的一个方面。资本逻辑和生活逻辑的对立与资本和劳动的对立密切相关,从本源上折射着工具理性与价值理性的深层矛盾。马克思指出:"在资产阶级社会里是过去支配现在,在共产主义社会里是现在支配过去。"② 现实社会中,资本对劳动的统治导致的结果就是资本逻辑对生活逻辑的吞噬。在生活的逻辑中,劳动(与休闲不是对立的关系)是本真的、是创造性的、是人的自我生成过程的必要组成部分。在理想的社会中,资本一方面是积累起来的劳动,它代表着过去;另一方面,劳动在它是自由的时候应该是生命的表现,而只有在本真的劳动中,人的本质才能被实现和证实。也就是说,生活的逻辑是遵循劳动本性的人性化的逻辑。而资本的逻辑恰恰缺乏人的向度,劳动在资本逻辑那里被资本所统治,成为积累资本的手段,成为与休闲对立的不自由的生产活动,是物性化的逻辑。借用马克思主义辩证法,岩佐茂认为:"资本逻辑的自我贯彻是在与其对抗的劳动的逻辑、生活的逻辑的对立中进行的,在一定意义上说,资本逻辑在多大程度上可以贯彻自己的意志取决于两者的力的关系。因此,即使在资本主义生产关系下,如果劳动的逻辑和生活

---

① [日]岩佐茂:《环境的思想》,韩立新等译,中央编译出版社1997年版,第169页。
② 《马克思恩格斯选集》第1卷,人民出版社1995年版,第287页。

的逻辑力量强大则是可以预防公害的。"① 生产逻辑、资本逻辑，实际上都是人类生存活动自身矛盾的历史运动形式，将这些逻辑贯彻到底，它们就会扬弃自己并实现质的转变。但前提是需要人们自觉地对资本逻辑进行哲学批判，引导人们走向生活逻辑。② 就世界范围而言，现代社会仍然是以资本逻辑为主导价值的经济社会，因此，需要引导人们逐步扬弃资本的逻辑，注重生活的逻辑，这也是当代哲学的使命。除此之外，还应当从实践上探索克服资本逻辑的负面影响，颠覆资本逻辑的霸权。

在环境问题上，资本与劳动、资本的逻辑与生活的逻辑是尖锐对立的。资本追逐利润的逻辑必然破坏环境。生活的逻辑必然要求良好的自然环境，环境保护运动是建立在生活逻辑之上的。然而，生活的逻辑只有在与资本的逻辑对立和斗争中才能展开，只有在生态社会主义中才能实现。

岩佐茂进一步通过对资本主义生产活动的分析，说明资本的逻辑是如何破坏自然环境的。

在生产目的上，为了获得最大化利润，资本的逻辑把满足人的需要的生活资料作为商品来生产。岩佐茂告诫人们，资本的逻辑把包括人格在内的一切东西都贬低为追求利润的手段。因为在由资本的逻辑所贯穿的生产过程中，资本与劳动是截然对立的两者，劳动受资本的支配，劳动的生产力被包含在资本的生产力中，作为资本的生产力而起作用。在这种情况下，资本所关心的只是为了大量生产有利润的产品而使生产力得以发展，却不加考虑环境是否会遭到破坏，甚至忽略不计。对此，岩佐茂尖锐地指出："资本的逻辑是为了获得利润而不惜破坏环境，以这样的方式所进行的生产力的增大，不是生产力的发展，应该说是对生产力的破坏。"③

---

① ［日］岩佐茂：《环境的思想》，韩立新等译，中央编译出版社 1997 年版，第 25 页。

② 参见张艳涛《资本逻辑与生活逻辑：对资本的哲学批判》，《重庆社会科学》2006 年第 6 期。

③ ［日］岩佐茂：《环境的思想》，韩立新等译，中央编译出版社 1997 年版，第 145 页。

在生产的手段上,也就是在用什么原材料进行生产和应用技术的性质上,资本的逻辑也是只以赚取最大利润为价值目标,而对环境以及人的生命健康问题不加考虑。在怎样生产的问题上,为了追求利润,资本家总是要在生产过程中尽量降低成本、削减费用。除了千方百计地降低劳动者工资外,就是尽可能地节约不能带来利润的其他经费的支出,若让其自觉对环保系统的费用加以支出是不可想象的。在科学技术的运用上,现代科学技术在此已经异化为资本主义的赚钱工具,显现出技术的理性主义倾向。首先,技术的开发是按资本逻辑运作的,资本主义只会进行能够制造利润的技术革新,而环保技术的开发需要投入大量资金,增加企业的生产成本,资本家是不会主动去投资的。其次,资本主义即使进行了能够减轻环境负荷的技术开发,只要不能提高利润就不会被自愿采纳。最后,用于解决污染的环保设备也是需要花钱购买的,这种赔本的事情企业是不情愿干的。

在处理生产废弃物经费问题上,从资本本性来看,它肯定要服从于节约的原则。这种节约即"在充分使用不变资本上的节约",也就是马克思所说的"由于资本本性而产生的节约"。"对资本的逻辑来说,无偿接受来自环境、大气、水等环境资源,如果没有法律的限制,在生产过程中把污染的大气、水排放到环境中,这是理所当然的事。其结果是环境被破坏,对此资本的逻辑是毫不关心的。"[1] 此外,岩佐茂还明确指出,即使是社会主义生产关系下的经济活动,如果急于产业化、工业化,热衷于在经济上赶超发达资本主义国家,从"生产第一主义"的立场出发,节约处理废弃物的经费,也同样会造成环境破坏。因此,"从历史唯物主义的观点来看,关于社会主义社会公害发生的原因,不仅需要从资本主义的'胎记'和官僚主义,以及从偏离社会主义的错误中去寻找,而且还必须在由产生这种偏离的现存社会主义生产关系所规定的经济活动的存在方式本身中去寻找"[2]。

保全环境的生活逻辑。在生活的逻辑这里,外在自然在此也成为

---

[1] [日]岩佐茂:《环境的思想》,韩立新等译,中央编译出版社1997年版,第169页。

[2] 同上书,第25页。

人类"按照美的规律来塑造"的对象性存在,具有审美价值。自然环境是满足人类生活需要的材料,但是它并不只具有纯粹的有用性,还为人提供感觉、特性的丰富性,具有审美的价值;丰富人的需要和享受,不再仅仅是"占有"。正如"感性生活的丰富才能使个体得到真正的发展",生活的逻辑是人们"保卫自己的生活的逻辑,是通过这样来创造性地展开自己的生活的逻辑"。① 对于人的生存来说,良好环境是不可缺少的,因此环境的保全对生活的逻辑来说是必不可少的。从重视人的健康和环境保护的价值态度出发,生活的逻辑颠覆了资本逻辑的霸权,把人和环境从困境中解救了出来。所以,当代社会若要实现社会的和谐发展和人的全面发展,就必须要扬弃资本的逻辑,重视生活的逻辑。

(三) 资本逻辑下的方便性生活方式

人的生活方式及其类型本来应该是自由自主的"人之成为人"的状态和过程,人与周围物的联系方式决定着包含人与人之间关系在内的我们的生活方法(生活方式)。在物化普遍化的状态下,人与他人的关系表现为类似于物与物的关系。在资本逻辑主导地位的条件下,人们的物质生活由于劳动生产的介入而变成了需求—生产—消费—废弃过程的社会性活动。在这个过程中,生产规定了其他三个阶段,为其他三个阶段设定了条件。以生产为媒介,由生产规定的人们物质生活,赋予了人们独有的资本主义条件下的生活的特点,但同时也引发了深刻的环境问题。

当前,日本等发达资本主义社会普遍存在追求方便的大量消费的生活方式。这种方便性不是"人为满足各种需要而去追求的方便性",而是"只从效率标准来衡量、被功利主义片面化和歪曲而造成的膨胀的方便性"。② 这种方便性"是与效率重合的,被作为唯一、最高的价值而被绝对化的方便性。这是使其他人的价值处于从属地位、颠倒其他人的价值的方便性"③,大量消费、大量废弃的消费生活方式就是

---

① [日]岩佐茂:《环境的思想》,韩立新等译,中央编译出版社1997年版,第170页。
② 同上书,第160页。
③ 同上。

受这种方便性、效率性支持的,在这个过程中,商品和消费者扮演了工具和手段的角色。"由大量生产获得利润的资本的逻辑是,通过过度的商业行为刺激消费欲望,把大量的产品作为商品推销出去。因此,资本的逻辑是推销方便的逻辑,不仅如此,为了获得利润自己也最大限度地追求效率性、方便性。资本的逻辑,从本性来说,是完全依赖效率性与方便性的。"① 因此,资本的逻辑得到贯彻的社会也就是驱使人追求片面的扭曲的方便性社会。在大量废弃的废弃物问题上,除大量生产过程中产生的废弃物外,主要是作为大量消费的直接结果而产生出来的废弃物。"我们从废弃物中可窥知人对'物'的关系"②,近代以来资本主义这种用了就扔的"物"的泛滥及浪费的普遍现象就是由于我们与周围的"物"的联系方式单方面造成的,这也正是由于资本的本性使一切物异化的结果。

总之,在资本主义生产关系下,由于资本的逻辑始终占主导地位,不可能从根本上解决环境问题。生态社会在资本主义框架内是不可能实现的,只有在与追求利润为最高目的的资本的逻辑进行决裂的基础上才能实现。社会主义是遵循和顺应生活逻辑的社会,是与生态要求内在一致的社会。按照马克思的观点,社会主义扬弃了资本主义对社会生活的异化,首先就必须在社会主义社会废除以获得利润为目的并主导生产的资本的逻辑,使其不能继续贯彻下去。

五 生态社会主义者对生态资本主义的批判

如前所述,生态社会主义者的共性在于坚持资本主义制度是生态危机的最终根源,要解决生态问题,只有从根本上废除资本主义,代之以生态社会主义。而在当代资本主义国家的环境保护实践中,往往把技术、市场化和政治化作为解决生态问题的主要措施,其背后理论本质是调和生态和资本主义的矛盾和,试图在不变革资本主义制度的前提下,探索生态可持续性的实现。这一改良主义的理论和实践被称为生态资本主义,生态社会主义大都对生态资本主义提出批判。

---

① [日]岩佐茂:《环境的思想》,韩立新等译,中央编译出版社1997年版,第161页。
② 同上书,第186页。

（一）萨拉·萨卡对生态资本主义的批判

萨拉·萨卡（Saral Sarkar, 1936 - ）生于印度，1982 年移居联邦德国的科隆市并积极参与德国的生态运动与绿党政治，著有《西德的绿色选择政治》和《生态社会主义还是生态资本主义》，后者集中体现了他的生态社会主义思想，成为当代欧洲生态社会主义代表作之一。

在《生态社会主义还是生态资本主义》一书中，萨卡继承了印度国父们的"中间道路"思想，即既不要资本主义，也不要社会主义，而是吸收二者的精华，走具有本国特色的"第三条道路"的思想，对传统社会主义和生态资本主义均提出批判，并在综合二者基础上勾画出一副"激进的生态社会主义"的蓝图。

萨卡指出，生态资本主义是一个自相矛盾的术语，因为生态可持续性和资本主义的增长动力不可兼得，扩张或者毁灭是资本主义固有的法则。所以，生态问题不可能在资本主义框架内得到解决。

萨卡把生态资本主义的理论和政策框架区分为两类思潮：生态市场主义与生态凯恩斯主义。前者坚信市场的力量能够解决生态问题，认为"资本主义市场经济内部可以利用的经济手段和机制，特别是价格机制，是解决生态问题的最好方法"。① 或者用以下三种不同表达方式来表达生态资本主义的思路：一是一直被外化的环境成本必须被内化；二是污染者必须为污染治理买单；三是价格必须反映全部的成本事实。② 对于采用市场机制来保护生态环境的做法，生态社会主义者有两种态度：一是有条件的接受（如日本的岩佐茂）；二是坚决反对（如福斯特、克沃尔）。萨卡属于后者。

而后者即生态凯恩斯主义则期望能够同时解决生态问题与失业问题，市场力量不足以达到这个目的，大规模的劳动密集型的国家行动与进一步发展生态技术和生态工业才是解决问题的根本策略。生态凯恩斯主义者认为，市场并不是解决当前环境难题的最佳选择，市场手

---

① ［印］萨拉·萨卡：《生态社会主义还是生态资本主义》，山东大学出版社 2008 年版，第 175 页。

② 同上书，第 176 页。

段并不能带来污染总量的下降,而必须由政府来组织实施环境保护。他们偏好的措施是生态指令,如规定限度、弹性收费、命令和禁令。

萨卡认为,无论是生态市场主义还是市场凯恩斯主义都不能最终解决问题。

首先,资本主义的时间视野狭隘。生态资本主义完全建立在自私自利的动力基础上,它只为自己的利益采取行动,只看重投资的当前价值而不是将来价值。因此"自由市场的价格只能反映当前存在的消费者对相对估价所发出的信号,而无法反映那些还没有出生的消费者对相对估价所发出的信号"。[①] 工业企业运转的目的是赚钱而不是后代。环境保护有着强烈的未来主义向度,为子孙后代的利益着想,把这一任务交给市场价格机制是没有用的。萨卡认为,考量生态问题需要道德视角,然而"在资本主义国家,道德只能发挥次要的作用"[②],根植于资本主义细胞内自私自利的本性使它不可能为后代留下美好的世界。

其次,萨卡认为,资本主义导致资源的无效与浪费。生态市场主义认为自由化的市场机制可使资源的利用效率最大化、避免浪费。但萨卡尖锐地指出,任何资本主义社会都存在的大量失业现象则最明显地证明了它的无效性。

再次,萨卡剖析了资本主义逻辑的内在强制性。为了追逐利润最大化,资本主义用自动化机械代替劳动力,造成大量工人失业,而好处却为个体企业所攫取。这是马克思主义和传统左翼批评传统资本主义的论点,现在这一论点仍然适用。但随着资本主义的发展和社会理论范式的变化,今天对资本主义的批评不再是其对生产力的束缚,而是资本主义的发展引起包括人类在内的许多生命的自然条件的严重退化,资本主义逻辑限制了人类和社会的更大潜能。[③] 资本主义经济无法实现向可持续的生态经济转型的根源在于资本主义的逻辑与可持续经济的逻辑二者之间,存在着根本性的矛盾。资本家贪婪本性与资本

---

① [印]萨拉·萨卡:《生态社会主义还是生态资本主义》,山东大学出版社2008年版,第181页。
② 同上书,第182页。
③ 同上书,第185页。

主义社会残酷的优胜劣汰生存法则，使"资本主义制度中存在着一种内嵌性的增长冲动"。① 尽管预防环境破坏所需成本远远低于破坏后的修复成本，减少资源消耗有助于缓解环境危机，但资本家着眼点非公共的长远利益而是私人的眼前利润，将资源、劳动力的消耗当作获得高利的手段。资本家作为资本的化身就是对金钱、利润和经济增长的欲望，而一旦丧失了这些，任何类型的资本主义都无法运转。

最后，生态凯恩斯主义也难以奏效。生态凯恩斯主义主张实行生态税政策，以国家为主体来修复生态破坏、预防环境问题，并鼓励甚至强制商业集团进行大量生态投资、更新环保技术。而萨卡指出不仅这种税收杠杆是无效的，国家层面的生态行动也不具备可行性。因为这些都是要花钱的。但钱从哪里来？只能从经济增长而来。正如德国绿党政治家约希卡·菲舍尔所述："生态重建的政治学依赖于大量的金钱动员，因此，需要有一个繁荣的经济和一个财政强大的国家，以便于两者都能投资于生态重建。"② 这里就存在一个逻辑的困境：一方面生态凯恩斯主义希望修复对环境的破坏，另一方面修复所需要的经济增长又加剧着环境的破坏。尽管生态凯恩斯主义试图通过出口生态技术来繁荣本国的经济，但只要是以赚钱为目的，以开拓市场为手段经济政治行为只会拖延甚至加重他们要治愈的疾病。③ 此外，萨卡还指出了生态凯恩斯主义与经济全球化的矛盾，因为"如果生态资本主义由民族国家来实现的话，那么必须反对市场逻辑，约束这种全球化的动力，同时也要约束资本跨越边界的自由流动"。④ 而这与资本的逐利逻辑是矛盾的。

总之，无论生态市场主义还是生态凯恩斯主义，都不会使资本违背资本主义法则或工业经济模式而保护环境。生态资本主义并不能根

---

① ［印］萨拉·萨卡：《资本主义还是生态社会主义——可持续社会的路径选择》，郇庆治译，《绿叶》2008年第6期。
② ［印］萨拉·萨卡：《生态社会主义还是生态资本主义》，山东大学出版社2008年版，第199页。
③ 同上书，第200页。
④ 同上书，第190页。

本解决资本主义增长压力与保护人类环境的矛盾。① 萨卡把资本主义与经济社会发展的可持续性对立起来，强调资本的逻辑就是增长和发展的逻辑，而可持续则与增长和发展是对立的，为了实现可持续，就不能以经济增长作为目标。虽然萨卡的批判是深刻的，但对经济增长的全盘否定有些简单化倾向。增长和可持续的关系是辩证的，如果没有增长做基础，可持续就谈不上了。反过来也是如此，一种低水平的停滞经济也不一定是可持续的。

（二）科威尔对资本主义绿色经济学的批判

科威尔（Joel Kovel, 1936 - ），1990 年参加绿党，曾获得 2000 年美国绿党总统候选人提名，著有《自然的敌人——资本主义的终结还是世界的终结》，被誉为"政治生态学的宣言"；2003 年开始任《资本主义、自然、社会主义》季刊的主编。在《自然的敌人》中，他从生态、政治、资本视角批判了资本主义体制的不可持续性，认为资本是生态危机的直接原因，提出"资本是自然的敌人"，并进一步论证了资本主义制度与生态环境破坏之间的内在关系。

科威尔首先回顾了 20 世纪最后的 30 年生态环境遭受到的最严重的破坏。如人口数量由 37 亿增加到 60 亿，石油消耗量从每天 4600 万桶增加到每天 7300 万桶，天然气开采量从每年 34 万亿立方米增至 95 万亿立方米，煤炭开采量也从 22 亿吨增加至 38 亿吨，造纸导致的树木消耗速度提高了 2 倍，地球上物种以过去 6500 万年里从未有过的速度消失，鱼类的捕捞的速度增长了 1 倍，一半的森林已经消失，农业土壤 40% 已经退化，南极上空的臭氧层空洞达至史上最大，每天还在扩大。虽然从 1970 年生态运动就开始涌现，但至 20 世纪末，全球机动车保有量还是增加了两倍，航空运输量增加了 6 倍，与之同时，第三世界债务增长了 8 倍，国家间贫富差距不断拉大，女性进入性交易行业增加，1 亿名儿童流浪街头。科威尔认为，这些生态问题产生的根源是资本主义制度，资本主义是全球生态危机的元凶。资本有三个特点：一是资本具有不断降低自身生产条件的趋势；二是资本

---

① 参见黄传根《论萨卡生态社会主义思想》，《青海师范大学学报》（哲学社会科学版）2015 年第 2 期。

为了自身的生存必须无止境的扩张；三是资本的运行使贫富两极分化加剧，最终导致一次次的经济危机。

科威尔把资本比喻为癌症，认为两者具有快速扩散的共同特点，都有自我复制的结构，在扩散的过程中都消耗着其自身依存的环境——生态系统或生命系统。科威尔对资本无止境地追逐利润、自我扩张与自然条件（或生产条件）的有限之间的矛盾本性的分析与其他生态社会主义者大体一致，作为美国绿党的代言人，他在理论分析中借鉴了奥康纳的生产条件概念和资本主义的第二重矛盾理论。

科威尔在《自然的敌人》中不仅批判了资本的逐利本性对生态系统的破坏，而且论述了资本主义发展已经达到真正的顶峰阶段，任何改良资本主义的思想和方案都是在加速对生态系统的破坏。科威尔从以下几个方面对生态资本主义的改良主义方案进行批判：

第一，对技术改良措施的批判。科威尔首先否定人们把科技作为解决生态危机最终手段的期望。他认为，在资本主义条件下，科学技术创新、经济增长与生态危机是紧密相连的。在资本主义体制中，科技创新是发展的必要条件，因为它使劳动力的价格降低，使资本主义企业获得超额剩余价值，促使资本主义经济得到增长。但资本主义经济增长却会导致生态危机的加剧。科威尔以资本主义能源和技术为例，分析了资本主义制度下技术、经济和生态危机的关系。资本主义工业体制至今依赖的仍完全是矿物燃料的供给，而矿物燃料是完全不可再生的。具体来说，资本主义社会的运行是依赖地球上的生物在过去千万年中累积并集中起来的能量的。按照现在的开采速度，在今后的 50 年内，矿物燃料将会被用尽，或者没有开采价值。但维持资本主义工业体系的替代品却几乎没有。核能伴随着不可降解的有毒残留。太阳能过分分散和昂贵，无法集中使用。电车也许不污染环境，但发电过程却破坏环境，氢燃料电池也许是一种好的方案，但获取氢元素要从甲烷或水分子中分离出来，这一过程同样需要大量电能。①科威尔指出，只有基本生产和生活方式的改变才能使生态友好型技术

---

① ［美］乔尔·科威尔：《自然的敌人》，中国人民大学出版社 2015 年版，第 140—141 页。

在解决生态问题上发挥作用。只要是资本主义以经济增长为目的的生产方式没有改变，问题就无法得到最终解决。科威尔并没有完全否定技术解决生态问题的作用，指出科学技术是解决问题的一个重要环节，前提是只要它不为资本主义所用。

第二，对资本主义绿色经济的批判。科威尔所说的绿色经济是指在维持资本主义体制的前提下通过一系列的政策措施来解决对自然条件的滥用问题。如以奖励为基础的规章制度、生态税、自然资源损耗税以及对制造污染者的强制性处罚等。科威尔总结了资本主义绿色经济的两种形式。一种形式是生态经济学。生态经济学对社会转型不感兴趣，而是认为现在体系具有化解生态危机的潜能。相对于主流经济学不太关注生产单位的规模，生态经济学主张限制生产单位的规模，通过"受管制的市场"恢复小型独立的资本。用"政府和公民社会合力抵消资本主义企业扩张和集中的趋势"[①]的方法来缓解环境的压力。但科威尔认为，生态经济学没有认识到无限的资本积累与生态整体性之间不可化解的矛盾，没有认识到阶级、性别及其他主导因素对生态危机的影响，仅仅是在维持资本主义体制和国家的前提下，来试图对政策进行改良，是不可能从根本上解决生态环境的恶化的。

绿色经济学的另一种表现形式是社区本位经济。社区本位经济源于蒲鲁东和克鲁泡特金的无政府主义，他们反对社会主义和生产资料公有制，强调合作，支持多种所有制的混合经济形式。科威尔根据马克思关于合作社的有关论述，重点分析了社区本位经济中的私有制本质，认为社区本位经济根本无法消除资本对劳动和自然的剥夺，从而无法消除资本主义社会的生态环境危机。科威尔引用马克思关于合作社的评价：不管资本主义制度内的合作社是多么出于好意，都必定再现这种制度的一切缺点。合作社会的缺点在于利用生产资料来使自己的劳动增殖，强迫工人变成自己的资本家，而这一能力的标准又是由资本市场决定的。因此，无论合作社喜欢与否，都会被资本及竞争压

---

① [美]乔尔·科威尔：《自然的敌人》，中国人民大学出版社2015年版，第145页。

力所包围和限制，使其成为像其他资本主义企业一样的存在。[①] 科威尔指出，社区本位经济中的合作社完全可被认为私人性质，合作社是工人所有而不是整个社会所有，只要产生合作社的资本主义财产私人所有制体系没有发生变化，合作社的合作范围和性质就是有限的。科威尔还指出，市场和利润是支撑资本主义运行的核心，正是市场和利润扩张破坏了生态系统，而在社区本位经济的合作社，自由联合的劳动力仍然受制于市场和利润，仍然会把成本的节省作为生产原则，就会忽视自然本身的价值，从而不能避免生态环境问题的产生。当然，如果整个社会的经济是一个整体的合作社组织，问题就不同了，但是资本主义不可能产生这种整体性的合作组织。所以，要改变生态环境恶化的现状，必须用一种革命性的社会制度来代替资本主义，而不是对资本主义制度进行改良。

第三，对资本主义生态哲学的批判。在批判了资本主义绿色经济的技术改良和政策改良之后，科威尔又从社会政治的角度批判了深层生态学、生态区域主义、生态女权主义和社会生态学四种资本主义生态哲学，最终在继承了马克思对资本主义批判精神的基础上，提出了以公有制为特征生态社会主义。

首先，科威尔对以阿恩·奈斯为代表的深层生态学进行批判。他认为，深层生态学所具有的反人类中心主义倾向可以作为社会主义反对资本主义的天然同盟，但由于深层生态学也存在一些缺陷，使社会主义和深层生态学之间存在着质的区别，因此很难在现实中实现联合。具体来说，深层生态学一般强调超越社会现实的抽象伦理道德原则，远离现实社会的斗争，主张"非左非右，向前走"的第三条道路。另外，深层生态学组织太过松散，而且拒绝成立类似传统政党的政治组织以参与权力之争，因此不能形成一个持续性的斗争，仅仅靠道德规劝政府部门，企业经营者、财产拥有者顺从自然过程，在政治斗争方面具有软弱性。在生产实践领域，深层生态学支持生产的小型化、地方化。在人与自然关系方面反对人类中心主义。这些都与生态

---

① [美]乔尔·科威尔：《自然的敌人》，中国人民大学出版社2015年版，第147—148页。

社会主义不同。深层生态学脱离现实政治，仅仅希望依靠道德劝勉来说服资本的拥有者，缺乏实现目标的现实途径，比生态社会主义更保守。

其次，科威尔对以柯克伯克利特·塞尔为代表的生态区域主义进行批判。生态区域主义与社区本位经济具有类似之处，强调国家不仅指一个地域，而且是一个具有生态统一性的整体，是打破民族国家运动的一种生态阐释。生态区域以实行可持续原则和依赖生态技术、生态经济为基础。科威尔认为，离开了地域不可能确定任何完整的生态系统。生态区域的边界是模糊的，无法在现实中准确地确立。科威尔用印第安人的生态区域被欧洲入侵者灭绝的例子说明，不触及资本主义的反生态本质，没有改变资本主义制度的方案和措施，仅仅空洞地要求树立生态区域意识、自发地建立生态区域纯粹是一种空想。历史已经用种族灭绝战争回答了这一问题。另外，生态区域内的能源无法自足，对外交往需要也是一个问题。总之，科威尔指出，在当代资本主义社会包围中建立自给自足的生态区域是一种纯粹抽象的想法，无法在现实中实现。生态区域主义不能上升为一种独立的生态哲学，也不能作为改造资本主义社会的指导原则。

再次，科威尔还批判了生态女权主义对资本主义抗争的不彻底性。生态女权主义建立在争取女性自由和生态公正结合的基础之上，它将自然性别差异理论化，揭露了男人对女人身体和劳动的占有是资本主义父权统治和阶级统治的基础。因此，生态女权主义也是反资本主义的，因为资本主义是用压制女权和生态的方法来保持其权力地位的。所以科威尔指出生态社会主义社会必将是生态女权主义所追求的社会。但并非所有的生态女权主义都是反对资本主义的。一些生态女权主义（如持有深生态学和生态区域主义思想的）采取逃避现实的形式，将女性的历史完全融入自然当中，采取一种本质主义的女性观，最终只能使生态女权主义退回母系社会的原始状态。这种本质主义的女权主义无论是否倾向生态保护，都与资本主义的价值观是一致的。流派众多的生态女权主义无法形成一种连贯的彻底反对资本主义的社会运动。

最后，科威尔还批判了以默里·布克钦为代表的社会生态学理论。社会生态学是绿色运动中的激进派,它将无政府主义和生态学思想结合起来,把生态问题看作社会问题,特别是一个等级制度问题,其本质是一种生态政治理论。社会生态学在对现实社会进行批判基础上,把社会政治改革与无政府主义联系起来,攻击国家政权,维护地方社区。科威尔认为目前无政府主义致力于直接的社会行动,是生态政治不可或缺的组成部分,但无政府主义并不是充足而完善的理论,因为它没有提到超越资本主义建立生态社会的问题。马克思也一直反对无政府义,对无政府主义进行过彻底的批判。但社会生态学并不像无政府主义一样采取直接的行动,而只是采用其内在的共产主义社会的价值观(共产主义社会的价值观已成为各种绿色运动理论的重要组成部分)。社会生态学拒绝马克思主义和社会主义的解决方案。"它不想尝试社会主义做过的事,即真正接管资本主义社会体制。"① 另外,社会生态学和无政府主义虽然都公开反对资本主义的立场,却都没有把资本对劳动的统治作为生态危机的根源。同样,在他们强制推翻反对国家政权支配和统治时,却没有分析国家的阶级属性。实际上,国家的产生和阶级是不可分割的。如果国家是主要问题,那阶级的统治也是一个要面对的问题,否则将无法使劳动者解放出来,对阶级属性的忽视,对劳动力解放的忽视使社会生态学理论丧失了具体性,陷入抽象的理论分析。当然科威尔没有完全拒绝社会生态学存在的意义,作为一种激进的反资本主义的力量,社会生态学与其他社会理论与实践促进了资本主义社会转型的发生。

通过对资本主义绿色经济三个层面的批判,科威尔突出地展现了其激进的生态马克思主义观点,即资本主义制度是当代全球生态危机的元凶,只有从根本上进行一场革命,建立一种生态社会主义才能最终解决问题。

虽然生态社会主义者在理论上反对生态资本主义,但以欧洲绿党为代表的生态社会主义政策实践却正是这么做的,比如实施生态税、发展新能源技术等,这表明生态社会主义在真正走向政治实践时不得不与资本主义现实相妥协。

---

① [美]乔尔·科威尔:《自然的敌人》,中国人民大学出版社2015年版,第159页。

第三节　生态社会主义构想

生态社会主义者在批判资本主义制度反生态本质基础上，提出要解决生态问题，就要建立替代资本主义的新型社会制度——生态社会主义。他们对生态社会主义的构想具有一定的共性。如建立生产资料的公共使用权，进行民主的生产和管理，建立在真实需求上的生产和生活等。但每个生态社会主义者的理论主张也不尽相同。如生态社会主义价值观基础是生态中心主义还是人类中心主义，不同社会背景的学者有不同的回答。如科威尔明确指出，自己是生态中心主义者，萨卡则坚持人类中心主义的主张。再如生态社会主义是经济适度增长还是经济收缩的问题，20世纪90年代以前，一些生态社会主义者如莱斯、阿格尔主张实行"稳态经济"经济，即实行小规模、分散化的经济，实现经济的"零增长"。90年代之后，多数生态社会主义者认为，适度的增长是必要的。佩珀就认为，为了提高人的生活质量，必须有适度增长，特别是发展中国家，没有适度的增长就不能改善人民的生活。到了21世纪，萨卡提出，要解决生态问题必须进行经济收缩，不仅发达的国家经济必须收缩，而且发展中国家也应接受过较低水平的生活。

一　早期生态社会主义者的设计

莫里斯是早期生态社会主义的代表，在其《乌有乡消息》一书中，他用文艺形式表达了对生态社会主义的设计：

（1）用艺术品的生产代替廉价的生产。莫里斯把资本主义的商品生产称为廉价生产，因为这种生产"不断地努力争取在任何一种物品的生产上花费尽可能少的劳动力，而同时又设法去生产尽可能多的物品"。① 资本主义廉价生产制造的产品质量差，没有个性。在廉价生产的过程中，工人失去了他"在劳动中的快乐，他的最起码的安适和必

---

① ［英］威廉·莫里斯：《乌有乡消息》，黄嘉德等译，商务印书馆1981年版，第118页。

不可少的健康，他的衣、食、住、闲暇、娱乐和教育——总而言之，他的全部生活——和商品的'廉价生产'的可怕必要性比较起来是一文不值的，而事实上生产出来的物品大部分都是完全不值得生产的"。① 为了实现廉价生产，资本使用机器代替劳动力，生产出越来越多的过剩商品，为了给这些过剩商品找到市场，资本又不惜使用武力和欺骗手段去打开其他国家的市场。"不管那边有什么样的传统社会，都加以破坏，不管那边的居民有什么样的闲暇或欢乐，都加以摧残。他强迫当地土人接受他们不需要的商品，而拿他们的天然产物作为'交换'（这种掠夺的方式就叫作'交换'），这么一来他'制造了新的需要'。为了供应这种新的需要（这就是说，当地土人被允许依靠他们的新主人而生活），那些无可奈何的不幸的人不得不出卖自己，在毫无希望的劳作中过着奴隶的生活，以便获得一点报酬来购买'文明'制造出来的毫无价值的东西。"② 廉价生产制造的商品是做出来卖的，而不是做出来用的，因此粗制滥造，没有个性，质量低劣。但有一类商品他们做得很好，就是机器。"十九世纪的伟大成就是机器的制造，这些机器是发明、技巧和恒心所创造的奇迹，而正是这些机器被利用来生产无限量的没有价值的冒充货。"③

按莫里斯设想，在未来理想社会，物品的生产是为需要而生产，而不是为抽象的市场而生产，制造出来的物品质量是好的，制造物品的活动也是快乐的，更具有创造性，本身就是一种艺术性活动。这种艺术，或者应该称为工作的乐趣，几乎是从人们本能中自发产生出来。"我们现在已经知道我们需要什么东西，所以我们只制造我们所需要的东西。既然我们不至于被迫去生产大批毫无用处的东西，我们就有充分的时间和精力来考虑我们制造物品时的乐趣了。"④ 在这种情况下，工作都是一种有益身心的锻炼，做起工作来多少都是愉快的。因此，大家不但不逃避工作，反而都去寻求工作。在未来生态社会主

---

① [英] 威廉·莫里斯：《乌有乡消息》，黄嘉德等译，商务印书馆1981年版，第118页。
② 同上书，第120页。
③ 同上书，第121页。
④ 同上书，第122页。

义社会中，劳动是无酬劳动，或者说劳动的报酬就是生活。在劳动中，劳动者会享受到创造的快乐，这就是工作的报酬或意义，莫里斯打比方说就像人们生孩子不需要报酬一样，劳动也不需要付费。①

（2）废除国家政府和法律。莫里斯认为，政府本身只是过去时代专制政治的机器，现在专制政治已经消灭，因此我们也就不再需要这种机器了。资本主义国家的"议会一方面是一种保护上层阶级利益的看守委员会，另一方面是一种欺骗人民的幌子，使人们相信他们也参与处理他们自己的事务"。② 而未来社会一个人不需要有一个配备着陆军、海军和警察的复杂严密的政府组织，来强迫他接受与他同等地位的大多数人的意见。法律也被废除。因为法律在莫里斯看来是为维护私有财产而服务的，现在私有财产被废除了，法律和罪行都不存在了。"民事法院是用来维护私有财产的，因为从来就没有人相信，用暴力可以使人们公平相待。私有财产既然废除了，那么，它所制造出来的一切法律和一切合法的'罪行'当然也就不存在了。"③ "我们也没有所谓的刑法。让我们来更仔细地研究一下这个问题，看看凶暴的罪行是由什么地方产生的。在过去的时代，这种凶暴的罪行大多数是由有关私有财产的法律所造成的……所有这些造成凶暴的罪行的原因现在都已经不存在了。"④

（3）以民主方式处理公众事务。对于分歧的意见根据多数人的主张来解决。当然，在这种社会，表面的多数就是真正的多数。因为人们都有很多机会来发表对问题的意见。⑤ 在文明世界的政治中，"那种国家与国家互相敌对和竞争的整个体系起着很大的作用，可是现在它已经随着人与人在社会中的不平等的现象一起被消灭了。"⑥ 世界上不同血统的民族互相帮助、愉快相处，丝毫也不需要互相掠夺。我们大

---

① ［英］威廉·莫里斯：《乌有乡消息》，黄嘉德等译，商务印书馆1981年版，第115页。
② 同上书，第95页。
③ 同上书，第101页。
④ 同上书，第102页。
⑤ 同上书，第110—111页。
⑥ 同上书，第108页。

家都专心致志于同样的事业，努力争取人生的最大幸福。①

（4）家庭由喜悦和爱情维系，而非由法律强制维系。无论男女都有随意加入或者退出一个家庭的自由。在私有财产制度消灭之后，女人是男人的财产这一观念当然也就被消灭了。"男人再也没有机会去压制女人，女人再也没有机会去压制男人。现在，女人做她们力所能及的事情，做她们最喜欢的事情，男人并不因此而妒忌或愤怒。"②

（5）把工人阶级作为生态社会主义变革的依靠力量。莫里斯认为，工人阶级将成为代理人。1882年，莫里斯就希望这样一个时代的到来，即"某些工业区的工人将采取罢工手段，迫使他们的老板去消费他们制造出来的烟雾"。③ 19世纪80年代后，莫里斯先后参加的各种社会主义性质的政党、组织以及国际社会主义会议，在马克思关于无产阶级革命斗争理论影响下，他多次参与英国工人阶级罢工斗争。在莫里斯那里，工人运动的兴起与发展是阶级斗争的必然结果，由资本主义到社会主义和共产主义社会的变革过程只有通过革命斗争才能实现。

（6）未来社会主义社会环境的变化。在未来的社会主义社会会有越来越多的人选择在农村生活，人们在那里找到了适合自己的工作，放弃那些必然会遭到失败的职业。"城市和乡村之间的差别变得越来越小。城市居民的思想和活泼的作风使乡村生气蓬勃起来，使人们的生活变得快乐、悠闲而热烈。"④ 整个国家也已经变成一个花园。"没有浪费，没有破坏，只有必要的住宅、小屋和工厂，所有的房子都是又整齐又干净又漂亮。"⑤

生态社会主义另一位早期代表人物莱斯。他从对异化消费的克服与人们需要的满足两个方面来界定替代资本主义的生态社会主义，他把生态社会主义称为"易于生存的社会"。他认为，当代资本主义社

---

① [英]威廉·莫里斯：《乌有乡消息》，黄嘉德等译，商务印书馆1981年版，第109页。
② 同上书，第74页。
③ Meier, Paul, William Morris, *The Marxist Dreamer*. Atlantic Highlands：Harvester Press，1978，p. 425.
④ [英]威廉·莫里斯：《乌有乡消息》，黄嘉德等译，商务印书馆1981年版，第89页。
⑤ 同上书，第90页。

会，人们根据过度的消费活动来确定人的幸福，这导致了工业生产的日益集中和人们对它越来越强烈的依赖，阻碍了人的自主性、创造性和责任感的发展。因此，生态社会主义必须改变人们的这种异化生存状态，改变个人对庞大的工业经济制度结构的依赖，把现代技术分散地用于环境之中，改变当前人们集中于能源密集型的城市生活的状况。同时，这种改变也并不是要求所有的个人都采用一种特殊的、单一的生活方式，而是通过运用现代科技的创造能力更公平地分配物质和文化成就，让人们有比现在更富有吸引力的其他种种选择，最终创立一个"较易于生存的社会"。在这个"较易于生存的社会"里，经济增长并非总是衡量社会发展的评判标准，其本质在于要通过重新配置资源和改变社会政策的方向，改变以占有和消费商品量作为评判幸福的标准，使满足需要的问题不再被完全看作是消费活动的功能。

与莱斯思想相一致，阿格尔也从消除过度生产和过度消费、实施分散化和非官僚化生产等方面设计生态社会主义。阿格尔强调，日益集中的资本主义生产体系并不了解消费者的真正需要和爱好，它是通过高度调节和操纵消费者实现其管理的，其结果必然是导致极权主义，把社会制度的所有决策都集中在少数人手中。另外，广大群众在资产阶级大众新闻媒体的牵引下，为了逃避劳动过程中的异化，把幸福和自由寄托于劳动之外的商品消费和闲暇时间。由此可见，资本主义的消费社会来源于一种对经济不断增长的期望和建立在此基础上的"应享意识"，这必然会进一步强化资本主义生产和自然生态限制之间的矛盾。从表面看来，资本主义危机已转移到了消费领域，所以解决危机也必须主要在消费领域中进行，可实际上，危机的解决会反作用于生产领域，解决危机应主要在生产领域中进行，即通过小规模技术和工人管理，促进生产过程的非官僚化和民主化来解决生态危机。阿格尔认为，人的满足最终在于生产活动而不在于消费活动。阿格尔还探索了工人管理对于分散化、非官僚化生产的必要性。在阿格尔那里，沿着分散化和非官僚化方向改造资本主义社会，其结果不仅仅可以解决生态危机，保护生态环境，而且可以从整体上改变社会、经济、政治制度。

二 高兹：生态理性与劳动的解放

高兹在其《资本主义、社会主义和生态学》一书中，对生态社会主义目标进行了勾画。在高兹看来，社会主义制度之所以为生态保护提供了可能性，关键在于社会主义不以利润作为生产的动机。他认为，在我们面前有两种理性：一是经济理性，即资本主义的以利润为生产动机的理性；二是生态理性，即社会主义的以生态保护为宗旨的理性。前者与生态保护相冲突，而后者才与生态保护相一致。真正的社会主义所实施的必然是生态理性。两种理性的区别是：经济理性不惜对资源的肆意开发，不顾对环境的破坏，追求最大限度的生产和消费；而生态理性则尽量少运用劳动、资本和资源，努力生产耐用的、具有高使用价值的东西，以满足人们适可而止的需求。隐藏在这两种截然对立的理性背后的是两种完全对立的动机，即利润动机和生态保护动机。在资本主义的利润动机支配下，实施生态理性是不可思议的，因为这必然堵塞增长之源。高兹强调，要实施生态理性，必须改变资本主义的利润动机，而这就意味着变资本主义生产方式为社会主义生产方式。他认为，社会主义生产方式的合理性存在于生态理性的合理性当中。

高兹认为，实施生态理性的社会主义，完全不同于现存的和传统的社会主义。这种社会主义特征是：第一，更少地生产，更好地生活。第二，实现所有人的所有活动自主化。在马克思那里，社会发展的目标是通过产业工人阶级解放自身的斗争而实现的全人类的解放。但高兹认为，在资本主义的现阶段，产业工人不仅在数量上大大减少，而且在质的方面也发生了改变。在新形势下，高兹把左派、社会主义者的目标定位为：不仅使产业工人而且使所有的人都获得自我实现，不仅仅使劳动者的劳动而且使劳动者的非劳动性活动都成为一种自主的创造性活动。在高兹看来，为实现这一目标，关键是要改变目前的"付薪劳动"形式。"我们是否不得不去寻找一种替代付薪劳动的活动资源和社会一体化模式？我们是否必须超越完全职业化的社会，而去计划建立一种'完全活动性'社会，在这一社会中，每个人的收入不再是其出卖劳动所获得的价格?"① 高兹强调,生态社会主义者要实现所有人的所有活动自主化,就要废弃付薪劳动、与现存资本主义彻底决裂。

关于实现生态社会主义的革命主体,高兹不认为工人阶级是肩负这一变革的力量。相反,他寄希望于一个"不是由工人构成的非阶级",即那些所从事的工作对他们是一种负担,因此不能与其要求相统一的人。这里所说的非阶级是从这样一种意义上讲的,即它并不具有一种共同的社会使命——规定一个与他们的目标和自主存在相适合的社会秩序。"社会主义运动产生形成于这样一种斗争之中,这种斗争的主体是团结在一起的个体,它建立在伦理要求基础之上,对经济领域所发挥作用的领域施加新的社会限制,只有这种限制才能确保劳动者的完整性,以确保他们无论在个体的层面上还是在集体的层面上自己决定自己怎样度过自己一生的权利。社会主义运动的含义及目标过去是,现在仍然是使个人从这样一些领域中解放出来,在这些领域中,市场的逻辑、竞争和利益的功能,正阻碍着个人获得独立和自我实现。"② 与大部分西方马克思主义者相同,阿格尔把社会变革希望寄托在个体的抗争之上。

高兹的见解从根本上讲是一种乌托邦,它既没有对从现在到未来的转变提出适当的见解,也没有对实现这一转变的力量和路径提出适当的见解。高兹只是留给我们一个希望,即资本主义无须消灭就可以被取代。这一见解大概正像他的非阶级理论一样不具有任何战略上的或行动上的可能性。

高兹对未来社会的设想体现了生态社会主义者的共性,即构建一个经济生产满足人类全面需要、符合生态可持续性原则并处在更民主的控制之下的社会。在生态社会主义者那里,未来社会,首先是一个人类自由实现和人与自然相统一的社会。人类科学技术的发展和社会生产力水平的提高,使人们可以更好地实现对自然必然性的把握与支

---

① Gorz Andre, *Capitalism, Socialism and Ecology*. Translated by Chris Turner, London: 1994, p. 6.

② Gorz Andre, *Capitalism, Socialism and Ecology*. Translated by Chris Turner, London: 1994, p. 8.

配，尽管物质的被迫性劳动活动仍将存在，但人们肯定有更多的自由时间从事创造性、休闲性的活动，成为人类历史上从未有过的自由存在。同时，社会关系方面资本主义私有制生产关系的克服，使人们可以自主地控制与自然的关系，社会主义制度与健全理性可以保证最大限度地消除社会非正义现象与自然环境方面的愚行。人类自由的实现和人与自然的历史性统一是生态社会主义的两个基本特点。其次是不一般地反对经济的增长，但却要求承认并遵从外部自然的限制，认为未来经济将是基于生态法则的对所有人都有一定限制的发展。由于未来社会实现了对生产手段的社会占有也就是对人与自然关系的集体控制，就可以使社会生产真正按照多数人的利益目标进行，并符合多数人的长远利益特别是生态利益。因而，社会主义条件下才会有绿色经济发展的内在要求及根本保障。至于这种绿色经济的结构形式，高兹认为，它将是计划与市场相结合的混合经济。他批评市场自由主义，但也认为传统马克思主义主张取消市场、货币与国际交换的观点不现实。最后是一个基层民主充分发展但仍将存在国家或类似组织管理的社会。基层民主和参与民主的充分发展源于社会主义生产关系变革的本质，即生产者以联合形式实现对社会生产资料的重新占有，也是出于对资产阶级代表制民主的反对和失望。与此同时，高兹则对国家的未来采取了日益谨慎的态度，认为在建立起适应地方条件的合作机构之前应继续发挥国家在经济生活中的作用，以便国家逐步消亡。

关于走向绿色社会这一问题上，生态社会主义面临的难题是理论提出的任务和现实变革的动力不成比例。传统社会主义理论强调的是工人阶级为了自己的物质利益在政党、工会的旗帜下组织起来，以及领袖人物在发动组织革命性转变中的作用。但是，西方马克思主义已开始注意到这种被剥削阶级的主体意识与阶级意识在资本主义物化社会关系与意识形态控制下淡化甚至消失。20世纪中叶后，西方工业社会结构的发展更是证实了这一趋势。工业工人阶级不仅规模上比其他阶级缩小得快，而且因日益依赖资本主义秩序变得保守。因而，生态社会主义者的最大难题就是为自己的理论寻找实践载体。正如高兹所提出的，工业无产阶级已不再是马克思所说的革命性力量，工业无产阶级的作用将由一个新的非阶级或后工业新无产阶级——一个包括从体力、智力工作中排挤出的和被部分雇用或没有工作保证的跨范围的阶级所取代。但是，大多数生态社会主义者依然认为，社会变革的潜力来自新社会运动与工人运动的结合。如佩珀就认为，生态社会主义的战略是多样化的，劳工运动是社会变革的主要力量。潜在的阶级斗争仍是社会变革的有力推动力。但正如事实已证明的，新政治运动特别是生态运动与工人运动的结合一开始并不顺利，双方对自己和对方在整个社会进步中的位置的认识都经历了一个曲折过程，比如许多绿党及生态运动拒绝社会主义任何形式的渗透，更不用说接受其立场与理论，这种状况在进入20世纪90年代后有所改变。

三　完全共同体——科威尔的生态社会主义设想

在《自然的敌人》一书中，科威尔还在反思传统社会主义局限性的基础上，构建了生态社会主义的前景并探讨了实现生态社会主义的路径选择等问题，力求使生态社会主义由理论走向实践。

科威尔认为，造成当代全球性生态危机的元凶是资本。如何打破资本模式，科威尔认为需要运用马克思的"使用价值"学说来对现行经济制度进行改造，建立一种生态社会主义模式。那么什么是生态社会主义呢？科威尔指出："所谓'生态社会主义'，就是指社会主义社会中的生产者是因为强势的民主而联合起来进行生产，同时它是一个能认识并尊重'增长限制'的生态模式，在这种模式下，自然的内在价值被知悉并可以恢复到其固有的道路。"[①]

为了构建生态社会主义理论，科威尔首先在人与自然的关系方面提出用益权的概念。在科威尔看来，所有权是一个荒谬的概念，因为没有哪个国家、哪个社会和哪个人是地球的所有者，他们都只是拥有用益权的人。用益权有两种含义：一是使用；二是享受，在此基础上实现优化。如一个群体会使用、享受且大大优化一个被遗弃的城市，将其打造成一个花园。用益权关系更强调使用价值，因而也更具体、有感情地对待事物，因为事物是因其本身的属性而为人们所享用。在以用益权关系为主的社会中，因为使用价值超越了交换价值，人们便会越过自我之间的界限，将自我奉献给他人。物质财产对自我的重要

[①] ［美］乔尔·科威尔：《自然的敌人》，中国人民大学出版社2015年版，第6页。

性越小，人就越愿意给予，他也就变得越富有。而财产概念和所有权概念的出现则导致社会关系的矛盾和自我的孤立，个人成为一座孤立的岛屿。在资本的社会，每个独立自我的财产是不可侵犯的，它逐渐固化成阶级结构，从而剥夺了人们对创造性生产方式的选择权利。这种恋物关系的树立是资本积累的基础，但却导致人们的贫乏，因为没有什么东西是真正拥有的，每件东西都能够被交换、被带走、被提取出来。资本主义社会强调的个人财产不可侵犯排除了与他人的共享，"社会成为一个个封闭的社区的集合，里面住着一个个孤独的自我，每一个都与别的社区相分离，而每一个如原子般孤立的自我都与自然相分离。"①

（一）生态社会主义是以生产资料公有制为基础的生产者自由联合体

在科威尔看来，越来越严重的生态危机要求打破资本和交换价值的控制，释放使用价值和本质价值，生态社会主义就是这样的社会制度。在科威尔那里，生态社会主义是以生产资料公有制为基础的生产者自由联合体，这也是马克思科学会主义的重要特征，马克思在《共产党宣言》中说："代替那存在着阶级和阶级对立的资产阶级旧社会的，将是这样一个联合体，在那里，每个人的自由发展是一切人的自由发展的条件。"②科威尔认为，作为社会主义生产者自由联合体的生态社会主义前提的生产资料公有制应是民主和纯公共性质的公有制。因为有时公有制会被异化为国家、政党或领袖所有，这里科威尔是指当时现实存在的社会主义国家——苏联。

科威尔对现实社会主义国家展开了批判。现实存在的社会主义与生态社会主义具有兼容性。如果一个地方已经实现了真正的社会主义，那么它同时就会走向通向生态社会主义的道路。但科威尔认为，在这一历史进程中，需要防止一个强大的社会主义倾向型国家因为变得过于强大而遏制了自由联合劳动力的出现，从而也阻止了走向生态社会主义的道路。这里，科威尔和许多生态社会主义者意见一致，认

---

① ［美］乔尔·科威尔：《自然的敌人》，中国人民大学出版社 2015 年版，第 221 页。
② 《马克思恩格斯选集》第 1 卷，人民出版社 1995 年版，第 294 页。

为以苏联为代表的现实的社会主义国家本身又形成对劳动力的新的控制。在科威尔看来，苏联及东欧国家、越南、朝鲜、拉丁美洲、古巴、尼加拉瓜的社会主义都不是真正的社会主义，首先在所有制方面，它们并没有实现纯公共性质所有制，而是国家和政党所有，在这种情况下，人民并没有真正实现民主。

科威尔认为，现实社会主义国家的失败是由于它们在资本主义列强中处于边缘和从属地位，在经济上不能满足人民最基本的需求，社会主义建设依赖于合资企业，民主传统和培育传统公民社会的机构缺失。由于缺乏民主传统，使得现实社会主义在面临西方资本主义的挑战时采取了专制模式。科威尔以战时共产主义政策为例，指责社会主义的新政权关闭工会，限制劳动力的自由，并模仿资本主义生产方式以便存在下来。在其他社会主义国家也存在类似情况：社会主义革命胜利之后，在发展的过程中却违背了社会主义的基本要求。科威尔把它们称作完成一半的社会主义。这样的社会主义在革命胜利之后，却又走了回头路，具体表现就是男权主义和独裁主义的统治。现实社会主义国家利用政权和政治手段来进行资本重组和资本积累，虽然短时期内实现了工业化的任务，却是以国家的强制和不民主作为代价的。

现实社会主义国家对社会主义性质的违背还在于其反生态效应。社会主义国家的生态恶化与西方资本主义国家一样严重。因为这些国家在整体生产力低下的基础上，为追赶西方国家全力朝向工业化和现代性前进而忽视了自然的承受能力。科威尔写道："随着斯大林主义的发展，除了生态正在不断遭到破坏，对社会生态学的观念也正在遭受抨击。……他们也正在着手修订俄罗斯的地图，让河流改道，一夜之间建造城市，建立巨大的水力发电厂，使这个被资本主义笼罩了300年的大陆成为一个新时代的存在。"[①] 科威尔断言，苏联从本质上来说走的就不是社会主义道路，因而也不是生态社会主义的道路。"巨大化，官僚制资本主义国家、民主的扼杀，这些都是由从根本上

---

① ［美］乔尔·科威尔：《自然的敌人》，中国人民大学出版社2015年版，第184—185页。

反对生态中心主义制度所造成的"。① 正是在批判传统社会主义制度的基础上,科威尔描述了自己的生态社会主义构想。

(二) 生态社会主义的生产是以生态为中心的生产

科威尔提出,生态社会主义的生产活动是以生态为中心的生产。在科威尔那里,生产活动是通过人类本质表现的自然形式。生产与自然进化不同,它是人类的有意识的活动,它是以预先计划为前提的。在本质上它是以时间限制来包含未来的。"人类对是否生产并没有选择权,但生产方式却有无数种。资本是一种生产组织方式,它违反了生态主义的整体性,因为它把交换价值作为剥削的一种工具。每一种这样的因素都使得完整生态体系的互联性被切断。……生态社会主义能够通过对使用价值的实现和内在价值的合理利用而使其发展得更好。从生产的角度来看,这就意味着需要建立一个完整的生态体系。作为一个完整的体系,生态化生产最为重要的条件就是如何创造整体性"。②

以生态为中心的生产特点如下:(1) 生产过程与其产品是一致的。生产过程就是产品的一部分。由于生产的目的是满足和娱乐,满足和娱乐也应体现在生产过程中。品味一道佳肴和穿一件精致的衣服是惬意的,烹调和设计裁剪的过程也乐趣无穷。在资本主义社会中,这些过程的愉快存在于业余爱好中,而在以生态为中心的生产为基础的社会中,这些快乐以将是生产和日常生活的组成部分。(2) 劳动力能够自由发展。(3) 对产品的承认也应该推及对劳动者生产过程的承认,这是建立完整生态体系的重要条件。为此就要取消劳动的等级和剥削关系,促进所有不同水平生产的民主化。(4) 生产与自然进化保持熵的关联,即以生态为中心的生产尽可能使用可再生资源。大量使用化石燃料会使得熵值升高,以生态为中心的生产会用直接的人工劳动尽可能地取代化石燃料,采用低熵值方式进行生产。用低熵值方式生产会使人们在自然之中更为直接和包容地活着,随着脑力劳动和体力劳动分工的克服、技艺的提高,人们将感觉获得更多的解放。

---

① [美] 乔尔·科威尔:《自然的敌人》,中国人民大学出版社2015年版,第185页。
② 同上书,第192页。

（5）以生态为中心的生产需要对人类需求重新定位以"限制增长"。（6）适当的技术，即以人道的方式利用自然的技术。在以生态为中心的生产中，创造和使用是在生态体系修复的方向上进行的。资本控制下技术只会把时间转换为剩余价值，而社会监管下的技术则被看作生态系统生命中的充分参与者从交换中分离出来，恢复其既有的使用价值。（7）人与自然之间的认同感增强。承认人是自然的一部分。另外，以生态为中心的生产能够给予女性平等地位，因为重视使用价值和内在价值，女性工作是卑微的思想得以彻底转变。在以生态为中心的生产过程中，过去的存在是当前存在的一部分，当前存在也将是未来存在的一部分。

科威尔把生态社会主义的模式概括为："生产是由自由联合劳动力开展的，使用的是以生态为中心的方式，实现以生态为中心的目标。"[①] 生态社会主义就是生产模式以生态为中心的社会。生态社会主义允许市场和商品的存在，但"社会协调组织如国家、公民社会、文化和宗教等都将围绕生态中心生产运行，而这种运行模式同样能限制市场，使其遵照生态中心生产规范，而不是为了牟取暴利。定价更多地根据其使用价值和质量，而不是为了交换价值和数量。经济是存在于社会之中的，而不是像资本主义那样，凌驾于社会之上"。[②]

资本主义社会的经济主导造就了人贪婪的性格，他们对生活的不满足加速了对资源的损耗。而在生态社会主义中，自由联合的劳动力是愉悦、满足和不压抑的，他们最根本的需求已得到转变，因此不会以过度消费作为补偿，不会导致资源的过度消耗和生态危机的产生。自由联合劳动力自治且自立，不受统一的集权机构的摆布。

总之，自由联合的劳动者和以生态为中心的生产是走向生态社会主义过程的两股主流，它们不断发展、相互促进，引导我们走向另一个可能的世界——生态社会主义。

（三）走向完全共同体的生态社会主义

科威尔还把走向生态社会主义过程定位于一个走向完全的共同体

[①] ［美］乔尔·科威尔：《自然的敌人》，中国人民大学出版社2015年版，第201页。
[②] 同上。

的过程。在科威尔看来，人与自然、人与人本来应是一个整体即共同体，但随着生产力的发展，这一共同体因私有化被分裂：一方面生产者与生产资料分隔开来，生产者成为无产者；另一方面人与人之间的等级制建立起来，一些人在经济上剥削另一些人。现在这一分裂因受到生态危机的威胁，正在发生变化。生态社会主义运动的斗争使人们看到希望之光——建立一种完全的共同体即生态社会主义（完全共同体）。完全共同体的特征一方面是生产者的自由联合，另一方面是以生态为中心组织生产。科威尔这样描述生态社会主义运动的任务：为了走向一个完全的共同体，需要展开大范围的斗争：社会团体需要努力将生活必需品，如水，去商业化；防止污染工业入侵；脱离资本和集权的控制，建立生产自治；劳动力争取实现工会化；政治上采取非暴力方式抵制全球化和军事化，联合一些同质组织（如女权主义、社区运动组织），这些组织同样也是典型的生态组织。这是科威尔关于生态社会主义的目标和实现道路设计。

科威尔还提到，生态社会主义是一场国际运动，否则便沦为空谈。因为资本对劳动力的统治是建立在将工人与生产方式、工人彼此之间分离的基础之上。地区和国家的不同、北方和南方的生产方式不同，使许多工人组织沦落，失去自我教育和自我变革的机遇。所以，真正的生态社会主义应要求消除整个国际分工。在马克思论述社会主义革命时，提到这是一个国际的行动，是国际工人联合起来同时发动暴力革命推翻资本主义的统治。列宁则发展了这一思想，提到社会主义革命有可能在一个国家或几个国家首先取得胜利，并付诸实践，建立了苏联社会主义，也注定了其一产生就生存在资本主义强国的包围之中。科威尔则强调生态社会主义运动应该突破国界，利用现代的通信方式，与各地的国际主义者保持联系，共同对抗资本对自然的统治。当然，科威尔也提到，生态社会主义运动没有统一的斗争模式可以复制，各类生态社会主义者应因地制宜、组织起来，建设自己的生产关系和政治文化。科威尔特别提到墨西哥恰帕斯州的萨帕塔民族解放运动，认为这是一场真正的生态社会主义运动，他们通过创造劳动力的自由联合方式，明确地追求生态中心主义的目标。而且通过对传统的借鉴和转化创造了很多有益形式，如他们深入前男权社会时期，确定女性生产形式的价格，以克服男女之间天生的性别差异，大大改变了女性的生活。在科威尔看来，生态社会主义的一个重要特点就是女性的解放，因为女性代表着自然。

科威尔还提到在这场全球性运动中资本主义发达国家与第三世界国家在遏制资本、保护生态方面应做出不同努力。在资本主义国家这一努力表现为干扰国家的行动，使国家力量天平偏离资本一方，建立与资本相抗衡的机构和替代生产。如积极倡导建立公共工程，减少对石油的依赖，对国家提出要求控制燃油效率、停止扩建机场，对化石能源开采、超级高速公路建设、输油管道建设的补助，对可再生能源进行补助，引导发展和购买高效节能型汽车如混合动力型汽车，对石油超额利润征收重税，强迫政府为脱离碳经济而失业的工人提供补助，强迫能源企业承担治理环境所需的费用。这些都是西方国家实施的一些改良行为，在一定程度上降低了生态危机积累的速度，为采取更彻底的措施争取了时间，但却没有触及导致生态问题加剧的最根本原因——资本主义制度。

第三世界国家的斗争则表现为抵制资本主义资本的入侵及其带来的生态危害。如玻利维亚人反抗大型石油公司入侵他们的领土，厄瓜多尔印第安人对雪佛龙公司的法律诉讼，尼日尔河人为反抗石油开采而进行的女性裸体抗议和武装运动。南北方以不同的方式反抗着石油资本主义，为生态社会主义开辟道路。科威尔强调为了摆脱资本的控制，上面提到的各类运动都必须进一步扩展并团结起来，更多地使生产立足于非工业价值和碳氢经济的替代能源体制。

科威尔还指出了生态社会主义运动主体力量的变化。与马克思的无产阶级专政道路相比，生态社会主义运动主体不一定是无产者。由于生态危机，北方的农民、无产阶级分子、非正式劳工、家庭主妇等（这些生产者都与积累的全球体系处于对立之中）有可能走到一起，共同的使命会让他们团结起来。[1] 在此情景下，传统社会主义运动应该联合生态运动的力量来完成自己的使命。"红色社会主义者需要将

---

[1] ［美］乔尔·科威尔：《自然的敌人》，中国人民大学出版社2015年版，第201页。

生态中心主义的方式加入到他们的理论与实践中。"① 传统的劳工组织必须要经历一个重新教育工人的过程。科威尔一再呼吁更多的人一起抗争，资本主义制度的抗争力量应该联合起来，如种族解放运动、女性主义运动等。"不同地点不同实践发展起来的社群加速联合在一起，形成小型社会，无论是在国界以内还是国界以外，相互之间都建立起了联系。"② 这样，资本就会面临以前从未应对的对抗。这些对抗力量众多且分散分布，需求各不相同，但都建立在一种新的生产模式之上并自我持续发展，它们已越过国家的界限，在国际抗争群体中具有稳定的基础，它们都从主流社会的缝隙中生长起来，现在已结成联盟，通过罢工、联合抵制关停基本生产线。这些力量体现着一种更高尚的精神，因为他们认识到，现在危及他们的并不是财富的重新分配，而是生命能否继续。在他们的影响下越来越多的人走向街头，团结在一起进行抗议，将资本关入小得不能再小的围栏中。这股力量最终会影响到军队和警察，当他们中有人放下武器，加入革命，革命就出现了转机，国家机器开始由新人接手，剥削者开始被剥削，资本的统治垮台，新社会的建设历程开始了。③

科威尔还论述了在变革中生态社会主义政党——绿党的作用。科威尔强调绿党与历史上两种传统政党模式（一个是资产阶级民主的议会政党，另一个是以列宁主义政党为代表的传统左翼政党即红色政党）不同，生态社会主义政党实行完全的党内民主，并且不通过选举获得政权，虽然对个人开放，但必须植根于反抗的生产社群，从这些社群中产生政党的骨干分子，组织活动并为政党出谋划策。生态社会主义政党的资金来源由内部贡献，避免外来人员控制财政，管理者从内部选出，并定期轮换，并可重复任职。政党所有活动都应该公开透明，以让社会认清其宗旨，并选择参与其中。这里，科威尔作为一个绿党成员无疑把希望寄托在生态社会主义政党——绿党身上，因为在他看来，传统社会主义政党因其生存和发展的种种限制很难将生态中

---

① ［美］乔尔·科威尔:《自然的敌人》，中国人民大学出版社2015年版，第212页。
② 同上书，第219页。
③ 同上书，第220页。

心作为自己政治思想的核心。但是绿党却缺乏一种超越现行制度的根本远见，最终总是陷入改良主义和无政府主义。在欧洲，当绿党通过与红色政党联合成为国家的力量后，也表现出其现实主义的倾向，他们保护资本以摆脱生态责任，在一些问题上措施无力。

科威尔不仅在理论上构建了生态社会主义前景，还力求使生态社会主义由理论走向实践，他两度起草《生态社会主义宣言》，筹建社会主义网站，参加竞选。作为美国绿党代言人，他坚持生态社会主义政党要参加大选，但又不能被资本主义选举制度同化，不能以选票多寡评价自己的得失，而是要通过选举活动来不断扩大民主。他试图把生态社会主义思想变成一种社会运动，使之走向广大的民众。科威尔本人也一直参与反战、反核运动，为中美洲和加勒比海团结运动工作，为媒体民主和生态保护呼吁。

总体来讲，科威尔的生态社会主义与科学社会主义理论具有本质的差别。在马克思那里，社会主义制度的建立依赖工业无产阶级的斗争，无产阶级因经济上受资本的剥削和财富的不公平分配而采取暴力革命的形式反抗资本。在科威尔这里，生态社会主义社会依赖于晚期资本主义的各种反抗力量。他们因受资本的生态、种族主义、男权和资本主流价值观的控制而抗议，一般采取街头抗议等和平形式影响国家机器进而实现自己的目的。固然，科威尔生态社会主义革命设计有其时代基础。战后资本主义经济的发展、阶级状况的变化使得无产阶级的暴力革命失去了社会现实依据，而晚期资本主义主要通过文化的控制来达到自己获利的目的，因此文化的抗争成为新时期的社会批判实践形式。中产阶级则是这一抗争的主体力量。当然，除西方社会的中产阶级之外，还有遭受资本入侵的第三世界国家的反抗力量，这些反抗形成一股合力，共同推动着新的社会变革。但是，科威尔把希望寄托在与非传统政党截然不同的生态社会主义政党的和平抗议上，试图通过体制外的抵制来引起资本主义国家的注意和改变，在政治上是软弱的，其目标也是难以实现的。后来的绿党虽然通过联盟的形式成为资本主义体制的决策力量，但其政治立场也发生了质的转变，从激进逐渐变得保守，与资本共谋。事实证明把希望寄托以体制改良为目的的绿党身上是不现实的。

(四) 萨卡激进的生态社会主义

在《生态社会主义还是生态资本主义》一书中，为了论证其"激进的生态社会主义"产生和发展的必要性和可能性，萨卡首先探究了苏联社会主义失败的原因：增长的极限、生态的恶化，新阶级的出现和全社会的"道德沦丧"，并用大量事实和数据说明社会主义"生态化选择"的无可避免；在此基础上，萨卡设计了其"激进的生态社会主义"理论框架，包括新经济、新人、新的道德价值观和新文化。

作为一名社会主义者和联邦德国绿党成员，萨卡坦言自己遭受了双重打击。一方面是20世纪末苏联和东欧社会主义国家的解体；另一方面是绿党和生态环境运动的逐渐平息，特别是德国绿党向实用主义的转变。1985年，绿党以放弃其激进主张成为社会民主党在黑森州政府的联盟伙伴。在随后的几年，这逐渐变成绿党的主流政治路线。萨卡还谈到20世纪80年代生态运动信条的变化。"20世纪70年代下半期和80年代初，激进的生态主义掌握着主流话语权，其目标是建立一个与工业社会相对立并取代工业社会的生态社会或经济。到80年代中期，生态重组或工业社会现代化的思想成为主流。"[①] 特别是自从苏联模式的社会主义模式解体以来，生态资本主义则成为许多生态运动活动家的目标。德国绿党也不例外。

面对这样的社会背景，萨卡一方面表达了自己对社会主义运动的信心，"'社会主义'是灭亡了，但并非社会主义消亡了，社会主义仍有前途，但它必须首先学好生态这门课"。[②] 另一方面萨卡也明确否定生态资本主义的改良措施。"资产阶级的内在逻辑驱使它朝着不断增长的方向发展，而其逻辑中却没有正义、平等、友爱、同情心、道德准则或伦理标准的位置"。[③] 只要资本存在，经济增长的要求就一定是必然，生态环境问题就不可能得到解决。像大多数生态社会主义者一样，萨卡主张应把生态运动与国际共产主义运动综合起来（因为它们都需要整体性、关联性的分析方法），构建一种生态社会主义的理

---

① [印]萨拉·萨卡：《生态社会主义还是生态资本主义》，山东大学出版社2008年版，第2页。
② 同上书，第6页。
③ 同上书，第5页。

论并付诸行动。但与其他生态社会主义理论不同的是，萨卡称自己的理论已实现了范式的转换——以增长的极限的范式来替代马克思主义的范式与传统发展范式。萨卡认为，马克思和恩格斯并没有意识到增长的极限，如他们都曾经强烈反对马尔萨斯的人口论，所以目前的生态危机等全球性问题不能在马克思主义范式中得到解释。同时生态资本主义和生态现代化理论是在发展的范式中思考，希望构建一个生态的工业社会，而在萨卡看来这一目标是不可能实现的，因为生态社会与市场经济、工业社会在本质上相悖的，市场经济与工业社会都是以经济增长为目标的，因而是反生态的，只有在消灭了市场经济（资本主义制度）和工业经济，当下的生态社会主义才可能实现。

萨卡激进的生态社会主义思想不仅反对资本主义，而且反对工业社会和市场经济，他也反对20世纪90年代生态社会主义主张的"经济适度增长"的原则，重新提倡早期生态社会主义倡导的"稳态经济"，要求当今世界应当从经济发展的轨道上撤离。他认为，社会主义与资本主义的区别不在于生活的水平，而在于价值观的不同。他主张用抑制经济增长和培养新人的方式来解决当前的生态和社会问题。

1. 萨卡对苏联模式社会主义的批判

萨卡认为，分析苏联社会主义的历史经验教训非常重要，因为这不仅可以帮助我们认识现实社会主义失败的原因，也可以帮助人们预见未来的社会主义社会。未来的社会主义社会必须面对众多的难题，可以从苏联社会主义的经历中获得启示。

萨卡认为，苏联社会主义模式是失败的，因为在经济上，它没有能够赶上西方资本主义，不能满足人民日益增长的消费愿望，甚至欠债于西方资本主义国家；在政治的合法上，苏联社会主义缺乏民主和自由（这一点甚至比不上贫穷的第三世界国家）；在意识形态上，苏联和东欧人民竟然向往资产阶级的自由和繁荣的物质生活，而非社会主义的自由、平等和博爱。

增长的极限是苏联社会主义失败的主要原因。苏联建立社会主义政权后，在经济上实行粗放型的"数量赶超型"战略，试图以多投入、高消耗换取经济快速增长。这一战略虽然在巩固新生政权方面发挥了作用，但违背了经济发展的客观规律，最终遇到增长的极限。在萨卡看来，苏联"所有的经济改革都没有能够克服危机，其主要的原因是不能消除增长的极限"。① 苏联经济增长的极限，首先表现为资源的极限。苏联是一个资源丰富的国家，但经过几十年的追求经济高速发展的赶超战略，它丰富的资源将被耗尽，粗放的生产方式使资源被大量浪费。苏联在煤、油、钾和天然气的采集过程中一般会损失50%—60%，掠夺式的开采方式使开采条件好的自然资源很快被耗尽，资源生产成本越来越高，产量不断不降。相对西方资本主义国家采用生态帝国主义战略通过掠夺殖民地和第三世界国家的自然资源来解决资源不足的问题，苏联是一种自给自足的经济，并没有殖民地可利用，无法利用其他贫穷国家的资源来克服发展的难题。其次表现为粮食生产的极限，1917年之前的俄国曾经是个重要的粮食出口国家，但社会主义政权建立之后，虽然在机械、灌溉、化学肥料和杀虫剂等方面投入了巨额资金，粮食出口量大幅下降，甚至还从西方资本主义国家进口小麦、肉奶产品。粮食产量不能满足需求一方面是因农业集体化伤害了农民生产的积极性，另一方面也和苏联人口的增长密切相关。再次表现就是苏联社会主义的生态恶化。在农业方面，苏联试图通过灌溉和排水之类水利工程以及化肥来克服地质的局限性，虽然在短期内增加了粮食产量，但在一些本来不适合耕种的土地上开垦土地，造成土地的沙漠化和沙尘暴的产生；灌溉工程改变了河流的走向，使下游的土地干涸、造成里海和咸海的萎缩。大量使用化肥，未被吸收的养分造成了巨大浪费，并污染了河水。在苏联的高速工业化进程中，由于未重视增长的极限而盲目追赶欧美资本主义国家的经济和军事目标，付出了巨大的生态代价。萨卡用资料证明苏联滥用环境的程度与美国相等，甚至当苏联的生产总量只达到美国一半的时候，其污染程度与美国就差不多相等了。到20世纪80年代，苏联空气和水污染程度、农药和石油对土地的侵蚀，森林砍伐造成的土地的沙化，物种的减少等已达到相当严重程度。萨卡指出，苏联生态恶化的原因一方面是快速工业化的战略，"一个国家越多地在现代工业的基

---

① ［印］萨拉·萨卡：《生态社会主义还是生态资本主义》，山东大学出版社2008年版，第32页。

础上启动它的发展……毁坏的进程就会越快"①；另一方面还与一种错误的理解有关，即环境破坏是资本主义制度是产物，社会主义是一种先进的制度，不会造成环境的破坏，即使有生态的退化，也是暂时的，当生产力获得充分发展的时间，它就能够被克服。萨卡认为，这种解释是无力的，环境破坏是超越制度的，它是工业化的产物。"苏联是一个像美国一样的工业国家，而任何一个工业社会都存在经济与生态这一基本矛盾"。②

苏联社会主义失败的另一个重要原因就是新阶级的形成与主体道德的沦丧。萨卡认为，理想的社会主义社会是一个以民主为基础的无阶级社会，社会成员具有高尚的道德观，他们忠诚于大众利益，并把远大社会理想转化为行动。在苏联社会主义早期，举国上下迸发出前所未有的劳动和创造热情，涌现出各种感人的事迹。但随着管理的集权化和官僚化，国家强加的规定和限制增多，物质鼓励流行，相当多的人丧失了责任意识、道德意识和法律意识。

随着社会主义政权的建立，苏联出现了一个特权阶层，萨卡称之为新阶级。苏联的政治官员和布尔什维克党的领导因掌握行政垄断权力可以从中获益，他们因拥有权力而具有特权。如党的官员只需给毛皮厂打一个电话就能够得到免费送到家中的最好的毛皮大衣，负责莫斯科党机关专用商店的党员干部通过秘密交易就可以变成百万富翁，此外，还有专供上层社会的"特殊商店"以及高层干部优裕的生活条件等。这一特权阶层是一个剥削阶级，具有寄生性，他们与工人阶级等人民大众严重脱离，成为共产主义无法治愈的弊病。

新的特权阶层的道德沦丧引发了全体人民包括工人、士兵和共产主义者的道德退化，造就了"没有同志之爱的共产主义者"。③ 苏联的普通公民逐渐失去了理想主义与创造的热情，他们工作的目的就是为了获得奖金，为此要尽花招，产生各行各业的腐败：学生倒卖得到补贴的火票，警察执法索要贿赂，医生做手术收红包，安排工作获得

---

① ［印］萨拉·萨卡：《生态社会主义还是生态资本主义》，山东大学出版社2008年版，第56页。
② 同上书，第45页。
③ 同上书，第91页。

报酬等,各种非法的经济活动构成了一种"反经济",俄罗斯人讽刺地称为"匍匐前进的资本主义"。萨卡认为,苏联共产党员与群众的脱离、党内民主的退化和政党管理的集中模式毁灭了党的精神与士气,是导致苏联社会主义道德退化的重要原因。

苏联社会主义造成的公地悲剧。生产资料公有制必须有一个前提即社会成员道德水平的提升,超越个人利益,注重整体利益。如果这个条件不具备,就会发生公地悲剧。苏联社会主义政权把所有资源都收归国家,并免费为经济参与者使用,实际上创造了一个巨大的公地,但与之同时,苏联社会主义并没有创造出一种新的道德观,并在此基础上塑造出新人。新人应该具备下列品质:无限忠诚于最高目标,即共产主义目标;把远大的理想变成实际的行动;以大众利益为上。但现实却是苏联社会主义公民"并没有战胜资本主义私营业主与普通公民的自我意识,最后,'社会主义'社会的消费欲望和贪婪与资本主义社会里的一般高"①,因此,就不可避免地发生的公地悲剧,造成资源的浪费和环境的污染。

2. 萨卡关于生态社会主义的构想

通过对苏联社会主义的批判,萨卡提出了一种新型的生态社会主义即"激进的生态社会主义",其理论框架包括新经济、新人、新的道德价值观和新文化,具体来说体现在以下几个方面:

(1) 实行经济收缩,最终达到一个低水平的稳态经济。对于之前的欧洲生态社会主义者如佩珀和高兹主张未来的生态社会主义社会必须实现某种程度的物质富足,因此要实现经济的适度增长,萨卡持反对态度,认为是新绿瓶装着陈酒。萨卡最终提出结论:"今天的科学社会主义必须接受增长的极限这一事实,必须接受熵法则,否则,它就不是科学的。"②

(2) 生产的国有化。萨卡强调压缩经济的前提是生产国有化。因为经济的压缩需要一个强大的国家来抵制利益既得者的反对,而收缩任务

---

① [印]萨拉·萨卡:《生态社会主义还是生态资本主义》,山东大学出版社2008年版,第104页。
② 同上书,第254页。

完成，稳定状态达到，经济的分权计划，地方社区层次上的管理和控制，生产资料所有权的分散则可以存在。萨卡还提出生态社会主义社会将允许保留一些私营企业，但私营企业必须建立在他自己和他或她的配偶以及成年孩子的劳动的基础之上，不能雇用劳动力。农业是社会生存的关键，必须实行计划，必须按照需求量优先生产人民最需要的东西。

（3）分散的、小规模地方经济。萨卡提出生态社会主义的经济活动将是分散的，经济单位将是小规模的，地区和地方团体是自我供给和自治的，长距离的国际贸易必须收缩。为什么经济单位应是小的呢？因为规模经济一般使用有巨大生产能力的工业技术，这样的工业技术一旦被利用，如果不想亏损或浪费的话，就必须大规模生产。而生态社会主义因为采取劳动密集型的、能量低的技术则完全适用小规模的生产；另外，小规模的生产也有利于工人自我管理。一般来说，大规模的生产往往是等级制的、专制的和集权的，在这样的情形下，工人的民主是不可能的。"经济单位越大，劳动力的分工越进一步，就有越多的工人变成越来越复杂的机器的附属物。"① 萨卡区分了转型期的生态社会主义和稳定的生态社会主义在民主方面的区别。转型期的生态社会主义因为面对强大的抵抗，必须有一个强大的国家来保证按计划撤退。这个强权的国家如何处理民主问题还有待探索。

（4）发展劳动密集型生产，以解决就业问题。"一个社会主义的政府应该促进劳动密集型技术，即使那样做没有任何生态的以及与资源相关的必要性，只是为了消除失业。"②

（5）推行社会保障和人口控制。萨卡反对在未来社会中推行没有工作要求的社会福利，因为在经济收缩的情况下，社会没有那么多的收入来养活不工作的人。因此，"在一个生态社会主义社会中，一种更加合适的社会保障形式应该是保障对社会有益的有报酬的工作"③，如抚养儿童或照顾老弱病残，这样的工作必须支付报酬，而报酬来源就是有义务而没有做的人缴纳的特殊税收。在第三世界的转型期，社

---

① ［印］萨拉·萨卡：《生态社会主义还是生态资本主义》，山东大学出版社 2008 年版，第 272 页。
② 同上书，第 256 页。
③ 同上。

会保障必须与人口政策联系起来。萨卡认为,一个生态社会主义的政府将为贫穷的老年人提供保障,防止他们多生育孩子作为养老的手段。社会上相对富裕的人,必须为老年保障基金捐款。在此前提下实施生育控制,每个家庭生育两个以下的孩子,国家通过法律把最低结婚年龄提高,以此降低人口规模。萨卡提出的为老年人提供保障,最多只生两个孩子,提高最低结婚年龄措施对于人口较多的第三世界国家降低人口规模具有现实意义,也有利于第三世界国家妇女的解放。伴随着中国改革开放的计划生育政策,已被证明是对人口控制的成功举措,只是在为老年人提供保障方面起步较晚,造成中国目前老龄化社会的养老负担严重。

(6) 实现社会平等。在萨卡看来,传统社会主义因快速工业化政策把提高生产效率看得很重要,所以难以实现收入平等。而生态社会主义因为低水平的稳定经济没有支付高额工资的经济能力则能实现收入平等,当然也不会给予低于社会可以接受的最低工资。在收入分配中,那些做艰苦工作的人或能获得更高的工资或者工作时间更短一些,而具有高级学术素质和高智能和技术能力的人,因为社会对及资质和能力的需求不如以前多,收入会比以前降低。一个国家的不同地区也会实现平等,阶级差异将会消失。而微观层面上的平等如家庭、婚姻、成人与儿童,工作中的人际关系的平等则将通过社会主义文化运动来实现。

(7) 道德观的提高。萨卡认为,因为收入平等基于低水平的稳态经济基础之上,而社会成员接受收入和需求降低的生活则要依赖道德观的提高。"我们应该期望一个社会主义社会。在很大程度上,这不是因为社会主义现在或过去能够比资本主义的效率高,而是因为社会主义的价值观比资本主义更胜一筹"。① 这无疑是把生态社会主义的实现建立在道德价值观基础上。但是,道德价值观并不是凭空产生的。在马克思那里,道德作为一种上层建筑是生产关系的产物,而生产关系则是由生产力的发展水平决定的,一种低下的生产力水平如何产生高尚的道德意识呢?从这一点上看,萨卡把抽象的道德意识作为社

---

① [印]萨拉·萨卡:《生态社会主义还是生态资本主义》,山东大学出版社2008年版,第174页。

存在的基础的分析方法是反历史唯物主义的,虽然萨卡自称是一个社会主义者,但他却是一个非马克思主义者。

(8) 生态社会主义运动的国际性。与其他生态社会主义者相同,萨卡也主张生态社会主义运动的国际性。"生态社会主义运动不可能在一个小规模的国家取得成功。……最好的战略是在大国首先构建一个生态社会主义运动,例如在西欧,但是,在朝着生态社会主义进行变革的压力在数个国家增强之前,不要试图掌权。"① 这是因为一个国家的生态社会主义者要捍卫他们的制度会很困难。

(9) 否定无产阶级在生态社会主义运动中的先锋作用。萨卡提出:"必须彻底放弃所有的关于无产阶级的革命或先锋作用之类的幻想……在更多的人群中间引导变革。"② 当然,无产阶级也应发挥一个较大的作用,但不是一种领导性作用。和大多数生态社会主义者一样,萨卡认为,生态社会主义政治是团结一切可以团结的人,企业家除外,因为企业家的目标就是经济增长。

(10) 萨卡对德国绿党不抱希望。在他看来,德国绿党确实在实践着一种"非左非右"的政治,但是它们并非立足于正前方。绿党已经变成了一个谨小慎微的环境主义政党,试图进行点点滴滴的环境改革,而他们中的主流已经成为生态资本主义的信奉者。绿党的纲领和政策充满了内在的矛盾,这表现在它们不敢把严酷的环境真相告诉它们的选民。③

萨卡把生态社会主义称为 21 世纪的科学社会主义。从理论上讲,实现这一社会主义是必要的,但在实践中走向生态社会主义还会遇到一系列的挑战。与其他社会主义运动不同,生态社会主义运动以压缩经济,维持一个较低的生活水平为前提,为人类历史的发展拉动紧急制动闸,这势必会降低人们的生活水平,也一定会遇到很多抵制和拒绝。成功的前提是社会道德的提高。为此有必要发起一场简单的生活方式的运动,做好牺牲奢侈和安逸的准备,以生态价值观为基础,激发人民的平等、正义感,呼吁第三世界的团结,同时也必须为充分就

---

① [印] 萨拉·萨卡:《生态社会主义还是生态资本主义》,山东大学出版社 2008 年版,第 280—281 页。
② 同上书,第 281 页。
③ 同上书,第 246 页。

业和社会保障的实现而斗争。

有学者将萨卡的代表性著作《生态社会主义还是生态资本主义》中表述的思想归入生态社会主义非主流的阵营，主要是因为与主张适度发展的生态社会主义者相比较，他反对工业化，反对任何形式的增长，主张经济收缩的观点在一个发展成为世界性主题的时代里，很难具有现实性，因此，他的思想很难在迫切需要发展的第三世界国家以及想要进一步发展以维持其霸主地位的发达国家中获得支持。就我国而言，尽管改革开放以来国家面貌发生了很大的变化，但是，我国仍处于并将长期处于社会主义初级阶段的基本国情没有变，人民群众日益增长的物质文化需要同落后的社会生产之间的矛盾这一社会主要矛盾没有变，因此，发展仍是硬道理，我们要善于用发展的办法解决发展中存在的问题。我国人口众多，与经济社会发展不相适应，解决这一问题除要控制人口的数量外，更关键还在于发展，只有不断促进经济、社会和生态的可持续发展，在创造大量财富的基础上，更好地解决人们的生存问题，进而将更多地积累资金用于提高人口的素质和优化人口的结构，让更多的人具有生态意识，使人口结构更利于生态的可持续性发展。

第三章 生态社会主义与科学社会主义：一个对照

第一节 生态社会主义与科学社会主义的理论对照

虽然生态社会主义内部观点各异，有派别之分，但仍然具有其共性。作为生态主义中的左派，它们均对资本主义制度提出了本质的批判，特别是对资本逐利的本性以及对人与自然的压抑，资本主义生产资料的私有导致的贫富分化、社会不平等现象进行了深刻的批判。在此基础上提出了替代资本主义的新型生产关系——生态社会主义，虽然它们对生态社会主义的设想各有差别且充满变化，但就生产资料公共使用，劳动的解放和人的解放、人和自然关系的和解等方面达成了共识。本节就生态社会主义与科学社会主义理论进行对照的前提正是把生态社会主义看作是一个具有统一性的流派。

一 生态社会主义与科学社会主义的联系

生态社会主义与科学社会主义产生于不同时代，其理论基础、关注问题与解决方法均有本质区别，但同作为社会主义理论流派，二者在理论内容和方法论基础上具有兼容性。

（一）生态社会主义与科学社会主义理论的兼容性

"社会主义"（socialism）一词是由"社会"（social）加上后缀 lism 而成。"社会的"一词源于古拉丁文 socialis 原意是"同志"、"善于社交"等。德国神学家、天主教本尼迪克派教士安塞尔姆·德辛于

1753年最早使用"社会主义者"一词，当时主要的意思是指遵循规律的人，与后来的社会主义的含义有所不同。19世纪30年代，"社会主义"一词作为与资本主义相对立的一种思潮和制度在欧洲开始使用，意即用社会化来解决资本主义所造成的社会问题的新型制度。1832年2月13日在圣西门法文《环球》杂志中使用了作为替代资本主义制度的未来理想社会的社会主义。如果把"社会主义"一词作为一个普遍性的概念，生态社会主义与科学社会主义无疑均是这一概念的特殊表现形式，二者具有一定的共性和兼容性。如二者都对资本主义的生产方式提出批判，对资本唯利是图的本性提出批判，都认为资本主义的生产会导致人与人之间、人与自然之间关系的不平等，也会导致人与自然新陈代谢的断裂；二者都对未来社会进行了构想，提出财产共有、社会公正、政治民主、劳动的解放、人的全面发展和自然的解放等社会发展目标；在方法论上，都使用了辩证分析的方法和社会历史分析的方法。

具体来说，科学社会主义与生态社会主义理论兼容性体现在以下几方面：

1. 对资本主义制度的批判

生态社会主义与科学社会主义都认为，资本主义制度内部存在着其自身无法解决的矛盾，因而必然要被更为先进的社会主义制度所取代。科学社会主义认为，资本主义制度在历史上的确起过积极的作用，它推动了生产力的巨大发展，但是资本主义制度仍是一种剥削制度，它对财富和利润的追求伴随着贫富分化和社会的不平等，最终导致经济危机的发生，阻碍了生产力的进一步发展。生态社会主义在继承科学社会主义理论传统的基础上着重分析了资本主义制度与生态危机之间的关系，批判了资本主义的反生态本质，认为人类目前所面临的生态环境问题根源于资本主义制度。生态社会主义指出，一方面资本为了追求利润尽可能地节约成本，榨取免费的生态资源；另一方面资本主义社会的不平等和异化劳动导致的消费的异化，即通过过度消费来缓解精神上的压抑，也造成了自然资源的浪费。因此，资本主义制度在本质上是反生态的，生态问题的最终解决需要一种新型的生态社会主义制度的产生。

生态社会主义对资本主义的批判建立在科学社会主义批判理论基础之上,如生态社会主义普遍使用马克思主义的经济概念如价值、使用价值、经济危机等概念来展开理论分析;同时在科学社会主义对资本主义制度的批判中也包含着生态批判。

马克思主义著作包含着对资本主义的生态批判。虽然在马克思的时代,资本主义科学技术的发展和社会化程度还处于初期阶段,人与自然的矛盾还没有上升为社会的主要矛盾,生态环境问题还未充分显现,但马克思和恩格斯仍然关注到资本主义的生态环境问题,并认识到这些生态环境问题与资本主义的社会制度之间的本质联系。

马克思和恩格斯关于资本主义的生态批判散见于各个时期著作。马克思在《1844年经济学哲学手稿》《政治经济学批判大纲》《资本论》,恩格斯在《英国工人阶级状况》《自然辩证法》和《反杜林论》等著作中,对资本主义的生态环境问题都有重要论述。在这些著作中,马克思和恩格斯从现象到本质,就资本主义社会存在的生态环境问题进行了分析。他们曾考察当时资本主义国家的主要工业城市的环境污染及其对工人的危害:"资本主义生产方式按照它的矛盾的、对立的性质,还把浪费工人的生命和健康,压低工人的生存条件本身,看作不变资本使用上的节约,从而看作提高利润率的手段。"[①] 马克思和恩格斯看到了这样的事实:资本主义工业化国家已经出现了非常严重的环境污染,恶劣的生产环境导致大批工人的死亡和职业病的加剧。但这些并没有引起资本主义政府的注意,没有制定和实施保护自然生态环境,减少或防止生态环境污染的法律和法规,没能有效防止在资本主义工业化过程中不断出现的环境公害。

马克思和恩格斯在自己的著作中多次直观地描绘了一幅资本主义经济发展所导致的生态衰败图。马克思说:"在利用这种排泄物方面,资本主义经济浪费很大;例如,在伦敦,450万人的粪便,就没有什么好的处理方法,只好花很多钱来污染泰晤士河。"[②] 恩格斯说:"西班牙的种植场主曾在古巴焚烧山坡上的森林……后来热带的倾盆大雨

[①] 《马克思恩格斯全集》第25卷,人民出版社1974年版,第102页。
[②] 同上书,第116—117页。

竟冲毁毫无掩护的沃土而只留下赤裸裸的岩石……①"关于这种惊人的经济变化必然带来的一些现象……所有已经或正在经历这种过程的国家，或多或少都有这样的情况。地力损耗——如在美国；森林消失——如在英国和法国，目前在德国和美国也是如此；气候改变、江河淤浅在俄国大概比其他任何地方都厉害"。②与自然环境恶化情况相比，工人聚居的生活环境更加糟糕。为了更加了解工人阶级的生活状况，揭露资产阶级对工人阶级的残酷剥削和压榨不仅仅表现在经济方面，同样也表现在生活环境方面，为了说明工人阶级低贱的经济地位和悲惨的生活环境决定了他们与资产阶级的矛盾是不可调和的，他们的生存环境不可遏制地决定了他们是资产阶级的掘墓人，马克思和恩格斯具体分析了生态环境持续恶化的情况及其给工人阶级造成的伤害。恩格斯的《英国工人阶级的状况》充分揭示了工业革命时期英国城市的主要环境问题，即工人生活与工作环境的恶劣状况、河流污染和空气污染等。在恩格斯看来，与此有关的灾难所以集中在工人身上，与工厂主的唯利是图密不可分。

马克思和恩格斯认为，资本主义社会人与自然的疏离与资本主义制度密切相关，因为在资本主义私有制下，资本家为追求利润而毫无节制地开发、利用自然。资本主义的生产目的是不断地追求高额利润及其所带来的剩余价值，而不是满足人们的实际需要。为了实现生产利润和剩余价值的最大化，他们不但使劳动者的身心遭到摧残，使土地、资源等自然力遭到破坏。"在各个资本家都是为了直接的利润而从事生产和交换的地方，他们首先考虑的只能是最近的最直接的结果。一个厂主或商人在卖出他所制造的或买进的商品时，只要获得普通的利润，他就满意了，而不再关心商品和买主以后将是怎样的。人们看待这些行为的自然影响也是这样。西班牙的种植场主曾在古巴焚烧山坡上的森林，以为木灰作为肥料足够最能盈利的咖啡树施用一个世代之久，至于后来热带的倾盆大雨竟冲毁毫无掩护的沃土而只留下

---

① 《马克思恩格斯选集》第 4 卷，人民出版社 1995 年版，第 386 页。
② 《马克思恩格斯全集》第 38 卷，人民出版社 1972 年版，第 365 页。

赤裸裸的岩石，这同他们又有什么相干呢？"① 由于资产阶级贪婪和唯利是图，决定了在资本主义经济运行中，资本家的眼睛只盯在经济效益上，眼前的经济利益和高额利润是驱动他们的唯一动力。资本家置工人的死活于不顾，置其行为的自然影响和社会后果于不顾，这样就势必加速自然环境的污染进程。

马克思和恩格斯认为，在资本主义社会，资本家为了追求利润，必然不顾一切地掠夺自然。这不仅是由资本主义私有制度制造成的，更是由资本主义的生产方式所致。资本主义生产方式是靠不断扩大生产和消费来维持的，而大量生产和大量消费必然导致了人们不断地从自然界索取大量的资源和能量，并产生大量的废弃物。使人与自然之间正常的物质变换就遭到了日益严重的破坏。"资本主义生产使它汇集在各大中心的城市人口越来越占优势，这样一来，它一方面聚集着社会的历史动力，另一方面又破坏着人和土地之间的物质变换，也就是使人以衣食形式消费掉的土地的组成部分不能回到土地，从而破坏土地持久肥力的永恒的自然条件。这样，它同时就破坏城市工人的身体健康和农村工人的精神生活。"② 马克思还深刻揭露了资本主义农业对自然造成的破坏。"在现代农业中，也和在城市工业中一样，劳动生产力的提高和劳动量的增大是以劳动力本身的破坏和衰退为代价的。……一个国家，例如北美合众国，越是以大工业作为自己发展的起点，这个破坏过程就越迅速。因此，资本主义生产发展了社会生产过程的技术和结合，只是由于它同时破坏了一切财富的源泉——土地和工人。"③ 也就是说，资本主义生产方式不仅以对劳动者的剥夺为前提，同时也是以耗尽自然资源、加剧生态污染为代价的。

马克思和恩格斯认为，资本主义的生态危机归根结底是由社会危机所决定的。生态平衡的破坏、自然环境的污染等问题并不是简单地发生在人与自然之间，其中更尖锐的冲突发生在人与人之间，是人们涉及自然的利益之争。换言之，资本积累和资本主义生产方式导致的

---

① 《马克思恩格斯选集》第4卷，人民出版社1995年版，第386页。
② 《马克思恩格斯全集》第23卷，人民出版社1972年版，第552页。
③ 同上书，第552—553页。

资本家与工人的对立，是资本主义社会危机与生态危机产生的根本原因。

马克思和恩格斯对资本主义的生态批判具有鲜明的政治导向，那就是要从另一个角度论证资本主义制度的不合理性，正是资本主义的社会危机造成了生态危机，是资本主义的异化劳动引发了人与自然关系的异化。马克思和恩格斯认为，生态环境问题也是政治问题、社会问题。他们主张把生态环境问题放到资本主义社会现实中考察，把人的解放、社会的解放和自然的解放统一起来。要防止对生态环境的污染和破坏"单是依靠认识是不够的。这还需要对我们现有的生产方式，以及和这种生产方式连在一起的我们今天的整个社会制度实行完全的变革"。① 这样，马克思和恩格斯就从对资本主义的生态批判中得出了否定资本主义社会制度的革命性结论。

马克思和恩格斯对资本主义导致的人和自然关系的恶化的分析证明科学社会主义在关注人与人社会关系的同时，也在关注人与自然的关系，并且始终把二者结合起来。这正是生态社会主义的理论立足点。马克思主义对资本主义生态环境问题的制度分析超越了当时的一些生态学家，他们没有局限于单纯从技术角度寻找生态问题的成因和解决方法，而是从社会现实制度分析资本主义环境问题产生、恶化和最终的解决途径。这种分析方法显示了马克思主义的历史唯物主义的原则立场。也给后来的生态社会主义提供了方法论基础。

2. 对人和自然关系的辩证理解

人与自然之间的和谐相处是人类社会发展的基础和目标之一。无论是科学社会主义还是生态社会主义都对这一问题进行了系统的论述。在《1844年经济学哲学手稿》中，马克思指出："自然界的属人本质只有对社会的人来说才是存在着的；因为只有在社会中，自然界才对人说来是人与人联系的纽带，才对别人说来是他的存在和对他说来是别人的存在，才是属人的现实的生命要素；只有在社会中，人的自然的存在才成为人的属人的存在，而自然界对人说来才成为人。因此，社会是人同自然界的完成了的、本质的统一，是自然界的真正复

---

① 《马克思恩格斯全集》第20卷，人民出版社1973年版，第521页。

活,是人的实现了的自然主义和自然界的实现了的人本主义。"① 马克思这里所说的"社会"是指"共产主义"(即"社会主义")。他明确提出:"共产主义是私有财产即人的自我异化的积极的扬弃,因而也是通过人并且为了人而对人的本质的真正占有;因此,它是人向作为社会的人即合乎人的本性的人的自身的复归,这种复归是彻底的、自觉的、保存了以往发展的全部丰富成果。这种共产主义,作为完成了的自然主义,等于人本主义,而作为完成了的人本主义,等于自然主义;它是人和自然之间、人和人之间的矛盾的真正解决,是存在和本质、对象化和自我确立、自由和必然、个体和类之间的抗争的真正解决。"② 在马克思看来,自然是"人与人联系的纽带"、"人自己的人的存在的基础"、"人的现实的生活要素",社会主义是"人同自然界完成了的本质的统一"、"自然界的真正的复活"、"人实现了的自然主义和自然界实现了的人道主义"。社会主义不仅解决人和人之间的矛盾,也解决人和自然之间的矛盾。

在《共产党宣言》中,马克思和恩格斯设想:共产主义(社会主义)"将是这样一个联合体,在那里,每个人的自由发展是一切人的自由发展的条件"。③ 恩格斯在《社会主义从空想到科学的发展》中进一步指出:自由人是"自己的社会结合的主人"、"自然界的主人"、"自身的主人"。也就是说,自由人是摆脱了束缚自己的社会关系、作为异己的支配自己的自然规律和使自己异化的个人因素,而能够按照人的本性全面自由地发展自己的人。马克思和恩格斯一方面强调人只有摆脱各种异己的外部力量(包括各种社会力量、自然力量)才能实现人的自由发展;另一方面又强调人只有在认识并尊重自然规律上才能获得自由。马克思明确提出:在共产主义(社会主义)条件下,"社会化的人,联合起来的生产者,将合理地调节他们和自然之间的物质变换,把它置于他们的共同控制之下,而不让它作为盲目的力量来统治自己;靠消耗最小的力量,在最无愧于和最适合于他们的

---

① 马克思:《1844年经济学哲学手稿》,人民出版社1979年版,第75页。
② 同上书,第73页。
③ 《马克思恩格斯选集》第1卷,人民出版社1995年版,第294页。

人类本性的条件下来进行这种物质变换"。① 根据马克思设想，社会主义在发展生产、满足人类合理需求的同时，必须尊重自然规律、使人类的生产和需求与自然所赋予我们的生产条件协调一致。只有实现人与自然的和谐发展，才能实现人类社会的持续发展。在马克思和恩格斯看来，在共产主义（社会主义）条件下，人们将不仅共同占有生产资料，共同进行生产劳动，而且将共同合理地调节他们和自然之间的物质变换，实现人与自然的和谐发展。因此，马克思、恩格斯所设想的社会主义本质上是追求人与自然和谐发展的社会，生态关怀是马克思、恩格斯社会主义理想的内在价值诉求。

另外，马克思和恩格斯在《资本论》《哥达纲领批判》《自然辩证法》和《反杜林论》等著作中也对人与自然的辩证关系进行了论述，强调在实践过程中实现人与人、人与自然和谐统一。

生态社会主义继承了西方马克思主义关于自然和社会的辩证法的思想，认为自然和社会是相互中介的，社会是自然的一部分，自然则是社会化的自然，双方相互依存，相互制约，共同维系着人类社会的发展。如生态社会主义者豪沃德·帕森斯认为："人类离开了它在自然中的进化和借助工具实现的面对自然的集体劳动是不可想象的。人类与自然的辩证关系——人改变自然的同时也改变自己——是它自己自然的本质。"② 生态社会主义主张在处理人与自然关系时，应该运用马克思主义的方法，把它与构建公平的社会关系结合起来，在解决生态危机时不应放弃社会问题。在资本主义制度下，因为人与人之间是剥削与被剥削的关系，所以人与自然之间是掠夺与被掠夺关系。改变人与自然之间关系的重要途径是改变资本主义生产方式和经济关系。

日本马克思主义生态理论家岩佐茂在《环境的思想》一书中曾提出"社会主义在本质上应该是生态社会主义"，人与自然的和谐应是社会主义的题中应有之义，因此科学社会主义和生态社会主义理论在社会和自然协同发展方面的认识是一致的。

---

① 《马克思恩格斯全集》第 25 卷，人民出版社 1974 年版，第 926—927 页。
② 段忠桥：《当代国外社会思潮》，中国人民大学出版社 2010 年版，第 253 页。

3. 对社会主义的构想

在对未来社会主义社会构想上，生态社会主义和科学社会主义也具有兼容性，如二者都主张在未来社会实现以下目标：消灭资本主义生产资料私有制，建立物质资料的社会使用方式；采用计划的手段管理经济；取消商品和货币，实行生活资料的按需分配；消除劳动分工，劳动成为自由的活动；消除阶级差别，废除国家的政治统治功能；实现人和自然的和解；实现人的全面发展等。当然，在这些目标实现的具体的形式、程度、途径、主体力量方面二者是有差别的。

生态社会主义和科学社会主义对资本主义制度的批判、对人与自然关系的辩证理解以及对未来社会主义的构想，加深和拓展了我们对社会主义的认识，彰显了马克思主义的批判精神和革命精神。

（二）生态社会主义对科学社会主义理论的拓展与本质

"社会和自然的辩证关系"与"资本主义制度和生态的关系"是生态社会主义提出来的问题。这两个问题构成生态社会主义理论研究的出发点、根本性问题和核心问题。

在20世纪七八十年代以前，这两个问题是在主流社会主义学者理论视野之外的。20世纪世界范围内的社会主义区分为苏俄社会主义形态和欧洲社会主义形态。前者主要立足于社会主义的生产关系，讨论如何发展社会主义生产力以实现物质财富的增长和满足人们对物质文化的需要；后者主要立足于批判资本主义社会中统治阶级对被统治阶级的意识形态和文化的控制，以实现无产阶级革命的胜利和建立无产阶级政权。"社会和自然的辩证关系"以及"资本主义制度与生态的关系"在他们的理论研究视野之外。虽然他们也谈论自然，但是，他们或者停留在自然是社会的物质基础、社会是由自然界的物质长期演化形成的等论断上，或者以人与自然代替对社会与自然的辩证关系的哲学的和广义社会学的研究。"自然"没有成为社会主义的核心范畴，"社会与自然的辩证关系"作为问题也没有成为它们的理论出发点和根本问题，"资本主义与生态的关系"当然也在理论视野之外了。社会与自然的关系与人与人的关系或阶级间的关系具有不同的质，虽然前者是后者的折射和反映，后者是前者的根源，但研究社会与自然的辩证关系有其独立理论意义。生态社会主义把社会和自然的辩证关系作为出发点，批判资本主义的反生态本质，对未来社会进行生态化设计在一定程度上是对科学社会主义理论的拓展。

生态社会主义把社会和自然的辩证关系以及资本主义和生态的关系作为出发点、根本问题和核心问题这一事实，并不意味着社会主义的经典作家们忽略了这些问题。在马克思、恩格斯等经典作家的著述和思想中包含大量的对社会和自然关系的思考，对资本主义掠夺自然的描述和思考。生态社会主义者的作用在于，立足于20世纪中叶以来的社会和自然关系恶化的事实，力求从科学社会主义传统中寻求认识和解决这些问题的启示。所以，与其说生态社会主义学者提出社会和自然的辩证关系是一种创新，不如说是一种"唤醒"，唤醒了社会主义思想传统中沉睡的理论力量。这应是生态社会主义的贡献。

生态社会主义理论在对社会主义理论有所拓展、有所贡献的同时，也具有一定的局限和错误之处。生态社会主义最显著的理论特征在于把资本主义危机的本质看作生态危机，把人和自然的关系看作最重要的关系，这与科学社会主义是相矛盾的。如前所述，科学社会主义的立足点有二：一是历史唯物主义，即生产力与生态关系的矛盾运动推动人类社会发展的规律，在这一规律的运行过程中，生产力是社会发展最原始的动力。二是剩余价值论，即对资本主义经济危机的分析和资本主义所导致的人与人之间的贫富不均的分析，在这一分析中，资本主义危机的本质是经济危机和人与人关系不平等的危机。这些区别显示生态社会主义是一种完全异质于科学社会主义的理论逻辑，甚至是反科学社会主义的。

在生态社会主义阵营中，也有一些学者坚持了科学社会主义的理论基础和研究方法，如福斯特的《马克思的生态学》《脆弱的星球》和《反生态的资本主义》等著作贯彻了马克思的历史分析方法和辩证法，坚持了阶级立场和历史唯物主义立场。他在《马克思的生态学》阐发的生态唯物主义分析方法，肯定了彻底的唯物主义内在包含生态思想，科学的生态思想内在包含唯物主义立场。生态唯物主义肯定了自然对社会的先在性和优先性，又肯定自然与社会的非同质性，历史地、非还原论地、非决定论地看待自然和社会及二者之间的相互作用，体现了马克思主义的历史分析方法和辩证法。福斯特的"物质变换裂缝"理论则体现了他的阶级立场和历史唯物主义立场。在分析 19 世纪的资本主义农业危机时,他把农业危机根源归因于资本主义的大土地私有制和资本主义追逐利润最大化这个内在动机。在分析当代的新社会运动时,他认为新社会运动与旧社会运动具有相同的制度根源——资本主义私有制。在福斯特那里,当代资本主义的生产力与生产关系的矛盾仍然是资本主义社会的根本矛盾,生态危机是这个根本矛盾在资本主义新时期的新形式的危机类型,这些都坚持了科学社会主义的基本原则。但在推翻资本主义制度的主导力量方面,福斯特和其他生态社会主义者相同,寄希望于新社会运动中的各种新生社会力量与以前的阶级运动中的阶级力量合流后形成的新力量。

总之,生态社会主义自称是社会主义思想的当然继承人,把自然的解放和人的解放同社会主义目标结合起来,把马克思设想的一个个性充分发展、没有剥削、没有压迫的"劳动者的自由联合体"作为自己的理想目标。从这一终极理想目标意义上说,生态社会主义应当纳入社会主义的范畴,并对社会主义理论具有一定的拓展意义。但另一方面,生态社会主义主流试图以生态危机概括当前的经济与社会危机,把人与自然的矛盾看成当今资本主义社会的主要矛盾,在对未来社会的构想中,以维护生态平衡来替代生产力的发展,甚至用无政府主义的途径来改造科学社会主义。因此,从总体上说,生态社会主义是当代社会的一种非马克思主义的社会主义流派,它并没有为解救全球生态危机找到一条切实可行的道路。

二 生态社会主义与科学社会主义的区别

生态社会主义与科学社会主义产生于不同时代,具有不同思想来源,在其资本主义批判和社会主义构想方面具有不同的认识,从本质上来说是两种不同的社会主义。

(一)社会历史背景不同

科学社会主义产生于 19 世纪下半叶的自由竞争资本主义阶段。当时资本主义制度已经建立起来,并显示了其促进生产力的巨大潜力。工业革命使大机器生产代替了手工劳动,工厂制度取代了手工工场,生产力得到迅速发展。当时英国不仅基本完成了工业革命,而且成为世界工厂。法国资本主义大工业也迅速发展起来,成为仅次于英国的主要资本主义国家。德国也开始进行工业革命，机械制造厂和纺织工业中心已经出现。然而，资本主义制度存在的问题也开始显露。随着大机器的采用和工厂制度的建立，资本主义生产越来越社会化，生产资料越来越集中在少数资本家手里，资本主义生产社会化与生产资料私人占有之间的矛盾日益尖锐，并不断引起经济危机的发生。1825 年英国发生了第一次经济危机，之后，各主要资本主义国家都相继爆发周期性经济危机。经济危机使社会生产力遭到极大破坏，给工人阶级和劳动人民带来深重灾难，也暴露了资本主义的内在矛盾，证明资本主义制度已经不适应生产力发展的要求，需要一种新型的生产关系——社会主义制度来代替它。

在阶级关系方面，当时劳资矛盾尖锐，工人处境悲惨，无产阶级和资产阶级的斗争日趋激烈。工人阶级的斗争已从自发的、分散的、反对个别工厂主的经济斗争逐步发展为有组织的、联合的、反对整个资产阶级的政治斗争。其突出表现是当时欧洲爆发的三大工人运动，即 1831 年和 1834 年的法国里昂工人的武装起义，1836 年开始的英国宪章运动，1844 年德国西里西亚纺织工人起义。这三次工人运动直接把斗争矛头指向资产阶级的统治，明确宣布反对私有制，标志着无产阶级已经作为独立的政治力量登上了历史舞台，显示了无产阶级的革命性。因此，现代无产阶级成为科学社会主义创立的阶级基础。同时，无产阶级反对资产阶级的斗争也迫切需要科学的革命理论的指导，使科学社会主义理论的创立成为必要。正如恩格斯说："现代社会主义，就其内容来说，首先是对现代社会中普遍存在的有财产者和无财产者之间、资本家和雇佣工人之间的阶级对立以及生产中普遍存在的无政府状态这两个方面进行考察的结果。"[①] 科学社会主义理论正是无产阶级与资产阶级矛盾加剧、个别企业生产的有组织性与整个社会生产无政府状态之间矛盾突出的社会历史背景下创立的。

生态社会主义产生于 20 世纪下半叶，资本主义已由自由竞争阶段过渡到垄断资本主义阶段，第二次世界大战后资本主义通过自我调整使经济得到平稳发展，资本输出成为发达资本主义国家扩大市场和

---

① 《马克思恩格斯选集》第 3 卷，人民出版社 1995 年版，第 719 页。

需求的重要形式，这在一定程度上加剧了全球范围内的贫富分化，并导致全球性生态严重退化。在西方资本主义国家，阶级状况也发生了变化，传统的无产阶级无论数量还是组织程度大为降低，中产阶级成为社会的中坚力量，并与资产阶级形成利益同盟，革命意识淡化。为了反对资本主义主流文化的霸权、维护他者的存在权利和保护自然环境，以中产阶级为主体的社会反抗力量发起新社会运动，生态运动也在其列。这些运动也需要理论的指导。生态社会主义理论正是在此背景下产生的，作为一种全球化资本主义时期思潮，它立足于人和自然关系的维度，对晚期资本主义进行批判。

（二）理论基础不同

科学社会主义产生的直接思想来源是 19 世纪初期英法空想社会主义。其代表人物有法国的圣西门、傅立叶和英国的欧文。他们的思想主要包括两个方面：一是对资本主义制度的深刻批判；二是对未来社会的天才设想。在批判资本主义制度方面，他们揭露资本主义社会是"富人的天堂，穷人的地狱"，并进一步把批判的矛头直接指向资本主义私有制，指出私有制是一切罪恶的根源。在对未来社会设想方面，他们提出的：消灭私有制，实行财产公有；实行计划生产，消灭资本主义的竞争和生产无政府状态；在产品分配方面，即按劳分配；充分实行民主，国家消亡，对人的统治应当变成对物的管理和对生产的领导；消灭三大差别，社会的基本单位，都实行工农结合、城乡结合的组织形式，所有成员既要从事农业生产，也要从事工业的劳动。消灭脑力劳动和体力劳动的对立，每个成员既从事生产劳动，又从事科学和艺术的活动。空想社会主义学说，尤其是 19 世纪初的三大空想社会主义者的理论虽然存在历史局限性，但它是早期无产阶级的世界观，为科学社会主义的建立提供了直接思想材料。

唯物史观和剩余价值论是科学社会主义的理论基石，揭示了社会发展的客观规律和资本主义灭亡、社会主义胜利的必然性。唯物史观是马克思和恩格斯在对德国古典哲学进行批判的过程中建立的，它的发现是人类认识史上的一次伟大革命。唯物史观认为，物质生产状况是人类整个社会生活的基础，人类社会发展的根本原因是社会基本矛盾的运动。社会历史的发展是有规律的。这个规律就是生产关系一定要适合生产力状况的规律,上层建筑一定要适合经济基础状况的规律。社会的发展首先是生产力的发展,生产力发展到一定阶段必然引起生产关系以及由它决定的上层建筑的变革,从而引起整个社会制度的变革。人类社会就是这样由低级向高级发展。资本主义之所以要被社会主义所代替,是资本主义社会基本矛盾运动发展的必然结果。剩余价值学说是马克思和恩格斯在对英国古典政治经济学进行批判吸收以及对当时资本主义生产与再生产过程的分析中建立的,它揭开了资本家剥削工人的秘密,揭示了资本主义制度的本质及其产生、发展、灭亡的历史必然性;说明了无产阶级同资产阶级的冲突是根本利益的冲突,指出了无产阶级进行革命斗争、推翻资产阶级统治的真正出路;阐明了无产阶级在资本主义制度下的真正地位和由这种地位决定的历史使命,阐明了无产阶级是推翻资本主义、建立社会主义的社会力量。剩余价值的发现,使马克思的社会主义理论得到了经济学方面的科学论证。

生态社会主义理论来源有三个组成部分,即马克思和恩格斯关于人与自然关系的思想,西方马克思主义关于自然和社会的辩证法思想,系统论、生态学和未来学的方法论。其中马克思和恩格斯关于人与自然关系的理论为生态社会主义理论正确理解当代生态问题的实质、分析当代生态危机的根源、确立未来生态社会发展模式提供了理论借鉴与指导;西方马克思主义关于自然和社会的辩证法思想是生态社会主义理论形成的哲学基础;而西方生态学、系统论以及未来学的发展则为生态社会主义提供了方法论借鉴。

(三) 对资本主义基本矛盾认识不同

科学社会主义认为,资本主义的基本矛盾是生产的社会化与生产资料私人占有制之间的矛盾。马克思和恩格斯在《共产党宣言》中具体分析了这一矛盾的表现形式与发展状况:在阶级关系上表现为资产阶级与无产阶级之间的矛盾,在生产过程中表现为资本主义个别企业生产的有组织性与整个社会生产的无政府状态之间的矛盾、社会生产无限扩大的趋势与有支付能力需求逐渐缩小之间的矛盾。资本主义基本矛盾发展的必然结果就是经济危机的周期性爆发,而经济危机是资本主义制度本身无法消除的,最终导致资本主义灭亡。

生态社会主义在承认资本主义存在生产的社会化与生产资料的资本主义私人占有之间的矛盾同时,认为资本主义社会还存在第二重矛盾。如奥康纳提出晚期资本主义存在双重矛盾与双重危机,第一重矛盾是生产力与生产关系的矛盾,在资本主义社会表现为生产的社会化与生产资料私人占有制之间的矛盾,它会导致资本主义的经济危机;第二重矛盾是生产力、生产关系与生产条件的矛盾,即资本主义生产的无限发展趋势与生态环境承受能力有限之间的矛盾,它会导致严重的生态危机和传统意义的经济危机。生态社会主义者认为,导致资本主义社会这两大矛盾的共同因素是资本主义追求利润最大化的贪婪本性。随着资本主义双重矛盾的不断发展,伴随经济危机与生态危机而来的工人运动与新社会运动也必将结合起来,走向绿色社会主义道路。在这一分析过程中,生态社会主义者把人与自然的矛盾即资本主义生产与生态环境承受能力之间的矛盾摆在了绝对重要的地位,指出资本主义社会的第二重矛盾将逐渐取代马恩所提出的资本主义基本矛盾,生态危机也将取代经济危机成为资本主义社会的根本性危机。

(四)对社会变革的方式和主体力量认识不同

科学社会主义认为阶级斗争是阶级社会发展的直接动力,暴力革命是历史发展最重要的手段,但也不否定在条件允许的情况下实行和平过渡的可能性。马克思和恩格斯非常重视暴力革命的作用,认为"暴力……是每一个孕育着新社会的旧社会的助产婆"[1],"无产阶级不通过暴力革命就不可能夺取自己的政治统治"[2]。暴力革命是无产阶级革命的一般规律,这一规律并不排斥个别的、特殊的例外情况。马克思和恩格斯在论述暴力革命不可避免的同时,曾经根据各个国家的具体历史条件,设想过革命和平发展的可能性问题,如19世纪70年代,马克思曾经认为英国、美国等国家有和平发展到社会主义的可能性。

在革命依赖的主体力量方面,科学社会主义深刻揭示了无产阶级的历史地位和伟大历史使命,认为无产阶级是先进生产力的代表,是

---

[1] 《马克思恩格斯选集》第3卷,人民出版社1995年版,第527页。
[2] 《马克思恩格斯选集》第4卷,人民出版社1995年版,第685页。

社会财富的创造者，是资本主义的掘墓人和社会主义、共产主义的创造者，是实现社会主义的伟大阶级力量。无产阶级是最具有革命性、组织性的阶级，是社会主义革命的领导核心，而包括农民阶级、中小资产阶级等在内的广大人民群众是革命的依靠力量。社会主义革命运动的领导者是始终保持先进性与战斗力的政党——共产党。

生态社会主义在社会变革方面倡导非暴力原则，20世纪90年代以后的生态社会主义则普遍修正了这一原则。早期生态社会主义坚持"非暴力"策略，认为"非暴力"是生态运动的基本组成部分。进入90年代后，生态社会主义内部的革命成分日益增多，很多生态社会主义者对社会变革途径的看法发生了变化。他们认为，"非暴力"只能是一种斗争的策略，而不能作为斗争的原则。如把它变成一种绝对的、神圣不可侵犯的意识形态和原则，只能使人们在反对资本主义的斗争中遭受大量的不必要的牺牲，因为反动阶级是不会因为你放弃暴力而不使用暴力的。因此，尽管90年代的生态社会主义者仍把"非暴力"作为实现未来社会变革的一条基本途径和策略，但也并不反对马克思主义的阶级斗争理论，认为在某些情况下，也可以用阶级斗争的某种形式作为其他政治斗争形式的补充。

在社会变革所依赖的主体力量方面，20世纪七八十年代的生态社会主义者认为，工人阶级由于受资本主义歪曲满足需要的本质的意识形态影响，已不自觉地沾染了追求无限消费的恶习，被资本主义的消费社会"一体化"了，丧失了自身的革命性、否定性和批判性，丧失了其作为资本主义"掘墓人"的历史地位，因而暂时还不可能成为未来社会变革的主力，无法承担起作为未来社会变革的主体力量的历史责任。只有那些还没有被资本主义的异化消费所毒害、具有强烈的生态意识，既热衷于生态运动，又关心社会前途的人，才能充当未来社会变革的主体力量，这些人就是以中小资产阶级、知识分子和青年学生为主体的"中间阶级"。80年代末、90年代初苏东剧变后，西方的中间力量普遍右转，生态社会主义对中间力量的主导作用逐渐失去了信心。他们认为，不应先验地把某个阶级或社会集团设定为革命和社会变革的主体力量，这种主体力量应在现实斗争中形成。相对于20世纪七八十年代，90年代的生态社会主义者更加重视工人阶级、工会组织的作用。他们认为，尽管工人阶级缺乏足够的生态意识，但他们毕竟是直接从事生产劳动的、直接与自然界打交道并是在生产和生活中受环境污染之害最深重的阶级。工人阶级中蕴藏着巨大的革命性，是社会变革的主体力量。生态社会主义把绿色组织、新政治运动、传统工人运动、各政党合作都作为社会变革领导力量，领导活动依赖于一种不同群体、不同党派、不同国家之间的民主协商精神和多元文化价值原则下的对话。90年代以来生态社会主义者还特别强调，当代各种反对资本主义的社会力量和社会运动，如第三世界国家的反生态殖民主义运动、发达国家的反环境种族主义运动、妇女运动等，应形成一支世界性的反资本主义体系力量。

（五）对生产资料所有制态度不同

生产资料所有制问题既是科学社会主义理论的重要内容，也是社会主义实践过程中必须首先解决的问题。科学社会主义理论旗帜鲜明地要求废除生产资料的资本主义私有制，认为资本主义私有制是资本主义社会一切弊端的根源。只有彻底根除资本主义私有制，才能实现人的自由而全面的发展。生产资料公有制的建立是生产力发展与生产社会化程度不断提高的必然结果。生态社会主义者只是笼统主张应在实践中摸索出一种既适合生态社会主义的要求，又能为当代资本主义国家的人民所接受的所有制形式。他们反对市场经济与计划经济，主张建立一种共同财产所有制，建立一种市场与计划混合的经济，实际上就是自然经济状态下小国寡民式的私有制。

（六）对未来社会基本特征描述不同

马克思和恩格斯在马克思主义诞生初期对社会主义的构想包含以下特征。

生产力的高度发展。马克思和恩格斯指出，社会主义社会的实现是以生产力的巨大增长和高度发展为前提的，因为"如果没有这种发展，那就只会有贫穷、极端贫困的普遍化；而在极端贫困的情况下，必须重新开始争取必需品的斗争，全部陈腐污浊的东西又要死灰复燃"。[①] 在《哥达纲领批判》中，马克思又指出，生产力的高度发展，

---

① 《马克思恩格斯选集》第1卷，人民出版社1995年版，第86页。

是由社会主义过渡到共产主义的一个重要前提，因为只有消灭分工和脑力劳动、体力劳动的差别，劳动成为生活第一需要之后，"在随着个人的全面发展，他们的生产力也增长起来，而集体财富的一切源泉都充分涌流之后，——只有在那个时候，才能完全超出资产阶级权利的狭隘眼界，社会才能在自己的旗帜上写下：各尽所能，按需分配"。①

消灭私有制，全部生产资料归社会直接所有。恩格斯在《共产主义原理》中说：这种新的社会首先将根本剥夺相互竞争的个人对工业和一切生产部门的管理权，一切生产部门将由整个社会来管理。也就是说，为了公共的利益按照总的计划和在社会成员的参加下来经营，这样，竞争将会被联合所代替。因为个人管理工业的必然结果就是私有制，私有制必须废除，代替它的是共同使用全部生产工具。

生产将有计划地进行，不再存在商品和货币。马克思在《资本论》第二卷强调："在社会公有的生产中，货币资本不再存在了。社会把劳动力和生产资料分配给不同的生产部门。生产者也许会得到纸的凭证，以此从社会的消费品储备中，取走一个与他们的劳动时间相当的量。这些凭证不是货币。它们是不流通的。"②恩格斯在《反杜林论》中则论证说，一旦社会占有生产资料，商品生产就将被消除，而产品对生产者的统治也将随之消除。社会生产内部的无政府状态将为有计划的、自觉的组织所代替。他还指出："社会一旦占有生产资料并且以直接社会化的形式把它们应用于生产，每一个人的劳动，无论其特殊的有用性质是如何的不同，从一开始就直接成为社会劳动。那时，一个产品中所包含的社会劳动量，可以不必首先采用迂回的途径加以确定"，"社会也不会赋予产品以价值"，因为"人们可以非常简单地处理这一切，而不需要著名的'价值'插手其间"。③

在消费品的分配方面，将实行按需分配。未来共产主义社会由于实行生产资料的公有和有计划地安排生产，生产力将会大大提高，社

---

① 《马克思恩格斯选集》第3卷，人民出版社1995年版，第305—306页。
② 《马克思恩格斯全集》第24卷，人民出版社1972年版，第397页。
③ 《马克思恩格所选集》第3卷，人民出版社1995年版，第660—661页。

会就将生产出足够的产品，可以组织分配以满足全体成员的需要。1875年，马克思在《哥达纲领批判》中对社会主义又有了新的认识。马克思将未来的社会主义社会分成第一阶段和高级阶段这样两个阶段，并且认为，社会主义的第一阶段，不是在它自身基础上已经发展了的社会，而是刚刚从资本主义社会产生出来的，因此它在经济、道德和精神方面还带有它脱胎出来的那个旧社会的痕迹。在个人消费品的分配方面还必须实行按劳分配的原则。只有"在共产主义社会高级阶段，在迫使个人奴隶般地服从分工的情形已经消失，从而脑力劳动和体力劳动的对立也随之消失之后；在劳动已经不仅仅是谋生的手段，而且本身成了生活的第一需要之后；在随着个人的全面发展，他们的生产力也增长起来，而集体财富的一切源泉都充分涌流之后，——只有在那个时候，才能完全超出资产阶级权利的狭隘眼界，社会才能在自己的旗帜上写上：各尽所能，按需分配！"[1]

阶级和阶级差别将会被消灭，国家消亡。恩格斯说：阶级的存在是由分工引起的。未来的共产主义社会由整个社会共同和有计划经营工业，将会使一个人变成农民、另一个人变成鞋匠、第三个人变成工厂工人、第四个人变成交易所投机者的这种分工现象完全消灭。根据共产主义原则组织起来的社会，将使自己的成员能够全面地发挥他们各方面的才能，而同时各个不同阶级也将必然消失。因此，根据共产主义原则组织起来的社会一方面不容许阶级继续存在，另一方面这个社会的建立本身便给消灭阶级差别提供了条件。由于消灭了阶级和阶级差别，作为特殊镇压力量的国家也消亡了。"国家真正作为整个社会的代表所采取的第一个行动，即以社会的名义占有生产资料，同时也是它作为国家所采取的最后一个独立行动。那时，国家政权对社会关系的干预在各个领域中将先后成为多余的事情而自行停止下来。那时，对人的统治将由对物的管理和对生产过程的领导所代替。国家不是'被废除'的，它是自行消亡的"。[2]

未来的共产主义社会将会使城乡融合，消除城市和乡村的对立。

---

[1] 《马克思恩格斯选集》第3卷，人民出版社1995年版，第305—306页。
[2] 同上书，第755页。

从事农业和工业劳动的将是同样一些人,而不再是两个不同的阶级。

未来的共产主义社会的家庭将是一种新型的家庭,两性间的关系将成为仅仅和当事人有关而社会无须干涉的私事。这一点之所以能够实现,是因为消灭了私有制和社会负责教育儿童的结果。

劳动将变成自由人的自主活动,每个人的才能将会得到全面发展。所谓"人的自由而全面发展",按照马克思、恩格斯理解,是指社会的每一个成员都能完全自由地发展和发挥他的全部才能和力量,都能充分自由地发展和运用他的体力和智力。这不仅是人类所追求的最终目标,也是人类社会发展的必然结果。这个目标只有在共产主义社会才能真正实现。到那时,人在一定意义上才最终脱离了动物界,从动物的生存条件进入真正的人的生存条件,人终于成为自然界的主人,并最终成为自身的主人——自由的人,人们才能最终实现思想上、政治上、经济上、劳动上和人性上的彻底解放,才能完全自觉地自己创造自己的历史。

不同于科学社会主义认为的未来社会的基本特征是生产力的高度发展。无产阶级取得革命胜利后的最重要的任务就是大力发展生产力,满足人民日益增长的物质和文化需求。同时,保证每个人自由、全面地发展。生态社会主义认为,未来社会应该是人类文明史上的一场质的变革,保护生态环境、促进人与自然的和谐是未来社会最为根本的任务。

在生产力方面,生态社会主义主张经济的适度增长。早期生态社会主义主张将生产规模和经济发展速度稳定下来,建立一种"稳态经济",实现经济"零增长"。这种主张虽对生态保护具有一定的作用,但在现今的世界经济格局中是不现实的。对于广大第三世界不发达国家来说,经济增长是其摆脱贫困的重要手段;而且在经济"零增长"的条件下,也不可能建设或扩大有利于改善环境的工程。20世纪90年代的生态社会主义者已意识到了这些问题,不再坚持"稳态经济",而主张经济的适度增长。他们认为,社会主义经济应随着人们需求的增长而增长,当然这种增长是适度的,它仅以满足人的需要而不是以追求利润为目的,适度的增长与自然生态不会发生冲突。不列颠社会主义党1993年出版的《生态社会主义》一书指出,生态社会主义的增长必须是理性的，为了每一个人平等的需求有计划发展，因此它与生态环境的要求是相容的。英国生态社会主义理论家大卫·佩珀也指出："一个社会如果是建立在公有制和民主管理的基础上，并且生产仅仅是为了使用而不是为了出售和利润，那它将为人们提供一个为生态环境所接受的满足需要的框架。"①

在经济制度方面，生态社会主义主张实行一种计划与市场相结合、集中与分散相折中、中央政府作用与地方当局作用相互补充的"混合型"经济。

在政治方面，生态社会主义基本主张是实行基层民主，即把主要权力都交给基层组织，实行分散化和基层自治，追求一种"没有官员的网络系统思想"的政治纲领。基层民主也是生态运动新政治学原则的四大支柱之一，其基本要求和主要内容根据德国绿党的解释，是分散化的直接民主，"基层民主的政治学意味着，更多地实现分散化的直接民主。我们的出发点在于，认为基层的决定原则上必须予以优先考虑；我们给予分散化的、易于管理的基层单位以具有深远意义的独立和自治的权力"。② 20 世纪七八十年代的生态社会主义坚持这一思想，20 世纪 90 年代的生态社会主义者意识到这种基层民主原则是不切实际的，无助于生态危机的解决。因为全球化时代的政治、经济及生态问题不能在地方基层层次上得到解决。因此，当今的生态社会主义者虽未完全放弃基层民主的原则，但较之过去做了许多修正和补充。

此外，在未来社会的教育、对外政策等方面，生态社会主义亦提出了自己的构想。在教育方面，生态社会主义提倡生态教育、环境道德教育和生态工作道德，号召人们的工作应符合生态保护的规范，以提高人们的生态觉悟，自觉处理好人与自然的协调关系。在对外政策方面，生态社会主义反对生态殖民主义，认为发达资本主义国家掠夺第三世界国家的资源与原料、输出污染严重的工业、向第三世界国家

---

① David Pepper, *Eco-socialism: From Deep Ecology to Social Justice.* New York: Routledge, 1993, p. 229.
② [美] 弗·卡普拉、斯普雷纳克：《绿色政治》，石音译，东方出版社 1988 年版，第 68—69 页。

倾倒有害垃圾等，是生态殖民主义行为，是生态犯罪；反对霸权主义与强权政治，主张发展与第三世界的平等伙伴关系，解决南北关系问题，铲除国际关系上的不平等，建立国际政治经济新秩序；反对战争，主张建立无核区和无化学生物武器区，维护世界和平。

（七）对无产阶级专政认识不同

科学社会主义理论十分重视无产阶级专政思想的作用，认为无产阶级在运用暴力革命的形式，推翻资产阶级统治，打碎资产阶级国家机器之后，为了维护自己的政权，就必须建立自己的国家机器，创造无产阶级专政的政治形式，建立起新型的国家。无产阶级专政是通向共产主义的必由之路。无产阶级专政的主要任务是创造消除异化劳动的条件，保证资本主义社会向共产主义社会的顺利过渡。因此无产阶级专政本身并不是目的，它将随着自己历史任务的完成而最终走向消亡。生态社会主义者本质上反对无产阶级专政，他们提倡实行基层民主，主张实行全面分散化的原则。90年代后的生态社会主义者虽认为区域的、国家的、国际的计划是必要的，但主张用生物区代替民族国家，企图建立一个没有任何暴力的非剥夺的社会。

通过生态社会主义与科学社会主义的以上理论对照，我们可以看出，生态社会主义从人与自然关系的角度剖析了当代资本主义生产的本质，指明了生态危机形成的深层原因及其实质，提出了一系列蕴涵时代气息的策略主张，是科学社会主义理论的有益补充，但由于其理论基础的局限性、政治主张的幻想性、实践行动的消极性，在本质上不同于科学社会主义。

第二节 生态社会主义与科学社会主义的实践对照

一 社会主义国家发展的实践及其意义——以苏联为例

以1917年俄国十月革命胜利，无产阶级夺得国家政权为标志，社会主义进入现实实践阶段。与马克思和恩格斯设想的社会主义首先在发达资本主义国家胜利不同，现实社会主义是在东方落后国家实现的。对于一个跨越资本主义"卡夫丁峡谷"的东方社会主义国家来讲，社会主义国家存在和发展都是一个全新挑战。

(一) 列宁对社会主义建设的实践探索

如何在一个经济基础落后的国家建设社会主义，马克思和恩格斯的经典著作中并没有具体论述，实践中更没有经验可借鉴。以列宁为首的布尔什维克党对此进行了艰苦的探索。

1. 战时共产主义体制

1918年到1920年年底，为了应对国外帝国主义武装干涉和国内反动分子的斗争，苏俄建立了高度集中的计划经济管理体制——战时共产主义体制，其特点如下：

(1) 扩大国家所有制、集中管理经济活动。1918年6月28日，人民委员会颁布大工业国有化的法令，到1918年年底宣布，工业国有化基本完成。1920年11月29日又发布小型工业国有化法令，规定凡有机械动力而雇工5人以上，或无机械动力雇工10人以上的小工业均收归国有，在管理体制上建立了管理总局体制。最高国民经济委员会将各工业部门划归按部门特征设置的有关总局，总局实行对企业的直接领导制和统收统支制。总局不仅计划生产和分配产品，而且直接掌管财政拨款及采购原材料。这在当时战争环境中能起到快速集中物质资源的作用。

(2) 取消自由贸易、实行实物配给制。在粮食专卖之后，国家对包括粮食在内的大部分产品实行垄断采购，禁止所有生活必需品的私人买卖，实行实物配给制。1920年1月19日发布关于撤销人民银行法令，宣布银行机构与财政机构合并。同年11月11日又通过了关于取消若干货币结算的法令。

(3) 实行义务劳动制。由于劳动力日益短缺，1918年10月5日，人民委员会通过关于非劳动者的劳动手册法令，规定非劳动者只有得到标明相应身份标记的劳动手册，才能迁移和获得口粮。同年12月公布第一个劳动法典，规定所有公民都有劳动义务。1920年1月29日颁布了《关于普遍劳动义务制》的法令。

(4) 战时共产主义政策把社会主义必须消灭商品经济的观点付诸实践，导致苏联燃料、粮食极度缺乏，工厂停工，轻工业品严重不足。战时共产主义体制虽然是根据战争的需要逐步建立的，但也同布尔什维克党直接过渡思想有密切联系，在理论上与列宁对商品和货币的看法也有一定联系。在对待商品和货币的问题上，列宁在很长时间内是坚持马克思的观点的，认为社会主义要求消灭货币的权力、资本的权力，消灭一切生产资料私有制。列宁后来认识到："我们计划（说我们计划欠周地设想也许较确切）用无产阶级国家直接下命令的办法在一个小农国家里按共产主义原则来调整国家的产品生产和分配。现实生活说明我们错了。"①

2. 新经济政策的实行

战时共产主义政策虽然使新生苏维埃政权战胜了外国武装干涉和国内反动分子的叛乱，但由于政策的失误再加上农业的歉收，使俄国陷入严重政治经济危机。1921年3月，俄共（布）召开第十次代表大会，决定由战时共产主义体制转到新经济政策。新经济政策主要措施是：用粮食税代替余粮收集制；允许国家调节下的自由贸易，大力振兴商业；实行租借制和租让制，政府集中经营重要的企业，把不是绝对必需的企业租给私人企业家和合作社；国营企业实行经济核算；按照工人生产出的产品数量分配生活资料，在国营企业恢复计件工资和奖金制，重新开设贷款和储蓄银行；充分利用外国资本和技术来加快经济的恢复和发展。随着新经济政策的实行，俄国国内的自由贸易发展起来了。新经济政策引起了对现实社会主义国家发展道路的重新认识。1921年秋天，列宁提出了共同利益同个人利益相结合原则。指出，建设社会主义"必须以同农民个人利益的结合为基础"。不仅如此，还"必须把国民经济的一切大部门建立在同个人利益的结合上面"。② 这一原则是根据和平时期社会主义经济发展中的利益关系特点提出的。在和平经济建设中，必须在坚持共同利益高于个人利益的前提下，把两者在日常的经济生活中紧密结合起来，贯彻同个人利益结合的原则。新经济政策的实行使遭受战争破坏的苏联经济很快得到恢复和发展。

---

① 《列宁选集》第4卷，人民出版社1995年版，第570页。
② 同上书，第581—582页。

（二）斯大林社会主义模式

1924年列宁逝世后，苏联人民在以斯大林为首的苏联共产党的领导下，战胜国内外敌人，实现了国家工业化、农业集体化和国民经济计划化，将苏联由一个落后的农业国变成了先进的工业国。

1. 社会主义工业化实践

1925年，苏联国民经济恢复任务基本完成以后，苏联党和政府把实现社会主义工业化的任务提上了日程。1925年12月联共（布）第十四次代表大会通过决议确立了社会主义工业化方针，把实现社会主义工业化确定为苏联建成社会主义经济基础的总路线，要求党和人民把注意力集中在工业上。从1928年10月起苏联开始实行第一个五年计划，其基本任务是：在短期内建立强大先进的工业，把苏联从一个农业国变为工业国，使它成为经济上不依赖资本主义国家的强大国家。

斯大林在领导苏联工业化的过程中，阐述了社会主义工业化的中心和特点、速度、资金来源以及科学技术人才培养等一整套理论。首先，他论述了社会主义工业化的中心和特点。"不是发展任何一种工业都算做工业化。工业化的中心，工业化的基础，就是发展重工业（燃料、金属等等），归根到底，就是发展生产资料的生产，发展本国的机器制造业。"[①] 他还指出："如果自己国内不能出产生产工具和生产资料，如果停留在这样一个发展阶段，即不得不使国民经济受制于那些出产并输出生产工具和生产资料的资本主义发达的国家的阶段，就不可能保持经济上的独立。"[②] 斯大林认为，苏联工业化的方法不能像资本主义工业化那样从轻工业开始，而应优先发展重工业。这既是马克思主义再生产理论的要求，也是苏联社会主义在技术上改造整个国民经济的需要，更是保证社会主义国家经济上的独立、促进农业发展、巩固工农联盟以及加强国防的需要。

其次，斯大林把苏联工业化过程视为改造非社会主义成分过程。他指出，苏联工业化的特点是社会主义工业化，是保证工业中的公营

---

① 《斯大林全集》第8卷，人民出版社1954年版，第112—113页。
② 同上书，第113页。

部分战胜私营部分即小商品经济部分和资本主义部分的工业化。

再次，在工业化速度问题上，斯大林认为，高速发展工业是社会主义国家工业化的基础和关键，苏联经济建设必须贯彻高速度发展工业的方针。他说："延缓速度就是落后，而落后者是要挨打的。"① 斯大林把速度问题看作是关系国家生死存亡的问题，并认为高速实现工业化是由国内外条件决定的。从国际上看，苏联是处于资本主义包围之中的唯一社会主义国家；国内则需要从技术上改造整个国民经济，为农业发展提供先进的技术装备。

另外，在资金来源问题上，斯大林指出，历史上有过几种不同的工业化道路，例如英国靠掠夺殖民地来加快自己工业化的道路，德国在普法战争以后通过向法国索取巨额赔款来加速工业发展的道路，沙俄在奴役性条件下通过向外国出让经营权而获得贷款的道路。对社会主义的苏联来说，这三条道路都是行不通的，苏联只能走"第四条工业化的道路，靠本国节约来发展工业的道路，即社会主义积累的道路"②，即走靠内部积累来发展工业，使国家工业化的道路。资金来源归纳起来主要有两个：一个是工人阶级为国家创造的价值；另一个是农民向国家缴纳的直接税、间接税和工农业产品价格的"剪刀差"。斯大林在强调内部积累的同时，也主张尽可能地利用流入苏联的国外资金。

最后，斯大林还论述了工业人才培养问题。1927 年，他曾指出，发展重工业不仅需要资金，而且需要干部。1937 年斯大林在一次演说中号召苏联的经济干部必须使自己成为专家。"布尔什维克应掌握技术。已经是布尔什维克自己成为专家的时候了。"③ 1935 年，即第二个五年计划期间，斯大林为了强调说明造就一大批技术干部的重要性，进一步提出，干部决定一切。技术决定一切和干部决定一切这两个口号，极大地促进了苏联生产技术的迅速发展和科学技术队伍的迅速成长。

---

① 《斯大林全集》第 13 卷，人民出版社 1956 年版，第 37 页。
② 《斯大林选集》第 8 卷，人民出版社 1954 年版，第 115 页。
③ 《斯大林选集》第 13 卷，人民出版社 1956 年版，第 39 页。

在苏联社会主义经济建设的过程中，斯大林从苏联面临的实际情况出发，对苏联国家工业化做出了系统决策。正是在斯大林社会主义工业化方针的领导下，苏联人民经过艰苦奋斗，把苏联从一个落后的农业国变成了一个先进的社会主义工业国，从而在物质上保证了社会主义存在和发展的物质基础。但是，斯大林在社会主义国家工业化问题上也表现出认识上的片面性。他在强调高速度发展工业和优先发展重工业的同时，没有充分重视重、轻、农之间以及积累和消费之间等方面的各种比例关系，致使苏联在工业化取得迅速进展的同时，国民经济中的比例失调也日益严重，生态环境急剧退化，人民生活的改善和经济增长的速度没有同步，国家施加于农民的负担过重。另外，在斯大林领导的苏联社会主义工业化实践中，没有依据商品经济的客观规律来组织国民经济和改善经济管理体制，致使苏联的社会主义经济体制过于集中，缺少活力。

2. 社会主义农业集体化

1926年起，随着社会主义工业化方针的实施，工农业生产之间差距越来越大。为了使农业生产与快速发展的工业生产相适应，苏联共产党于1927年12月召开的第十五次代表大会上通过了大力开展社会主义农业集体化的决议。斯大林认为，苏联要建设社会主义，就必须对小生产进行彻底改造，改造小农经济唯一正确的道路是实现社会主义农业集体化。不实现集体化就不能战胜农村中资本主义势力，就不能加快农业发展，所谓集体化，就是把分散的小农户转变为以公共耕种制为基础的联合起来的大农庄，转变为以高度的新技术为基础的集体耕种制。斯大林还指出，社会主义农业集体化是使广大农民最终摆脱贫困落后的唯一途径。苏联的农业集体化运动是在农业落后于工业的情况下加速发展起来的。怎样使苏联分散落后的农业经济成为大农业、实现扩大再生产呢？"就是在农业中培植集体农庄和国营农场，结果是使小农经济联合成为以技术和科学装备起来的大规模集体经济"。[1] 斯大林认为，社会主义农业公社是农业集体化的主要组织形式。农业公社不仅实行全部生产资料公有，而且实行大部分生活资料

---

[1] 《斯大林全集》第12卷，人民出版社1955年版，第130页。

公有；消费品名为按需分配，实为平均分配。1929年秋天开始的社会主义农业集体化高潮中，许多地方发生"左"的严重错误，苏维埃的干部不仅强迫农民参加集体农庄，而且往往强迫农民参加集体农庄中公有制程度最高的农业公社，把农民住宅、宅旁园地、自用奶牛和家禽等收归公有，从而引起生产力和社会财富的严重破坏。

苏联在20世纪20年代后期开始的社会主义农业集体化运动发展十分迅速。1934年7月，有71.4%的农户和87.4%的播种面积实行了集体化。到1937年有93%的农户和99%以上的播种面积实行了集体化。农业集体化的任务实现了，农村的社会主义改造取得了决定性胜利，基本上建立了农村社会主义经济制度。在完成农业集体化的同时，农业机械化也取得很大的成绩，1937年，农业中有拖拉机45.6万辆，联合收割机12.9万辆，载重汽车14.6万辆。但是，苏联的农业集体化运动速度过快，公有制的规模过大，公有制的程度过高，违背了生产关系要和生产力的水平相适应的客观规律，违背了农民的现实利益和自愿原则，使苏联农业生产长期停滞。

苏联在列宁和斯大林领导下，在社会主义革命和社会主义建设中取得了重大成就。在社会主义工业建设方面，从1928年10月起，苏联开始实行第一个五年计划，1931年1月"一五"计划提前9个月完成。在这一期间，苏联建成1500多个企业，工业产值相当于1913年的234.5%，大工业在国民经济总产值中的比重增长到70%。1937年4月，第二个五年计划（1933—1937年）又提前9个月完成，到1937年苏联已有4500个工业企业投入生产，工业总产值已跃居欧洲第一位，世界第二位，成为仅次于美国的世界工业强国。苏联在短短的十几年时间里，实现了社会主义工业化，基本完成了国民经济的技术改造，建成了社会主义物质基础，形成了门类比较齐全的工业体系，使苏联从根本上摆脱了对资本主义国家经济的依赖，保证了经济上的独立，改变了苏联在世界经济中的地位，缩小了与先进资本主义国家在经济上的差距，并显示了社会主义的优越性。重工业的优先发展，大大地促进了国防工业的发展，从而增强了苏联的防御能力。

3. 斯大林社会主义模式

苏联经过20世纪二三十年代的社会主义改造和社会主义建设，

逐渐形成一套政治、经济、文化和对外关系的体制，因为主要是在斯大林领导下形成的，所以也称为斯大林社会主义模式。这一模式的基本特征如下。

在经济体制上，单一的社会主义公有制形式，国家直接占有重要的生产资料，直接管理经济并决定生产、分配产品；实行指令性计划，运用行政手段管理经济，否定和限制商品经济的发展。

（1）单一的社会主义公有制形式。苏联在20世纪30年代形成了生产资料公有制的两种形式，即全民所有制（即国有经济）和集体所有制。苏联宪法规定：国家所有制是社会主义所有制的基本形式，集体农庄合作社所有制是农村劳动者的集体所有制，是公有制的另一种形式。生产资料公有制是社会主义的经济基础，但苏联片面追求纯度越来越高的公有制经济，排斥一切其他的所有制成分。

（2）实行高度集中的指令性计划经济，否认和限制商品、货币的存在。苏联经济完全置于计划控制下，具有完备的指令性计划体制。这一体制包括三个重要组成部分：庞大的计划管理机构、指标体系和审批程序。计划经济管理机构又有两大系统：一个是各级政府的计委系统；另一个是部门计划机构系统。苏联的指令性计划无事不包、无处不在，囊括社会经济生活的各个领域、各个部门、各个单位，一切经济过程和经济活动都纳入计划，一切生产行为服从计划的安排，所有企业都按照国家的指令进行生产经营活动。中央经济管理部门直接控制企业的人、财、物和供、产、销大权。企业厂长由中央委派，企业的财政收支须经中央审批，企业物资供应要由中央统一调拨，企业没有任何自主权。

苏联指令性计划有两大特点：一是指令性计划具有法律效力，必须执行。计划草案经过详细和全面的审查以后，须交政府审批。经政府批准的国民经济计划，便获得强制执行的法律效力。二是制订指令性计划不尊重价值规律，排斥除农村集市贸易之外的任何市场调节。市场调节被认为是资本主义经济的特征，是从资本主义向社会主义过渡时期才采用的，为社会主义社会所不容。苏联长期歧视和排斥商品经济，否认和限制商品货币关系，导致其经济发展效率低下、缺少活力。

(3) 高度集权的社会主义政治体制。苏联高度集权的社会主义政治体制表现为：

第一，高度集中的一党领导制度及高度集中的党内领导体制。在斯大林时期，权力过分集中于党中央政治局，集中于中央书记处。斯大林认为"政治局是拥有全权的机关，除了中央全会以外，它是高于一切中央机关的"。① 斯大林在党中央处于至高无上的地位，享有极高的权威。高度集权的政治体制在国内国际陷入困难局面时，有利于迅速形成决议、针对突然形势作出应变，这比集体讨论更为迅捷高效。

第二，为了推行指令性经济决策，需要给予中央极大的权力。高速工业化的推进和农村全盘集体化运动无疑都需要以强大的权威以统一思想、统一步调，促使各级机关严格实施中央计划。因此，权力高度集中的政治体制是高度集中的计划经济体制的必然要求。所以，当时苏共中央的高度集中的政治体制和斯大林绝对权威的形成，是各种因素综合作用的结果。

第三，国家安全机关享有特殊的权力。苏联作为世界上第一个社会主义国家，又处于资本主义的包围中，强化无产阶级专政的职能是十分必要的。但是斯大林时期把阶级斗争扩大化了，特别是把党内斗争简单地定为阶级斗争，甚至把党内的不同认识，不同意见之争也纳入阶级斗争范围，用处理敌我矛盾的方法来处理党内矛盾。斯大林强化无产阶级专政职能的一个重大措施就是赋予国家安全局以特殊权力。安全局采取的过火行动和残酷斗争的做法，使20世纪30年代的肃反扩大化，一大批优秀的党的领导人被错误说成是阶级敌人或者外国代理人，面临处决和监禁。这些错误给苏联社会主义制度造成严重损害。

(4) 集中管理的文化体制。相应于高度集中的经济体制、政治体制，苏联的文化体制也采取高度集中的管理模式。主要表现在：各种文化单位均由国家包下来。实行学术政治化。文化上、学术上的是非，往往由党组织或者党的领导说了算。实行舆论高度一致，只准许官方认可的学派存在，文化领域实行意识形态监控，新闻领域实行严

---

① 《斯大林全集》第7卷，人民出版社1958年版，第328页。

格的检查制度，科学研究管理集中化、计划化，学术团体高度行政化。

（5）斯大林社会主义模式的历史作用。

第一，通过高度集中的社会管理模式，苏联比较成功地解决了一个经济文化相对落后国家在国际资本主义的重重包围之下，如何建成社会主义的重大历史课题，在人类历史上建成了第一个社会主义国家，使社会主义由理论变成了现实。尽管苏联模式有种种弊端和问题，但其主流方面坚持了科学社会主义的基本原理，并在实践中多方面发展了科学社会主义。

第二，通过这种模式，苏联实现了工业的高速发展，走出了一条在经济落后国家迅速实现工业化的道路。工业化的实现仅仅是斯大林模式在现代化进程中的一个台阶，从历史的角度来看，工业化奠定了苏联全面迈向现代化的基础。

第三，通过这种模式，苏联迅速地建立起了强大的国防体系，并为后来的反法西斯战争奠定了雄厚的物质基础。

第四，通过这种模式，推动了世界社会主义运动的蓬勃发展。在苏联红军的帮助下，东欧八国相继走上了社会主义的道路，中国、朝鲜、越南、老挝、蒙古、古巴等国也先后建立了社会主义制度，打破了资本主义的一统天下，形成了与资本主义相抗衡的社会主义阵营。这些国家在建设社会主义的初期都效仿了斯大林模式，选择了大力发展工业的道路并取得了一定成就，如捷克的工业规模曾在欧洲占据前列位置，民主德国在战后一段时期，工业实力和联邦德国不相上下，社会主义中国也顺利完成了第一个五年计划，无论是工业还是农业都取得了令世人瞩目的成就。

斯大林时期形成的苏联社会主义模式，是在战争与革命年代一个经济落后的资源大国为了不惜一切代价迅速赶上发达资本主义国家而采取的一种发展模式。随着新技术革命的发生，时代主题由战争与革命转换为和平与发展，社会主义国家对社会发展的需求提高，这一模式的弊端日益显现出来，主要表现在如下几个方面：

第一，高度集中的计划经济体制不符合经济发展的内在规律，不可能使经济持续发展。首先，计划经济体制制约了企业和工人的生产积极性。在苏联的社会主义计划经济体制中，经济决策的权力几乎完全集中到中央各管理部门领导人的手中，部门领导人的个人能力是有限的，很难完全把握经济运行的具体情况，不可能完全按经济规律的要求作出科学的决策，决策的失误往往对经济造成更大的损失。由于政府对企业管得太多，统得太死，企业就缺乏积极性，只对上级负责，只顾完成上级指令的经济计划指标，而不会主动地去开发创新产品，研究新技术，缺乏活力和创新能力的企业跟不上世界经济发展的步伐。其次，粗放型的经济发展方式，投入多、效益低，消耗了大量资源，污染了自然环境，造成生态恶化和资源短缺。苏联社会主义利用其自然资源的优势和劳动者超负荷的劳动支出来片面追求经济快速增长，在短期内是可以发挥巨大作用的。但不管资源多么丰富，苏联也难以维持这一消耗型的经济增长方式。随着经济总量的增加，苏联西部地区的资源日趋枯竭，东部地区的资源开采成本也越来越高。

第二，政治上权力过分集中，社会主义民主和法制不健全。首先，权力高度集中，以党代政，党政职能不分。苏联共产党包揽了一切，把党组织混同于一般国家行政机关。各级政府的权力受到很大的限制。名义上的国家权力机关，从最高苏维埃，到各共和国、州、市苏维埃，都不具有真正的实权。这就造成了行政机构、地方及基层政治主动性的缺乏，党难以得到各级苏维埃真正有力的支持。同时，由于党内领导也存在高度集中的弊端，党员的民主权利也因此而难以得到正常发挥，他们的积极性、创造性受到遏制。在这种体制下，群众作为历史的主体权力未能得到发挥，党由此而逐渐远离群众，群众的离心力也与日俱增。其次，法制不健全、缺乏对权力的有效制约和监督。苏联的党政领导人往往拥有经济和政治上的巨大权力，由于苏联党和国家没有建立起真正行之有效的监督机制，各级领导始终处于无人敢于监督的地位，常常是一个人说了算，一个人代表党。党政干部还常为自己规定特殊权力和特殊待遇，形成了一个特殊阶层。没有监督的权力必然走向腐败和灭亡。

斯大林之后，苏联社会主义走向改革时期，但因问题的长期积累，观念的僵化和既得利益阶层的阻碍，改革并没有彻底解决体制的根本缺陷。1985年戈尔巴乔夫搞的改革则完全放弃社会主义的根本原则，导致社会动乱、各加盟共和国分离和苏联的解体。苏联解体原因是多方面的。一方面是由于体制上的弊端和政策上的错误长期得不到纠正而积累起来的问题和矛盾。苏联在20世纪30年代建立起来的社会制度体现了科学社会主义基本特征，但在体制方面的确存在着很多严重的弊端。另一方面是苏联领导人戈尔巴乔夫在改革中推行了错误的方针路线，否定了苏联社会主义建设的历史成就，用"人道的、民主的社会主义"取代科学社会主义，改变了苏联共产党的性质，取消了苏共法定领导地位。苏联的解体与资本主义发达国家推行的"和平演变"战略相关。

苏联建设社会主义的实践告诉人们，应该以马克思主义的方法来处理实践问题，把理论与实际结合起来。社会主义并没有一成不变的模式，科学社会主义给现实社会主义国家提供的不是既定的范本，而是一种方法。各个社会主义国家应当从自己的基本国情出发，走自己的路，建设有本国特色的社会主义，这在一定程度上正是对科学社会主义的坚持和发展。

（三）苏联社会主义生态保护实践

1. 苏联的自然条件

印度左翼学者萨拉·萨卡曾说，世界上没有别的国家能够在开始建设社会主义社会时拥有比苏联更好的资源条件了。苏联不仅拥有世界上最大的国土面积，而且拥有极其丰富的自然资源，其资源种类、储量及潜力在世界上都名列前茅。根据苏联勘探，1913年，全俄耕地面积有1.6亿英亩，苏联森林面积占全国总面积的38%，全国木材蓄积量1250亿立方米。苏联还有世界最大的淡水湖——贝加尔湖，淡水容量为27200立方公里，占世界淡水湖泊总蓄水量的1/5。支撑经济快速发展的各种矿产资源储量丰富。煤、石油、天然气、铁、锰、铜、铅、锌、镍、铬、金、铂族、石棉、云母、钾盐、磷矿、硫铁矿和硫黄等的探明储量均居世界前列，而且分布较集中，大型矿和共生矿床较多，开采的经济价值也较高。这就是苏联社会主义开始发展时的自然环境条件。

2. 苏联生态环境现状

虽然苏联具有优越的自然条件，但自1919年，苏联建立至20世纪六七十年代却已经出现了严重的生态危机,如南西伯利亚长期缺水,贝加尔湖、波罗的海、咸海、里海、亚速海等内海湖泊出现水面萎缩和污染,顿巴斯煤区严重污染,科拉半岛和中亚地区土地严重沙化,大片森林被毁等。根据苏联科学院生物研究所所长阿力克赛亚布洛科夫的说法,在苏联,20%的公民生活在灾难性的生态环境里,35%—40%的公民居住在生态条件不适宜的地区,总数达1.75亿人。① 苏联人口发病率的15%—30%与生态环境有关。由于这些疾病每天有近100万人不能上班工作。据统计,生态原因造成的经济损失每年可达400亿—500亿卢布。1986年4月26日发生的切尔诺贝利核电站核泄漏事件,更是一场震惊世界的生态灾难。它不仅造成31人死亡,200余人患放射性疾病;而且使堆芯的放射性物质扩散到几千公里以外的欧洲地区。具体来说,苏联社会主义的生态问题主要表现在以下几个方面:

(1)资源耗减。如前所述,苏联是一个能源、资源丰富的国家,但随着几十年的大规模开发,资源储量不断减少,开采条件恶化,开采成本上升。从20世纪70年代末以来,苏联能源增长速度放慢,特别是其中的石油产量增长下降。以每隔五年的增长率做比较:1961—1965年为38.3%,1966—1970年为25.8%,1976—1980年为20.9%,下降趋势很明显。进入第十一个五年计划以后,能源增长率又进一步下降,如1981年只达到2.3%,低于五年计划规定每年平均增长3.2%的速度,绝对增长量只有4530万吨。② 石油产量1988年与上一年相比,为零增长,1989年减产2.8%,1990年减产6.5%。煤炭1989年比上年减产4.3%,1990年减产5.3%。发电量因核能和水电的生态问题而使速度下降,发电量增长速度已从1985年的3.6%,降至1990年的0.3%。天然气产量虽保持一定增速,而增长速度也呈现下降趋势,从1985年比上年增长6.7%,降至1990年的2.4%。1990年所增天然气不能弥补石油和煤炭产量的下降,全部燃料开采比

---

① 孙声:《生态环境与苏联政治》,《苏联东欧问题》1991年第2期。
② 李树果:《苏联八十年代的能源问题》,《苏联东欧问题》1984年第1期。

1989年减少2%。① 另外，随着国民经济不断发展，对燃料动力的需求也日益增加。根据苏联计算，要满足国民经济的正常需要，能源产量每年需递增7500万—8000万吨标准燃料。20世纪80年代以后，苏联的生产水平显然达不到这一要求。

苏联大量的资源消耗与其粗放式的经济发展方式有关。据统计，1980年苏联每生产1卢布的国民收入消耗的电比美国多20%，钢多90%，石油多100%，水泥多80%。对不可再生资源的过度消耗导致苏联几十年发展后就遭遇了资源的限制：易开采的富矿、地域上结合较好的矿藏都开采得差不多了，东部地区虽有大量矿藏，但开采条件差，开采成本高，资源短缺使经济发展陷入"瓶颈"。

在苏联产业结构中，能源与原料及其初级产品的出口占据重要地位。20世纪70年代初世界能源危机发生后，苏联大量出口石油和石油产品，1970年外销原油6700万吨、石油产品2900万吨。到20世纪80年代初，经济发达的石油进口国通过对本国经济结构的改造，能耗大大降低。苏联在这种形势下依然投入大量人力、财力，继续对石油资源无序开采，1985年石油出口剧增到11700万吨，石油产品增至5000万吨。而这时国际市场油价已下跌到只及原先价格的1/5到1/6，造成苏联1985—1988年的三年时间出口收入减少100亿卢布。天然气的出口情况也不妙。国家为输出天然气敷设的管道长达20.8万公里，而每制造1000公里管道耗资10亿卢布。由于苏联天然气大量用于出口，致使国内数以千万计居民反而没有煤气可用。不惜血本换取外汇的出口物资还有原木、矿石、矿物肥料等，这些产品的出口使苏联在经济、生态两方面都蒙受了巨大损失。

另外，资源短缺原因还有公地效应导致的开发管理不善。总之，到20世纪80年代中期，苏联不仅面临着消费品市场的全面紧张，而且面临着工业原料的全面紧张，使一些加工企业处于停工待料的境地。

（2）水体污染。伴随着快速工业化的进程，苏联的水体、空气和土壤均遭到严重污染。1983年6月，在苏共代表大会上，苏联国家环

---

① 绿林汉：《苏联能源供给：危机与出路》，《苏联东欧问题》1991年第6期。

境保护委员会负责人说,工厂不顾后果地把废料直接倾入河流,使顿河、第聂伯河、伏尔加河正变得日益肮脏,里海、咸海、波罗的海已成为生态灾难区。被称为俄罗斯母亲河的伏尔加河早在 1966 年每小时流入的未处理污水就达 30 万立方米①,河水中石油成分含量比最高允许浓度高 700 倍,综合表面活性物质含量高 113 倍,水面多次出现石油污点,河面漂着大量的死鱼。顿河所含铜元素化合物、亚硝酸盐、石油制品和苯酚的指数已超过极限浓度数十倍。里海、黑海、亚速海、咸海以及伏尔加格勒市郊的人工湖——水面面积达 132 平方公里的水库都受到了严重污染,水库所含的铜元素化合物、硝基氮和硝酸氨以及石油制品,已经使水体不能生长任何植物,除了生物变体,水库有害的水体进一步污染了里海水域。黑海和亚速海由于注入的淡水流量减少和污染物倾倒,大量有价值的鱼类到 20 世纪 80 年代初已经不复存在。据苏联国家统计局的数据,苏联污水排放量每十年增长一倍,到 1980 年,苏联全国范围内向江河湖泊等水域排放的废水达 60 平方公里以上。② 在中亚许多地方,由于饮用水质量的恶化,死亡率骤然上升。1985 年苏联的人均寿命甚至低于 1958 年。

(3) 城市空气中有害物质严重超标。在莫斯科上空,碳化氢的含量超过允许范围的 1 倍,在 68 个工业区,空气污染超过规定标准百倍以上。列宁格勒 1/3 的居民患有呼吸道疾病,乌拉尔山区的钢城马克尼土哥斯克的大部分儿童也患有呼吸道疾病。③ 1977 年冬,莫斯科因煤烟污染第一次下了黑雪。20 世纪 80 年代初,10 个大城市的大气浓度为 1 个污染物允许剂量 (DLT),100 多个城市的大气浓度为 10 个 DLT,列入即时危险类。1987 年苏联卫生部长证实:苏联有 104 个大城市的大气质量已超过大气污染物允许标准。污染已严重危及人体健康。20 世纪 70 年代,苏联癌症患者增加 1 倍。新生儿先天性缺陷

---

① 转引自 [印] 萨拉·萨卡《生态社会主义还是生态资本主义》,山东大学出版社 2008 年版,第 49 页。
② 中国科学技术情报研究所:《国外公害概况》,人民出版社 1975 年版,第 94 页。
③ 孙声:《生态环境与苏联政治》,《苏联东欧问题》1991 年第 2 期。

者每年增加5%—6%。① 苏联国家环境保护委员会主席莫尔古恩对《光明日报》驻莫斯科记者说,1988年,在全苏范围内,向大气中排放的有害物质约9800万吨,其中3800万吨是由汽车排放的,占36.7%。根据专家分析,汽车向空气中排放的污染物共有500余种,每天达4260吨。1988年夏天,一批苏联科学家曾用电子计算机处理了臭氧观察站记录的数千个数据,其结果表明:在莫斯科、基辅和其他一些大城市上空曾发生过50多次臭氧层密度下降的情况。

(4) 土壤的污染和盐碱化。随着农业化学化的发展,苏联的化肥、农药、杀虫剂使用量不断增大,加上大量有毒废弃物露天堆积或浅埋,对土壤造成严重污染。苏联的农产品产量虽然低于美国,但化肥的使用量却高出美国80%。1979年,苏联每公顷土地施用的化肥量高达341.4公斤。化肥、农药残留造成了严重的食品污染。1987年,一些地区近50%的食品受杀虫剂污染,42%的婴儿食品含有达到危险程度的杀虫剂。② 癌症成为该地区一些村庄人口死亡的唯一原因。与此同时,土地盐碱化加剧。仅咸海地区每年就有4000万—1.5亿吨的咸沙有毒混合物从盐床(湖底、河滩)上刮起,从北向南吹去,吹向中亚草原,吹向农田和城镇,覆盖了阿姆河河谷丰腴的农田,加剧了中亚地区农田的盐碱化,土库曼共和国80%的耕地出现高度盐碱化。

(5) 放射性废物污染。"冷战"时期,苏联生产了大量核武器,从而产生了大量的放射性废料,有些废料被就近排入河流和湖泊。在20世纪60—80年代,苏联在巴伦支海和喀拉海这两个海域就倾倒了1.7万个带放射性废料的集装箱和十多个废弃的船用核反应堆。大量生产核武器和进行核试验、和平利用核能过程中的核事故和产生的核废料、潜艇上的核反应堆、废弃的核工厂等,都留下了许多放射性废料,造成严重影响人类健康的放射性污染。1986年4月26日,苏联基辅地区的切尔诺贝利核电站4号反应堆发生爆炸,由于放射性污染

---

① 转引自红叶编译《苏联与东欧各国的生态危机》,《国外环境科学技术》1990年第1期。
② 转引自包茂宏《苏联的环境破坏和环境主义运动》,《陕西师范大学学报》(哲学社会科学版)2003年第4期。

物质在空中漂浮并逐渐降落，使得西欧及亚洲部分地区受到污染。1990年调查发现，周围60公里地区癌症、贫血、视力衰退、免疫力下降等辐射病明显增加，牲畜大量畸形迄今其危害程度仍难以确切估计。时至今日，血液循环系统疾病和肿瘤仍是俄罗斯人的两大杀手，在死亡原因中前者占56.78%，后者占13.71%，两项加在一起占了70.49%。2007年，俄罗斯死亡人口是出生人口的1.3倍，其中有9个联邦主体死亡人口是出生人口的2—2.5倍。①

（6）咸海干涸问题。由于片面追求经济发展速度和对自然规律认识不足，苏联在社会主义建设的过程中造成了严重的生态破坏。如咸海干涸问题。自20世纪50年代后期，苏联开始较大规模地建设水利设施。1954年动工修建了全长1400公里的卡拉库姆运河工程，将流入咸海的阿姆河之水引入荒漠；另外，苏联还在同样流入咸海的另一条河即锡尔河上修建水利枢纽60个，建设了汛期的调节水库，基本上把锡尔河的水分割完毕，无水流入咸海。

这些水利设施的修建可以为500万公顷的干旱草场供水，使1975年水浇地扩大3倍多，但苏联政府忽视了咸海调节大陆气候的作用，更未考虑咸海湖内生物群落的生态重要性。由于开挖运河、引水灌溉，自1960年后咸海湖水水面开始下降，继而又引起一系列环境和经济问题。努尔佩索夫1988年年初在《星火》杂志撰写文章说，1960年以前，咸海的面积为67300平方公里，水深为70米；27年后的1987年，面积减到41000平方公里，蓄水量下降了一半多，水位下降了12米。更为严重的后果是：这个地区的生态平衡被破坏了。原来到处点缀着湖泊、周围是森林的地区，现在变成沙漠，原有的173种动物，只剩下38种，其他如麝鼠、黑背豺、鹿和老虎已不复存在，剩下的有几种也已濒临灭绝的危险。咸海水的含盐量从原来的不到10%上升到23%，有些地方竟高达44%，加上农田里渗透排放出来的大量农药、脱叶剂和化肥的残余成分，使咸海中原有的24种鱼类中20种已不复存在，这个曾是世界第四大湖的咸海，现在已无鱼

---

① 参见程亦军《俄罗斯经济形势分析》，载邢广程主编《俄罗斯东欧中亚国家发展报告》（2008），社会科学文献出版社2008年版。

可捕。当地的渔业和航运业已不复存在，湖水盐分过高，鱼无法生存；水位太浅，轮船无法航行。湖水调节气候的作用大大削弱，恶劣天气经常出现。所灌溉地区也受到损害，湖里的盐正以每公顷几百吨的密度扩散到田野中，使农作物受到破坏。盐量与有害物的增加严重威胁着当地居民的健康，白血病、肾病、伤寒、肝炎、支气管炎、痢疾、食道癌、发育不全和婴儿夭折的发生比例都很高。地处阿姆河下游的努库斯市（乌兹别克境内）居民贫血症不断增多，怀孕妇女多患贫血症；锡尔河下游的克孜勒奥尔达市（哈萨克境内），儿童患病率1990年每千人为1485人次，到1994年增加到每千人为3134人次。

（7）斯大林改造大自然计划。为了克服干热风对农作物收成的影响，保护伏尔加河沿岸、北高加索、中央黑土地区肥沃土壤不被风蚀，改善这些地区的水分状况和气象条件。1948年10月20日，苏联部长会议和联共（布）党中央委员会根据斯大林提议通过了《关于为保障苏联欧洲部分草原和森林草原地区高产及稳产，营造防护林、实行草田轮作、修建水库和池塘的计划》决议。开始了"斯大林改造大自然计划"，即1950—1965年，在苏联欧洲部分的南部和东南部的分水岭和河流两岸营造大型的国家防护林带，总长度5320公里，面积11.79万公顷；在国营农场和集体农庄的田间，营造570.9万公顷的防护林。

斯大林改造大自然计划在涵养水源、防止干旱、防止水土流失和土地沙漠化、改善当地的气象条件等方面的确发挥了积极作用，但从长远看，造成了严重的生态破坏。在营造防护林过程中，大量打深井汲水以确保生长迅速的外来树种的成活率，同时在林带内大规模发展灌溉农业，造成地下水位不断下降，再加上草原地带原本降雨量就不到500毫米，生态用水被挤占，致使草原防护林和新垦农田因丧失水浇条件而减产、撂荒和沙化，成为该地区春季沙尘暴的尘源。20世纪50年代后期，赫鲁晓夫机械照搬美国大面积种植玉米的经验，在中亚地区过度垦荒，大面积种植麦子，取消了草田轮作制，结果由于表面土层被破坏，形成严重的中亚黑色沙尘暴。

（8）东欧社会主义国家的生态问题。在苏联遭受生态问题的同时，东欧社会主义国家在工业化过程中也遇到严重的环境问题。波兰的空气污染非常严重。1985 年，二氧化碳排放量达 430 万吨。化肥厂排放的氮和其他有毒物质毁坏了整个普瓦维区及区外森林。克拉科夫市有欧洲最大的中世纪广场，经济合作与发展组织把它列为世界十大古代遗址之一，而由于严重的空气污染，该广场上的建筑物被腐蚀速度达到正常情况下的 35 倍。该市附近的诺瓦呼塔冶金联合企业的排污使维斯杜拉河的河水蒸发增加了 4 倍，二氧化碳年排放量为 60 万吨，超过最大限值（3 毫克/立方米）30 倍，二氧化碳浓度标准比其他国家允许限值高 7 倍。克拉科夫市潮湿气候加重了经常由酸性悬浮物，特别是硫酸形成所造成的排放影响，该市空气中的含氧量经常不足，冬天含氧率降到 17%（正常应为 21%）。铅、锌、镉等重金属尘的排放直接威胁克拉科夫市市中心，1984 年，该市中心粉尘浓度已经达到 473 吨/平方公里（允许标准为 40 吨/平方公里）。这种环境状况也严重危害人体健康，一些地区半数以上的儿童患有慢性呼吸性疾病。波兰的水质污染也很严重，如西里西亚水资源状况令人担忧：65% 水被污染得不能用作任何用途，只有 11% 水可作工业用水，20% 水可作农业用水，4% 水可作饮用水。波兰的土壤污染也很严重，森林遭到致命污染。① 20 世纪 80 年代，捷克斯洛伐克曾被看作是世界上 4 个污染最严重的国家之一。工业每年向大气排放 350 万吨二氧化碳，人均二氧化碳排放量达 0.2 吨以上，居欧洲人均二氧化碳排放量的第二位。布拉格市大气污染相当严重，大气中二氧化碳含率超过规定浓度的 20%。2/3 以上的硫酸、二氧化氮和尘排放量是由电厂排放造成的。大气污染严重危害人体健康和生命，心血管病、结核病和癌症明显增加。学龄儿童患气管炎、变态反应性疾病、泌尿系统病和骨质生长迟缓病者很多。② 20 世纪 80 年代的民主德国，部分地区一年至少有 300 个日夜天空被有毒的烟雾笼罩着。空气污染、水质污染成为最头疼的问题。民主德国境内仅 3% 的湖泊能做饮用水，化工厂的有毒废物使 1/3 江河的生物灭绝。

苏联和东欧社会主义国家出现的生态恶化状况表明，社会主义制

---

① 红叶编译：《苏联与东欧各国的生态危机》，《国外环境科学技术》1990 年第 1 期。
② 同上。

度的建立虽然为生态建设创造了良好制度环境，但是，如果在发展生产过程中，不注重环境保护，忽视自然规律，仍然会造成严重的生态环境问题，受到自然规律的惩罚。

3. 苏联生态环境破坏的成因分析

正如美国生态社会主义者奥康纳提出的，对社会主义国家环境问题的任何真正的理解都必须被置放在自20世纪早期以来主要的西方国家对社会主义所发动的政治经济军事意识形态斗争的语境之中，同时，还必须被置放在第二次世界大战结束以来的"冷战"的语境之中。社会主义国家的生态问题的成因在于：第一，粗放型经济增长模式。由于社会主义国家大部分是在经济文化相对落后的基础上建立起来的，而且在政治和军事上面临着西方资本主义世界的敌视和包围，为了国家主权的完整和新生政权的巩固，这些国家积极发展经济，扩大资本投资项目，重点发展重工业，推进巨型能源工程建设，普遍推行赶超型发展战略，推崇以经济增长为目标的粗放型发展模式，其目的是搞好社会主义建设和赶上西方国家。这些做法虽然在经济上的确取得了长足的增长，但却付出了沉重且高昂的生态代价。第二，以工业化为发展目标。社会主义国家经济增长是通过迅速工业化来实现的，但过度工业化以及与此相关技术的滥用，必然带来严重的生态问题。第三，全球经济一体化的影响。全球经济的一体化使社会主义国家必然同样受到普遍的资本和市场规律的制约，由此也会带来生态问题。

社会主义国家的生态问题与资本主义相比较，在成因上存在以下区别：第一，从生产的目的来看，资本主义经济遵循的原则就是对利润的追求，其生产是为了获取更多的利润；而社会主义的生产则是为了满足人民生活的需要，追求的是使用价值而不是利润，没有生产无限扩大的必要，减轻了对自然资源的消耗和废弃物的排放，弱化了生态灾难。第二，从生产运行方式来看，社会主义国家采取的是中央计划经济，即将充分就业和工作保障作为一项基本任务，从而既消除了企业之间为了争夺市场份额而展开的斗争，也削弱了企业通过外化成本和污染环境的动机，减少了环境污染。第三，从实现生产目的的手段和消费方式看，资本主义为了维持其经济体系的正常运行，往往通过广告包装以及产品的升级换代等手段促进商品的销售，其结果是异化消费、炫耀性消费的泛化，这既浪费了资源，又污染了环境。而在以需求的满足为目的的社会主义经济发展中，个人消费产生的污染则比较少。当然，这是理论上的区别，在现实的社会主义国家的发展过程中，由于其落后的生产力基础，要满足人民物质文化生活的需要，有时不得不扩大生产，促进竞争以创造更多的物质财富，再加上对生态环境的重要性认识不足，不可避免地会造成生态破坏。①

社会主义制度与资本主义制度的本质区别决定了其破坏环境的原因和影响不同。虽然社会主义国家也存在生态问题，但同资本主义国家相比，其资源损耗和污染更多的是由于满足国内人民的基本物质需求和对生态的认识、技术上的不足，而不是制度本身的问题，换言之，环境退化并非社会主义的内在本质。相反，资本主义追逐利润的逻辑与生态学的要求是相违背的，资本主义制度在本质上是反生态的。

4. 苏联社会主义的生态保护实践

随着社会生产力水平的不断提高，人民生活不断得到改善，社会主义国家开始日益重视生态环境的保护。早在苏联社会国家刚刚建立之时，列宁就曾强调尊重自然，重视人与自然的关系。列宁还指出，帝国主义阶段资本的对外扩张掠夺了殖民地的原料、破坏了其生态环境。这其实是一种新型的殖民主义——生态殖民主义。另外，列宁还肯定了科学技术在改善环境中的作用。他称赞英国化学家威廉·拉姆赛发明的从煤中直接取得煤气的方法是巨大的技术革命，"在社会主义制度下，采用拉姆赛的这种能'解放'千百万矿工及其他工人劳动的方法，就能立刻缩短一切工人的工作时间，例如从8小时缩短到7小时，甚至更少些。所有工厂和铁路的'电气化'，一定能使劳动条件更合乎卫生，使千百万工人免除烟雾、灰尘和泥垢之苦，能很快地把肮脏的令人厌恶的工作间变成清洁明亮的、适合人们工作的实验

---

① 参见解保军《社会主义与生态学的联姻如何可能?》，《马克思主义与现实》2011年第5期。

室".① 列宁的生态思想使他很早就做出了生态保护决策。

（1）苏联政府的生态政策。苏维埃政权建立的头几年列宁签署了100多项关于自然保护和合理利用自然资源的文件，并亲自参加了大部分文件的编写工作。1917年，苏联部长会议通过关于《消除污染和对水资源提供卫生保护的措施》，1919年，又通过了关于《控制大气污染和建立卫生传染病监察总局》的决议。联共（布）第十四次党代会从战略性的高度提出了综合的自然保护任务：在采取措施，加速科学技术进步的同时，必须尽量使科技进步在经济关系上与自然资源保护结合起来，不能让它成为危害空气、水体和土地的污染源。另外，在新企业的设计和建筑及现有企业的改建工作中，从自然保护方面，对计划、经管机关、设计单位及干部们提高了要求。1959—1960年，苏联制订了改进矿山监督计划及地质勘探工作的规范性文件。1964年，颁布了《关于停止污染伏尔加河和顿河的措施的决议》。1969年，公布了《关于保护和利用贝加尔湖区域自然综合体的措施的决议》。1972年，公布了《关于进一步改善自然环境和合理利用自然资源的新措施》的决定，规定了行政机构职务，明确了环境保护管理机能。1978年，苏共中央和苏联部长会议通过了《关于加强大自然保护和改善自然资源利用的补充措施》的决定。1985年，苏联最高苏维埃通过了《关于遵守合理利用自然资源和自然保护法的要求》的决议。戈尔巴乔夫进行改革以后，对生态环境的保护更加重视。1988年，苏共中央和苏联部长会议通过了《关于根本改革国内自然保护事业》的决议，决定加强环境管理，对于严重污染环境的企业采取经济惩罚措施，鼓励加速推广少废料和无废料的生产工艺。

（2）苏联的环境保护立法。1918年和1919年，苏联先后颁布了《森林法》《捕鱼法》《社会主义国家灌溉与自然资源使用条例》《居民区卫生保护条例》《设立卫生保护区》等法令。1921年，苏联颁布了《国土野生资源、森林资源和渔业资源管理基本法》。到1939年，苏联已建立了一定的自然保护法律体系。在经济十分困难和国内战争时期，苏联依然坚持建立世界上较好的自然保护法。这些法律提出了

---

① 《列宁全集》第19卷，人民出版社1959年版，第42页。

反映社会主义本质和社会主义优于资本主义的对待自然态度的新原则。1957—1963年，各加盟共和国相继制定了自然保护法，第一次提出在利用资源时要把资源"作为完整的资源综合体"加以保护的观念。① 1968年通过了《苏联和各加盟共和国土地立法纲要》。1970年制定了《苏联和各加盟共和国水立法纲要》。为了保护矿产资源、森林、空气、野生动植物，又先后颁布了《地下资源法》（1972）《森林法》（1977）《空气保护法》（1980）《动物资源保护利用法》等法律。1977年将保护自然环境作为国家和公民的义务纳入苏联宪法等。到1988年，苏联正式颁布的有关环境保护的法律、法规和条例有110多项。为了配合环境保护法的有效实施，苏联还研究和制定了环境标准。1977年1月1日起，苏联开始实行国家环境标准。其中包括大气、废气成分分类法，居民点空气质量监督条例，土壤卫生状况指标目录等。苏联有15000个大中型企业实行国家制定的废气和废水排放标准。仅1986年，就有1500多个生产单位因违反环境保护条例而被强令停止生产，300多起严重污染环境的事件被提交政法机关审理。②

（3）苏联的环境目标规划。苏联用"目标纲要规划"的方式将环境保护列入国民经济计划。从1975年起，苏联把环境保护作为国家国民经济计划的一个独立部分。在苏联的经济建设和社会发展规划中，都必须包括环境保护和自然资源合理利用部分。苏联重视用生态经济的观点指导环境规划研究，提出用生态及经济参数指标共同考核环境规划，才能达到最优。在解决生态环境问题上，苏联采取了与美国、日本等资本主义国家不同的整体方法。美国采用环境影响评价制度，日本采用污染物排放总量控制；而苏联采用的是"目标纲要规划"。所谓环境目标纲要法，是指将重大资源、科技、经济、社会、环保综合起来形成一个整体，使之成为综合发展的纲要。这样，既能充分利用科技成果发展生产，最大限度地满足国民经济对自然资源的需要；又能合理地利用自然资源，维持生态平衡。其核心思想是：最

---

① ［苏］普罗霍罗夫主编：《苏联百科手册》，中国社会科学院苏联东欧研究所《苏联百科手册》翻译组译，山东人民出版社1988年版，第91页。
② 曹风中：《苏联环境保护问题》，《环境科学技术》1989年第3期。

大限度地利用自然资源，最小限度地产生环境污染。据苏联统计，产品中的资源有效利用率仅为2%，而98%的资源进入了环境。因此，他们解决环境污染问题是以充分利用资源为前提，以提高资源利用率和合理管理资源为突破口，根据资源—经济—环境三者统一的原则来制定国家的环境规划，力图实现经济效益、社会效益、环境效益的统一。

（4）苏联的环境教育。苏维埃政权成立以来，努力建立并不断完善国家和社会自然保护教育体系（即生态教育体系）。国家自然保护教育体系包括学校教育和社会教育两个系统。学校教育从幼儿园就开始，一直到大学。同时，还举办国家经济各领域专家生态训练班。20世纪70年代以来，许多高校纷纷成立环保教研组，开展有关环保的教学和科研工作。社会教育包括党内生态教育和共青团生态学习制度，以及由"知识"社团、自然保护协会、科学技术协会、群众团体、科学小组和教学林管所等组织的面向社会的生态教育。为了加强对公民的环境教育，苏联党和政府要求从《真理报》《消息报》等国家级报纸到各加盟共和国、各级地方报纸，从苏联塔斯社国家电台到各加盟共和国各级电台，都要经常宣传报道环境保护的方针、政策、法规、措施、办法，并定期普及环保科技知识。1989年起还专门出版《自然》周报。此外，在许多企业里成立了专门的委员会和监察室，促使人们在生产、生活和疗养过程中爱护自然资源。①

（5）苏联利用科学技术进行环境治理。苏联采取一系列的措施来进行生态环境保护和治理工作。首先，重视利用科技解决环境保护和自然资源合理利用的重大问题。优先发展对水力、太阳能、风能、地热能等再生能源利用的研究，重点研究现代化生产对生物群落和动植物个体影响，以及如何针对生态系统破坏进行综合性恢复。其次，重视利用科技解决水资源保护和污染控制问题。苏联重点研究了黑海、波罗的海、亚速海等区域和重要工业地区的护水设施，北极地区的海洋、河流和其他水体的保护，水的回收和循环利用系统，无污染用水系统，以及高效能净化设备等。再次，重视研究大气保护问题。苏联

---

① 参见彭天杰《苏联生态环境的保护与研究》，《环境科学丛刊》1989年第5期。

对大气中二氧化碳浓度增加可能给全球性气候带来的变化，氟利昂和氮氧化物对臭氧层的破坏及不良影响等问题进行了深入研究，并重点研究其欧洲领土部分的酸雨成因、危害及防治措施。最后，重视利用科技进行工业污染防治。在能源利用、煤矿开采、化学工业、冶金工业、石油工业、煤气工业等方面采用了许多新工艺、新技术代替传统的旧工艺、旧技术，大幅度减少了污染物排放量。国家给予环境科研包括生态环境保护方面基础研究的资金和经费支持。

（6）苏联参与环境保护方面的国际合作与交流。苏联政府多次声明准备在生态问题的各个领域同所有国家进行合作。苏联积极创导和参加自然保护的双边和多边国际条约。早在20世纪40年代，苏联就开始和其他社会主义国家进行环境保护的合作交流。1947—1955年苏联与保加利亚、匈牙利、波兰、罗马尼亚、捷克斯洛伐克等国签订了有关边界兽医、检疫、防止农作物病虫害，森林火灾等协定或公约。到1971年时，这种合作几乎扩展到环境保护问题的一切方面。1971年4月28日，苏联与这些国家签订了全面研究和采取保护自然界措施的科技合作协定，规定在环境保护的卫生学、保护生态系统（生物地理群落）和景观、防止大气受各种有害物质的污染、水资源保护、消除和利用生活及工业废物以及自然保护的社会经济、组织法律及教育观点6个方面进行共同研究。以后研究的课题进一步扩大，通过苏联与保加利亚、匈牙利、波兰、罗马尼亚、捷克斯洛伐克和南斯拉夫各国1971—1980年的合作计划，该计划包括11个研究方向，并特别注意研究环境保护的社会经济、组织法律和教育观点的问题。在保护地下资源、合理利用与保护和改善环境有关的自然资源，大气污染气象学方面的问题，保证放射性安全，研究城市规划基本方向、城郊地区、居民系统，防止噪声和震动等方面的研究成果已用于实践，并获得了较好的成效。苏联还广泛地参与国际上有关环境方面的主要组织机构，并多次举办相关国际学术会议。1972年，苏美签订《环境污染研究双边协定》，此后双方交往频繁，在20世纪80年代末联合研究尘暴以及尘暴对气候的影响。1988年12月11日，苏美两国科学家组成了一个"关心全球生态"联合委员会。

虽然一直以来就重视对生态环境的保护工作，但苏联走的基本上是先污染后治理的老路。如果从1918年列宁签署《森林法》《居民区卫生保护条例》算起，苏联公布的法令、条例，还有苏共中央和苏联部长会议联合做出的决定不少，然而，很多法令条例基本没有得到切实执行。苏联的环境治理体系直至1988年1月以前长时期是一种多部门负责型，政府没有一个自上而下的统一的实权机构。这种管理体系的根本缺点是权力分散、重叠。仅大气质量检查和水质保护就有5—6个机构主管。这样容易导致互相推诿，降低工作效率，致使苏联在相当长的一段时间内生态环境遭到破坏。然而，如上所述，社会主义制度并不必然地导致生态问题，尤其是当现实社会主义国家完成其发展的基本任务，人民的需求得到基本满足之后，对自然环境的保护就会成为一项主要任务，因为人和自然的和谐、人的全面发展本身就是社会主义制度的题中应有之义。

二　生态社会主义实践及其意义——以德国绿党为例

生态社会主义运动始源于生态主义运动的兴起和绿党的政治实践，以下以德国绿党为例阐述绿党政策演变与实质，说明生态社会主义实践的积极意义与问题。

（一）生态主义运动与绿党的成立

生态主义运动又叫环境保护运动或绿色运动，它产生于20世纪60年代末70年代初，是西方社会民众对资本主义工业化经济造成的环境污染和生态破坏进行的抗议行动。20世纪60年代，随着环境公共事件的不断发生，生态问题逐渐演变成为一个普遍的社会问题。为了寻求良好的环境与健康的生活，西方发达国家的广大群众自发地掀起浩大的环境运动。千百万人走上街头，游行、示威、抗议，要求政府采取有力措施，治理和控制环境污染。由于生态环境问题带来的危害涉及社会每一个成员，因而参与这个运动中来的人员广泛，有教师、学生、医生、生态学家、法官、律师等。在生态运动过程中，还出现了各种各样的非政府绿色组织，诸如环境保护—绿色行动、未来—绿色行动、保护环境—绿色名单、地球之友、世界卫士、自然之友、绿色和平国际等。这些组织有些是存在于一国之内，有些则发展为国际性团体，后者如1976年成立的有欧洲各国生态组织参加的生态欧洲。在德国，1972年成立的环境保护——全国自发组织联合会就已经拥有1000多个自发组织的约30万名成员，而到1985年，其成员就超过了150万人。这些非政府绿色组织通过游说各国政府和各种政府间国际组织，通过营造社会舆论并加强监督以及通过参加各国相关立法活动等形式来影响政府的决策，在保护生态环境方面发挥了重要作用。但由于环境保护意味着限制和反对无止境的经济发展，很大程度必然也会影响工人的就业问题，因此也有一些人对生态运动采取抵触态度。

由于生态运动始终是游离于现存体制外的一种自发性抗议活动，尽管声势浩大，但终究被排斥在国家的决策体系和过程之外，很难发挥真正作用，形成实质性效果。要解决这个问题，最好的方式就是通过组织政党，推出自己的候选人参加各级议会选举，把运动理念纳入现行的政治体制内。

由社会运动到绿党政治是生态运动的一个重要发展。1972年5月，世界上第一个全国性绿党——新西兰价值党成立，随后英国绿党、德国绿党、瑞典绿党、奥地利绿党、法国绿党、比利时绿党、瑞士绿党、芬兰绿党等多国绿党相继组建，这时的绿党仅作为小的在野党而存在，虽然在政府中有一定的声音，但影响较小。随着瑞士绿党于1979年率先进入全国议会，比利时绿党、德国绿党、芬兰绿党、卢森堡绿党、奥地利绿党、瑞典绿党、荷兰绿党等先后进入全国议会，绿党由在野党成为议会党，这一时期绿党利用议会宣传自己主张，通过提出、讨论与修改议案影响政府决策。20世纪90年代初以后，随着芬兰绿党、意大利绿党、德国绿党等相继加盟政府，欧洲绿党（联合）执政时代的开始，绿党在西方国家的政治地位和影响力达到顶峰。

生态运动与绿党政治对于世界生态环境保护具有重要意义。早期生态主义运动通过发起各种形式宣传活动，唤起公民环保意识，迫使政府和企业采取一系列措施保护自然环境，遏制生态恶化状况，并不断改善欧洲乃至全世界的环境状况。绿党的参政与执政也对西方资本主义经济发展模式的调整发挥了重要影响。绿党倡导的可持续发展战略，有效利用资源、节约能源，反对"浪费性"的需求方式，注重社会效益，实现经济效益与社会效益、生态、人文和谐统一的政策主张，都在相当程度上被欧洲国家近年来的各届政府所吸纳，这对于以过分追求利润、以牺牲环境为代价的传统发展模式带来强烈冲击。

但从本质上看，绿党的理念与政策主张是改良主义。20世纪90年代，进入执政时期的绿党从纲领到政策都做了调整，由抗议党变为改革党，政策也由激进变为温和，由理想变为现实，这一变化进一步证明绿党的思想与政策措施是资本主义关系本身的自我调整。

（二）德国绿党的生态社会主义实践

1. 德国绿党的产生及内部分歧

德国绿党是一个在整个欧洲乃至全世界范围最有影响力的绿党。从1980年建党到1998年上升为全国性执政党，并和社会民主党共同组成红绿联盟连续执政7年，德国绿党前后虽然只有短短的25年时间，却已经从欧洲众多绿党中脱颖而出，成为一个具有相对较高与稳定的选举结果与议会实力、在参政规模和理论实践创新方面表现出色的职业化政党。从纵向看，其成长和发展速度很快。仅仅在建党第三年，即1983年，绿党就在联邦议会大选中一举跨越5%的议会门槛，获得了216万张5.6%的选票和联邦议院的27个席位，打破了自1961年以来，联邦议会一直由联盟党、社会民主党和自民党长期垄断的局面。随着红绿联盟的执政，绿党的许多主张逐渐为人们所接受。

德国绿党的产生可以划分为三个阶段。第一阶段是基层绿党组织的建立。早期的新社会运动组织绝大多数奉行议会外反对派路线，主张通过直接参与的民主方式（而非现有的政党运作方式）和议会道路来实现社会变革。但随着1977年两次反核行动以暴力流血冲突而宣告结束后，许多地方性的运动团体如生态保护和反核组织开始酝酿组建政党，参加地方性选举，即通过合法的议会道路，进入体制内来影响和参与地方性决策。从1977—1979年德国绿色组织陆续在萨克森州、巴伐利亚州、黑森州以及汉堡市和不来梅市组成选举团体参加了州市级地方议会的选举。这种选举团体实际就是一个地方性政党。在选举中，虽然州市一级的选举结果大都不尽如人意，但"不来梅绿色名单"还是突破了5%的议会门槛，成为第一个进入州级议会的绿党地方组织。第二阶段是全国性绿色组织联盟的成立。1979年3月中旬，500多名来自"独立德国人行动团体"、"绿色环保名单"、"未来绿色行动"和其他社会运动团体的代表聚集在法兰克福，决定成立统一的绿色组织——"绿色政治协会"。协会成立的目的主要是为了参加1979年首次欧洲议会选举，同时它也标志着地方性绿党的全国性政治联盟的成立。第三阶段是正式建党。在基层党组织的建立和全国性政治联盟成立的基础上，1980年1月，德国各地的绿色组织再次在卡尔斯鲁厄聚会并召开建党大会。共有1004名代表参加了大会，每人代表地方一级的10个成员。同年3月，在萨尔布吕肯又举行了党的第二次代表大会并通过了第一个党的纲领，选举产生了党的中央领导机构及其3名发言人。同年7月，代表们又在多特蒙得召开第三次会议，决定参加10月的联邦议院选举。至此，绿党开始正式登上德国政治舞台。

德国绿党内部又分为几个不同派别。因意识形态倾向不同德国绿党党内，可大致分为四个派别，即生态社会主义、生态自由主义、生态激进主义和生态现实主义。生态社会主义是绿党内部的左派，其绝大部分成员都来自过去的左派组织和运动如共产主义联盟等。他们虽然也坚持以马克思主义为指导，将生态危机与资本主义联系在一起，把它看作是资本主义危机的产物和反应而予以批判，但在组织上则反对与以苏联共产党为模式的德国共产党发生联系。在反核运动中，他们同其他一些具有相同目标的组织联合起来成立了"彩虹名单"，后又加入了统一的绿党。但他们依然保留了自己的组织形式并试图用自己的思想来影响和改造整个绿党。由于以前出身于共产党的背景，他们又被称为"绿党的红派"。1984年，该派代表人物艾贝曼和特兰伯出版《绿党的前途》，此书被公认为是生态社会主义的纲领性宣言。在思想理论上，该派不仅对传统社会主义提出自己的批评，认为它缺乏对什么是真正的社会和对人的福利的认识和理解；同时，该派也对社会民主党和工会等其他左派政党和组织提出了批评，认为他们已经被资本主义化和物质主义化并失去了原来的政治理想，因此他们无法承担和实现生态社会主义的目标。鉴于德国政治传统上被左右两种力量占据主导地位的事实，该派并不主张推翻作为传统左派的社会民主党而支持右翼政党上台执政，但同时又为这种支持设定了一个前提条件，即社会民主党必须进行"社会、生态及军事政策的根本性变革"。在实现社会变革的依靠力量上，该派强调了依靠工人阶级力量的重要性，认为生态改造社会的目标只有通过他们才能够实现。在社会变革方式和道路方面，该派则注重议会外的大规模群众运动和群众抗议活动等。生态社会主义者因为其较高的理论素养和丰富的领导、组织、动员能力而为早期尚处于松散的、轻视理论指导作用的绿党提供了有效和有益的补充和帮助。

生态自由主义是德国绿党内部的右派。该派的主要支持力量来自石荷州、巴乌州和柏林州等地的绿党组织，代表人物有赫伯尔特·格鲁尔和奥古斯特·豪斯莱特，前者原来是德国基民盟成员，后来创建生态组织"绿色行动未来"并参与了绿党的建党，他提出了绿党的"我们既不是左派，也不是右派、我们站在正前方"的口号。该派在生态保护问题上采取的是一种向后看的、怀旧的态度，在思想意识上极力排斥苏联式的民主，同时对资本主义的合理性则采取了认同态度，认为环境问题的出现，不仅只是发生在资本主义国家，同样也存在于社会主义国家，是一种在工业文明过程中出现的普遍现象。因此，资本主义国家和社会主义国家都要在环境问题上承担责任。在政治上，该派要求按照现行的资本主义代议制民主政治的模式来改造绿党，反对绿党基层民主原则和轮换制原则。在与其他政党关系方面，主张与右翼政党的联合，而排斥与左翼政党的合作。

生态激进主义对现存社会都充满了失望和不满，希望彻底否定现存社会制度。其中生态原教旨主义最具有代表性和影响力。该派从工业增长及其方式给人类带来的灾难出发，主张对工业社会，包括资本主义和社会主义在内要进行坚决抵制和反对。在政治行动上，主张议会外行动，通过动员公众反对现行秩序，为来自底层的社会变化作贡献，即主张实施"基层民主"。在政治结盟上，反对与任何现存政党的合作，既反对与社民党结成红绿联盟，也反对与亲资本主义的右翼政党联合。因为在他们看来，与其他任何政党的妥协与合作都意味着丧失绿色纯洁性，并成为一个以追求权力为目的的政党，而这样一个党恰恰是绿党排斥的对象。生态原教旨主义在绿党早期占主流地位，但随着绿党政治活动的不断深入，越来越成为一种思想禁锢，又因为在1983年被卷入财政丑闻等原因，最终失去了其主流地位。

生态现实主义的代表人物主要是当选的绿党议员，而最著名的就是约施卡·菲舍尔。该派在希望通过生态改造现存社会的同时,选择一条务实和改良的道路。他们一方面认为,造成生态的破坏和社会的不公正的罪魁祸首就是资本主义;另一方面又认为,只有通过渐进改革才能够消除这些弊病。所谓渐进,就是应该在现行政治体制内,通过议会道路来逐渐实现绿党的目的。生态现实主义者这种务实和改良的主张也被看作是绿党中的右派,其影响随着绿党在各级层面选举中的成功不断得到加强,在其带领下的绿党也逐渐摆脱了激进形象变得更加现实。

2. 德国绿党的政治原则

西方绿党都坚持绿色政治原则,但不同的绿党对该原则理解和表述不尽相同,如瑞典绿党将其概括为四个团结,即与自然和全球生态系统的团结、与未来几代的团结、与世界所有需要人的团结和与国内贫穷居民的团结;而美国绿党则提出了十项原则,即生态智慧、基层民主、非暴力、社会正义、非集中化、社区经济、女权主义、尊重多样性、个人与全球责任和未来指向。还有的绿党将其归纳为七条原则,即生态学、社会责任感、基层民主、非暴力、分散化、后家长制式的观点和精神。德国绿党提出了四项基本原则,即生态学、社会责任感、基层民主和非暴力。

(1) 生态学原则。它的确立为德国绿党政策制定和实践活动指明了方向。德国绿党的党纲、竞选纲领和施政纲领上处处体现出生态优先原则。如绿党在《2002—2006年行动纲领》中提出,未来将致力于生态现代化、推动社会和经济改革、促进社会民主、实行在国际合作下的和平政策、在全球化过程中注重社会公正和保护环境,其中包括生态交通、农业可持续发展、消费者保护、社会安全、男女平等、公正的世界贸易等问题。

(2) 社会责任感原则。它的基本含义主要表现在改变人与人之间的关系、提倡人与自然之间自主的和对等的物质交流以及反对利己主义和消费主义、维护集体的利益。其中人与人之间的社会关系是基础,它在一定程度上决定了人与自然的关系、个人和集体的关系,因此要伸张社会责任感,构建平等和谐的社会关系非常重要。如何改变人与人之间的社会关系呢?绿党认为,一个社会的首要职责就是要必须保证社会每一个成员都能够享有与他人平等的关系，任何人或群体都不能因为种族、性别、年龄、地域或其他因素的影响而受到歧视，社会歧视现象的存在反映了社会责任感的缺位。但是，现存社会由于等级制而使大多数处在社会底层的社会成员，无论是在政治上，还是在经济上，抑或在精神上都处于被动的、受压迫的地位，这样的社会是毫无社会公正可言的。因此，必须进行深刻而全面的社会变革，通过社会责任感的伸张以改变这种不平等现象。为此，绿党主张老人和儿童的平等、种族特别是土著人的平等、同性恋者的平等以及吸毒者的权利等，其中最有代表性的就是男女平等，即"在所有生活领域里支持男女平等的政策"。

（3）基层民主原则。首先，基层民主即实行分散化的直接民主。绿党认为，传统的政党政治由于等级化和官僚化使得政党上层决策者与基层党员及其群众之间脱离了联系。在此背景下，一方面是普通党员和基层干部在制定党的政策和选举领袖等重大事务上没有什么权利；另一方面则是作为政党的决策者，已经丧失了社会责任感，也无法再代表下层党员和群众的利益和愿望。因此，绿党若要能够承担和实现作为政党的社会责任感，就必须寻找一种新的政党组织形式。按照民主程序，即基层民主就是非常重要的。其次，基层民主实现的途径在于分散化和非集中化。绿党认为，在传统政治过程中日益凸显的权力集中化，一方面或者让官员和政府手中的权力可能变得更加危险，或者令官员和政府造成官僚、保守和平庸；另一方面也使民众日益远离决策圈，使他们彻底丧失自己应有的政治权利。同时这种权力的集中化的危害还在于，集中程度越高，其所做出的错误决策对社会和自然的破坏性就越大。因此，绿党认为，避免权力集中化就必须强调分散化和非集中化，即把主要权力都交给基层组织，使其具有独立和自治的权力。为了加强和完善基层民主制，德国绿党制定和采取了系列制度和措施，其中包括反对党内存在的等级结构；反对权力高度集中的现象；实行责任制、轮换制和罢免制以及党内职务的终身制；加强党内活动的透明度；确保基层一般党员行使参与、监督等基本政治权力；充分发挥基层党组织的作用，使之真正成为绿党活动的骨干力量，并能在代表群众利益方面起到喉舌作用。这些制度和措施的制定和实施，无疑保证了绿党每一个基层单位和普通党员都能最大限度地发挥出自己的作用。例如黑森州的绿党在制定纲领时先是选举了一个纲领委员会，就有关和平、就业、经济、能源、环境、民主权利等问题向所有成员征求意见，然后将这个纲领分送该州的100个地方组织，征求修改意见和建议。在纲领委员会将那些需要修改的地方归纳起来后，党的全州会议才进行讨论，并就一个最后的纲领草案形成一致意见。这样，黑森州通过基层民主化的过程而取得了一个165页的纲领，它几乎是该州全体党员都同意的，因为他们都为这个纲领的最后形成充分表达了自己的思想。① 基层单位和普通党员积极性的高度发挥会吸引中间选民成为绿党的支持者，绿党的基层民主原则也为今天的政党建设提供了有益的参考与启示。

（4）非暴力原则。德国绿党在其1983年的纲领中是这样阐述非暴力原则的："我们的目标是建立一个非暴力社会，在这个社会中，人对人的压迫被废除。我们的首要原则是人道的目的不能通过非人道的途径来达到。非暴力应当毫无例外地适用于全人类之间，适用于各个社会集团内部和整个社会内部，适用于各居民集团之间和国家之间。② 从非暴力原则出发，绿党反对使用一切形式的暴力。在绿党看来，"结构性暴力"即由国家和社会制度强加的暴力和压迫，更是一切暴力形式中最具有潜在危险的表现形式。就国内方面来说，它的实施总是通过维护法律和社会秩序的名义而使社会和公民遭受暴力的侵犯，"过度武装的警察和权力无所不及的安全机构与其说是对自由的保护，不如说是对自由的威胁"；就对外来看，由国家暴力导致的核军备竞赛使整个人类都陷入核战争恐怖状态中，而且完全丧失了它的正义性。因此，绿党认为"废除内务部门及其特别的'效忠职能'是民主改造国家行政的第一步"③，"废除军队是理性的决定，是道德

---

① 鱼小辉：《战后西德两大社会思潮比较研究》，陕西人民出版社1992年版，第50页。
② 刘东国：《绿党政治》，上海社会科学院出版社2002年版，第236页。
③ 同上书，第243—244页。

上唯一正义的行动"。① 绿党主张消除一切暴力形式还体现在它们自己也不实行暴力,即使为了实现绿色社会变革的理想。绿党在其1980年发表的和平宣言中强调指出:"我们争取和平工作的可靠性,我们与华沙条约国家以及第三世界国家形成新关系的可靠性,都取决于我们对待政治对手,对待政府人员以及国家暴力承担者的语言的、实际的和心理方式;……非暴力反抗与破坏性的仇恨是不相容的。"② 正因如此,在无数次政治抗议活动过程中,无论是面对威力强大的核武器,还是遭遇武装警察的阻拦袭击,或是国内外的种族之间的冲突和国家之间的战争,绿党总是更多地通过静坐、示威、游行等非暴力的和平方式来表达自己观点。

3. 德国红绿联盟政府的生态实践

1998年9月,德国社民党与绿党开始联合执政,从环境保护的基本思想出发,红绿联盟政府提出了一系列的具体决策,从以太阳能为代表的绿色能源的开发,到发展生态友好型的交通,从对自然和农业的保护到对动物的保护等。

(1) 能源政策。德国红绿联盟政府提倡改变对传统的生化——核能等能源形式的依赖、发展以太阳能为主导的绿色能源政策,同时,人们也可以充分利用其他形式的自然资源,如风、地热、水力和海洋等。德国绿党还一直把废除核能作为一项基本政策。无论成立初期,还是1998年的竞选纲领中,绿党都以极其强硬的态度宣称:"毫不含糊地对核能说不。我们准备使用行政、经济和立法等一切可资利用的手段——包括《反核能条约》——来支持我们立即放弃核能的要求。"③ 但是,由于核能发电对德国是一条重要的能源来源途径,废除核电站等于失去了德国经济发展的一个重要动力。同时,废除核电站在一定程度上会影响到国民生活的日常需要,进而会影响到绿党在选民中的影响力;再者,核电站又直接影响到德国工业界各方面错综复

---

① [美]弗·卡普拉查·斯普雷纳克:《绿色政治》,石音译,东方出版社1988年版,第80页。

② 鱼小辉:《战后西德两大社会思潮比较研究》,陕西人民出版社1992年版,第52—53页。

③ 刘东国:《绿党政治》,上海社会科学院出版社2002年版,第270页。

杂的利害关系。最终在这项政策上，绿党不得不选择妥协。在1998年大选中获胜的红绿联盟最终在废核问题上达成协议。协议规定，废除核能的目标不变，但在具体的时间日程表上延期执行，在红绿联盟执政的头一年多时间，一座核电站也没有关闭。另外，2002年联邦议会就通过了再生能源法，以促进太阳能、风能、水能和地热等绿色能源的进一步开发，并通过对再生能源使用给予免税方式来提高再生能源的竞争力。而在绿党担任部长的环保部更是积极行动，1999年1月就启动了"10万户民用太阳能房顶住宅工程"，以推动居民使用光电设备。2002年上半年，德国红绿政府还制订了国家可持续发展战略计划，其中就包括到2010年停止煤炭补贴，扩大利用可再生能源，取消核电供应的内容。

（2）发展生态友好型交通。德国第一届红绿联合政府在其制定的环保新政策中全面阐述了综合化交通运输政策，认为交通运输应该从社会、经济和生态这三个主要视角进行综合考虑。具体包括：避免毫无意义的交通，避免由交通所引起的辐射性污染；促使道路和空中交通转向轨道交通，公路运输更多地转向铁路或内河航运；加强铁路的现代化和增强其与私人经济的竞争力；反对扩建保持自然状态的河流；改善动力燃料质量，降低动力燃料使用和二氧化碳的排放量，对之规定相应的极限值，推出每100公里3公升油耗的燃油轿车等；加强针对航空汽油的税收；反对利用国家资金对现有的航空港进行扩建；改进和完善城市空间结构的交通，促进公共交通和个体交通的协调发展，公共交通应该提供更好的服务质量；提供网上订票、价格咨询等一系列范围广泛、便利公众的交通信息化服务；倡导人们更多地在可能的情况下使用自行车；针对交通噪声的法律必须切实得到遵守；尽量减少交通事故，特别是儿童交通事故等。

（3）对自然、农业和对动物的保护。德国政府对自然和农业的保护包括尽量维持现存的自然空间和传统的可耕地不再受到破坏；自然和农业保护区域尽可能结成一个巨大网络空间，发展自然友好型的旅游和新的农业经济；农业生产必须排除使用诸如化肥、杀虫剂、抗菌素、荷尔蒙以及转基因等有害于人们身体健康的物质。对于消费者来说，采购食品应该首先选择那些来自无污染的、农业健康发展的区域所生产的食品。绿党还提出通过推广和实施"新农业经济关键项目"来扩大农村生态农业发展空间。绿党希望 10 年内在德国有 20% 的乡村成为生态村。德国绿党支持在可食用动物饲养方面的"动物联盟",希望在畜牧业生产中要善待动物,把它们看作是"有感情的动物",即使动物在被饲养的过程中(包括动物运输)也应免受不必要的折磨和痛苦。要禁止对产卵的动物以药物的方式进行催生。渔业经济要以可持续为目标进行整顿,保护海洋哺乳动物。德国红绿联盟政府颁布的首部《转基因植物种植法》为同时从事基因技术和无基因技术的农业规定了严格的责任规则、区位登记和种植标准,在红绿联盟执政的七年中得到了切实的贯彻和执行。在全球范围内合作,运用国际法保护农业和自然的跨地区性,保护森林;进一步改善地下水和地表水的质量等。

(4) 征收生态税。德国红绿政府还进行了生态税改革。生态税税种包括资源税、能源税和污染税等。生态税改革的直接目的在于,通过那些可能对生态造成严重破坏的生产和消费行为实行高额税率的征收,以达到限制这种生产和消费,从而实现环境保护的目的;同时,通过生态税改革的实施,也可以改变人们以往的不合理的生产和消费观念,促使生产者和消费者意识到对自然和社会所应该承担的责任;生态税收的实施也有助于体现和推荐社会公正,因为追求生产利润或奢侈消费更多的只是资本家和富人阶层的行为。生态税改革的具体思路是,让产品和消费体现出资源能源成本和生态污染成本,资源能耗越高,污染程度越严重,为此征收的税率就越高。

为了落实生态税,1998 年绿党大选获胜成为执政党后,在与社民党达成的联合执政协议中提出了相关的政策建议。如从 1999 年 1 月 1 日起将每公升汽油的价格提高 6 芬尼,燃料油价格每公升提高 4 芬尼,每度电价格提高 2 芬尼,煤气价格则上涨 0.23 芬尼。到 2002 年将因此而带来的 360 亿马克的收入用来降低工资附加费用,使目前占个人收入 42.3% 的各种社会保障纳税降低至 40% 以下。与此同时,将国家对子女的补助费从 220 马克增加到 250 马克,到 2002 年再增加 19 马克。2002 年大选获胜继续执政后,在与社民党举行的组阁谈判中,绿党提出,为了促使人民进一步节省能源,必须继续征收生态税。

征收生态税对生态环境保护无疑具有积极影响，但由于它触及生产和消费者当前的利益，其执行和贯彻必然会遇到阻力，这也迫使红绿联盟政府不得不对其进行调整或改变。作为红绿联盟的主要执政党的社民党在2002年的大选前后，放弃了继续坚持征收生态税的立场，坚决反对在2003年第三期生态税征收阶段结束后继续征收生态税。社民党认为，给企业增加生态税，犹如给德国经济雪上加霜。德国产品将因为价格过高失去竞争力，更多的生产部门将迁往国外。在整个选举过程中，绿党也回避了继续征收生态税的问题。

（5）促进就业的社会政策。红绿联盟执政期间，一直把促进就业作为头等大事来做。因为就业绝不仅仅意味着只是解决生计问题，它更多的是一种实现社会整合的手段，是一种对大多数人来说能够实现其社会独立性、个人才智得以充分发挥的必要前提条件。另外，绿党还对传统的增加就业的方式提出了批评，认为过去解决就业就是依靠经济量的增长，但这种方式非但无法解决就业问题，反而会加剧环境负担。绿党的就业政策主要包括如下内容：

第一，对工作形式多样化的肯定和社会保障。绿党认为，未来生态社会市场经济必须承认并高度评价各种形式的工作，必须为两性之间的公正分配创造前提条件。家务劳动、教育工作、社区工作和邻里互助等都应该被看作是一个公民社会的基础。如果没有这些形式的工作，社会就会失去稳定，广泛的社会联系就会趋于解体。因此，绿党主张创造一系列条件，使不同的生活形式、职业工作和非职业工作之间的组合多样化成为可能和获得社会保障。

第二，通过生态政策创造新的工作。更多的就业机会可以通过以生态和社会为导向的政策来得到发展，如通过卫生事业的改革、农业发展方向的调整、能源来源途径的改变以及生态的交通政策为就业提供了新的可能性。

第三，缩短工作时间，分摊工作机会。绿党认为，提供更多就业机会还可以通过缩短工作时间得到实现，因此应该支持所有缩短工作时间的形式。在1998年的选举纲领中，绿党具体提出，在德国西部地区可以实习每周30小时的工作制，在德国东部目前虽然还不具备缩短工作时间的条件，但在未来也应该朝这个方向发展。缩短工作时间的同时，也就意味着他人获得工作或分摊工作的机会，如两人平均分担一份全职工作。缩短工作时间，分摊工作机会的措施，不仅可以促进和增加就业机会，还为人们提供参加培训进修、照顾家庭和教育孩子的可能。

第四，解决年轻失业者问题。绿党认为，与年轻失业者问题作斗争并努力战胜它是一项非常重要的任务，企业必须强化自己的责任感，为年轻人提供培训的机会。此外，在增加就业的途径和措施方面，绿党还提出了老年人的继续教育、工会职能的转变和加强、终身学习以及降低工资附加成本的政策。绿党非常强调终身学习的思想。认为终身学习的计划是与大规模失业进行斗争的关键，终身教育意味着人们接受继续教育和面对需要的技能培训，从而促进个人能力的不断扩大和进一步提高，只有这样，人们才能够在不断变化的社会需求中做到未雨绸缪，有备无患。

绿党就业政策在其与社民党共同执政的七年里，通过红绿联盟的施政纲领得到反映。红绿联盟一开始上台，总理施罗德就宣布红绿联盟最重要的任务就是解决失业问题。随后在政策层面上也制定和出台了一系列政策措施。例如，从1999年1月1日起生效的旨在消除年轻人失业的年轻人应急计划。按照该计划，政府每年投入20亿马克，以促进年轻人中特殊群体的就业与培训，具体措施是促进企业所提供的学徒位置的增加、促进企业外培训和补充培训、年轻人求知训练、提供普通中学毕业证补习班等。2002年8月16日提交的得到红绿两党一致赞同的哈尔茨方案，计划到2005年将失业人数减半，即从2003年的400万减为200万人，其核心内容是改组联邦劳工局，提高职业中介效率和激发失业人员本身的积极性。从红绿联盟就业政策的实践来看，虽然它最终没有实现红绿联盟执政初始提出的解决失业问题的目标，但也确实取得了一些成就，例如就红绿联盟政府针对特殊群体所采取的就业措施来看，在其第一个任期的四年里，中老年人的失业率下降了25%，长期失业者的失业率下降了16%，严重残疾者的失业率下降了12%。在年轻人失业率方面，2000年基本维持在1999年的水平，2001年又攀升到近44.4万人（9.1%），但无论如何仍然低于 1998 年的水平。

（6）生态和平的外交政策。绿党早期纲领坚持非暴力原则，反对包括战争在内的一切暴力形式，因此在外交政策上坚持生态和平是德国红绿联盟政府的一贯原则。首先，为了维护和平，德国绿党提出，加强联合国的作用。其次，改革联邦国防军，逐步缩减联邦国防军规模和取消兵役义务；通过增加透明度来促进联邦国防军民主结构改革，在社会化服务领域创造固定工作，与拒绝服兵役者的替代性民事服役告别。最后，缩减军备。促进对常规武器和地雷的检查和销毁，直到销毁大规模杀伤性武器和迅速减少核武器。继续限制军备出口，决定军备出口的过程必须透明化；对军备的结果进行评估，并经常提供相关的报告。

随着德国绿党由参政转向执政，其和平外交的政策也产生了变化。表现在对战争的态度上。1998 年绿党成为执政党之前，绿党不折不扣地忠实于非暴力原则。但是，这一原则却在绿党成为执政党以后开始松动。如 1999 年北约未经过联合国授权对南联盟进行轰炸，菲舍尔为此在德国电视台发表讲话说："当弱小民族遭遇来自强大民族的集体毁灭时，欧洲国家为了维护人权，有义务保护他们的人身安全。"[①] 由此看到，暴力在德国绿党那里可以成为政府的手段。2001 年"9·11"事件后，绿党议员迫于总理施罗德的压力而通过了向阿富汗派遣 3900 名联邦国防军士兵的决议，这是德国自第二次世界大战以来首次打破传统的军事禁忌向外派兵。2002 年 3 月，绿党在其新的纲领中又明确进一步对其外交和安全政策进行了重大调整，首次表示不再拒绝把武力作为政治解决危机的最后手段。在对北约和联邦国防军态度方面，绿党在早期纲领中曾提出，废除军队是符合理性的。2002 年绿党在新的纲领中提出了"改革国防军，取消义务兵役"的口号，并认为"联邦国防军不能在一夜之间完全取消，裁军和转型的过程必须一步步进行"，这实际上承认了军队存在的合理性。对于北约，绿党早期同样出于对战争的观点而主张废除作为军事组织的北约，在 1987 年的联邦纲领中还第一次提出退出北约的要求，并正式把它确定为绿党的一项基本外交立场。但到了 90 年代后期，绿党不

---

① 朱苗苗：《德国绿党外交政策的发展和变化历程》，《德国研究》2001 年第 2 期。

仅表示拒绝德国单方面退出北约，而且红绿政府甚至称北约是"维持欧洲稳定的至关重要的组织"。截至 2002 年，德国绿党还明确主张"德国要为加强集体安全而积极参与北约组织的行动"。① 在军备出口方面，出于反战和平的理念，德国绿党长期以来反对武器交易，并对联邦德国的武器出口政策提出了强烈批评。在 1987 年的联邦竞选纲领中，绿党明确指出："武器交易是带来死亡的生意。"但在 1999 年，在红绿政府内阁决定向土耳其出口"豹 II"式实验用坦克的讨论中，绿党就表现出一种暧昧态度，使得该决定得到了顺利通过。绿党外交政策的变化主要发生在 1998 年以后，从反对党到执政党，绿党已经不可能再完全站在党派立场上来对待和处理涉及国家利益的外交问题，而必须从党的利益转向国家的利益，从党的外交观点转向国家的外交观点。而国家不过是垄断资产阶级利益的代表。因此，德国绿党 20 世纪 90 年代政策变化的实质是与资本主义生产关系的妥协，由资本经济制度的反抗力量变成维护力量。

（7）性别政策。在德国红绿联盟政府的妇女政策框架中，有两个基本原则：第一，通过立法保证"同工同酬"原则的实施，在职业领域改善男女不平等的状况；第二，通过立法反对家庭暴力，保障妇女儿童在社会生活领域的合法权益。绿党提出两性应该在通向就业市场的道路上享有同等的机会和权利的主张。反对和禁止在经济活动中各种形式的对妇女的歧视，要求国家在社会各个领域和方面，首先是在经济领域制定一系列有利于妇女的政策。1999 年 6 月，德国联邦政府内阁通过了实施"妇女和职业"计划的决议。这个计划的主要目标在于：减轻妇女就业的障碍，改善妇女工作条件以及促进和提高妇女在政府机构、高等院校和企业中工作的比例。此外，要特别支持妇女进行的自主创业活动。同时，尽可能促使妇女和男人为改善、处理职业工作与家务劳动的关系而达成一致意见。具体措施：强调通过立法改善男女不平等状况。如通过对私人经济的立法，就一定规模的企业里的男女平等计划方案作出相关的规定；采取有效的法规和制裁措施反对雇主对女性的歧视；公共管理领域的工作合同协议要与促进妇女平

---

① 朱苗苗：《德国绿党外交政策的发展和变化历程》，《德国研究》2001 年第 2 期。

等相吻合；扩大禁止歧视妇女的范围；在集体性质的工作协定中同样贯彻"同工同酬"的原则，反对工资歧视；对与妇女就业紧密相关的计时工作进行立法；更好地设定具有个性特征的禁止歧视妇女的相关规定；倡导对妇女协会和工会同样实施协会诉讼法；等等。如上所述，联盟时期的绿党在职业领域提高妇女地位的主张，主要是坚持以立法方式明确提高妇女就业和参与领导层的比例。

（8）移民政策。绿党认为，一个民主的国家和多元化社会的标志就是开放，它意味着国家和社会必须包容各种不同的生活模式和各种不同的生活风格，德国出于自身经济和人口发展原因需要外来移民的迁入。为此，社会应该为这些移民提供继续发展的机会和创造相应的文化氛围，反对以往实行的客籍劳工政策，开创对工作移民给予长期居留的观念。为此，在国籍法改革中应该实施双重国籍法，以使第一代移民和儿童享有德国的国籍成为可能和变得更加容易；对移民和外来儿童在就业、教育、培训和语言等方面提供一切可能帮助，特别是针对妇女提供相应的特殊安排等；作为宪法规定的政治避难权的担保者，绿党主张对出于政治迫害和内战等原因而流亡到德国的人提供具有人权和法制的、国家安全保护性质的保障等。

20世纪90年代开始，德国绿党不断采取一系列比较务实的改革措施，包括党组织的传统政党化；政策由激进、理想转向温和、务实；放弃原来的基层民主转而接受代议制国家的主张；政党定位转向追求执政党等。这些政策的变化使其在州议会和联邦议会选举中取得很大成功。到1994年，绿党的地方性改革更是结出累累硕果。在16个州中已经进入了11个州议会，除了黑森州，还在萨克森州与社民党组成了联合政府。地方性改革的成功也带动和促进了绿党在全国性的胜利。在同年10月举行的联邦议会选举中，绿党获得了7.3%的选票和49个议席，取代自民党成为联邦议会内的第二大党。到1996年年底，绿党已经进入12个州议会，并在萨克森州、北威州、萨尔州等与社民党联合执政。这一切都为绿党在1998年大选中的获胜奠定了基础。1998年，绿党在菲舍尔的带领下终于实现了执政的梦想，与社民党组成了德国历史上第一个红绿联盟政府。在随后7年的执政时期，绿党的政策制定和变化更加灵活和务实，适时适宜地对其纲领和政策进行调整。这种变化和调整无疑是执政地位对绿党提出的必然要求。为了适应执政地位所带来的变化和要求，2001年7月，绿党对实行了长达20年的党的纲领进行了修改，提出了新的基础纲领草案，确定党的政治定位是"左翼中间路线"。力图以"改革党"身份淡化乃至消除"抗议党"的形象；在党的组织建设上，2003年，通过基层表决取消了议员不得党内任职的限制；在生态税的征收问题上，则采取"根据情况的发展而定"的灵活对策；在关闭核电站的问题上，对原来要在2002年关闭的核电站不再要求关闭；甚至在事关绿党核心价值观的问题上也采取了现实主义的态度。绿党的基本价值观原则之一就是反对战争，坚持和平，但是绿党在新的纲领中表示，不再完全拒绝把武力解决作为政治解决危机的最后手段。绿党的这些变化实质是向资本主义生产关系的妥协，由对社会制度的批判力量变为维护和支持力量。

4. 德国绿党生态实践的意义

纵观德国绿党创立、发展和执政过程，其间虽然发生了原则上的松动和变化，由激进变得更加现实，但其倡导的理念与政策对德国乃至整个世界社会发展观念带来积极影响。集中体现在树立健康的经济发展方式、发展民主政治、塑造环境友好型个人生活方式和构建新型国际关系等。

（1）树立健康的经济发展方式。长期以人们对经济发展的认识局限于单纯的经济量的增长和财富的增加，却忽视了经济增长所付出的资源环境代价。这种对经济发展的简单认识是与物质匮乏和分配不公的社会相联系的。在物质匮乏的时代，人们希望能够通过经济量的增长来实现财富的快速积累和解决社会分配不公问题，并普遍追求高额收入和消费主义的生活方式。粗放式的经济发展理念会促进生产和消费的无限扩张，并引起严重的资源浪费和生态环境破坏，对人们健康和安全造成威胁，不得不引起人们对经济发展方式的新思考，使人们更加关注经济的健康发展和生活质量的提高。

德国绿党是第一个以生态理念促进经济发展方式转变的政党。七年执政下来，虽然德国经济年均增长率仅为1.3%，但按照德国绿党健康的经济发展要求，经济发展不应该通过单纯的经济增长和财富量的积累来满足社会成员的物质利益,而应该基于满足人们的基本需求和符合生态的方式发展。在 1983 年纲领中,绿党宣称:"我们不承认目前的浪费经济能够增加幸福或生活的成就感,尽管它可以增加收入。……我们只有把自己从过分看重生活的物质标准中解放出来,我们的创造力才能获得解放,才能在生态基础上重新塑造我们的生活。"① 执政七年时间,绿党一直不遗余力地在德国经济建设和发展中实践自己的绿色生态理念。在关闭核电站、征收生态税、反对环境污染等社会性活动中,绿党的基层组织和绝大部分成员都是积极参与者和组织者,同时也带动了其他社会成员的积极参与。绿党作为执政党在政府层面推行一种健康的生态经济发展模式,对促进整个德国乃至世界社会发展观的转变起到示范作用。

(2) 建立新型的民主政治。德国绿党的前身是来自新社会运动的组织团体。新社会运动倡导以一种非暴力基层民主组织方式引导社会改革。绿党通过党的纲领形式,以生态思想为指导,把新型的民主集中概括为社会公正和基层民主,为德国的民主政治发展提供了参考。

(3) 塑造生态友好型个人生活方式。德国绿党在 1983 年纲领中明确指出:"生态、经济和社会的危机只有通过受害者的自我决定才能抵消……我们主张每个人自己作出决定并自由发展……我们希望人们团结一致,创造性地塑造自己的生活,与自然环境、自己的愿望和需求相和谐,摆脱外部的威胁。"② 从这段话中可以看到,绿党主张的个人生活是一种摆脱了对物质崇拜以及由此获得自主决定的生活,是一种把对自然的爱护与个人需求相结合的生活。

(4) 构建新型的国际政治经济关系。绿党政策对当今国际关系的发展也具有积极影响。生态问题是一个全球性问题,它的解决需要国际合作。《欧洲绿党联盟:指导性原则》指出:"绿色政策基于可持续利用而不是无限制的消费。这意味着富有者必须节制其消费以让贫穷者拥有地球资源的公正份额。绿色党团赞成合作而不是竞争,满足

---

① 刘东国:《绿党政治》,上海社会科学院出版社 2002 年版,第 264 页。
② 同上书,第 231—232 页。

所有人的需要而不是一部分人的贪欲，和平与安全而不是战争与侵略。……可持续的世界经济将能使现代人在满足其需要时不破坏未来几代满足他们需要的能力。它将尊重人类活动依赖的生态系统的整体性。"① 绿党立足于全球生态合作，在国际事务中伸张正义，反对霸权主义与强权政治，主张世界和平，致力改善南北关系，这无疑有助于建立公正、合理的国际政治、经济和生态秩序。

虽然绿党的生态政治实践有益于人们树立全球生态保护意识，形成全面发展的社会发展观，但是其温和的政策对资本主义制度并不能伤筋动骨。绿党对资本主义社会制度的批判、本质上是资本主义生产关系的自身调整。在经济增长和选民支持率面前，绿党逐渐放弃了其激进的变革社会的想法，转变为一个现实主义的政党，由社会的批判力量变成社会的维护力量。因此，绿党的政策和理念本质上是一种改良主义，对资本主义社会变革的作用是有限的。

德国绿党生态实践彰显了其理论与实践相矛盾的特点。首先，生态社会主义作为一种乌托邦理论包含了不少超现实的、理想的内容和色彩，以至于在现实政治中，很难找到一种真正的、持续性的支持力量。为了现实中的发展，他们不得不在基本主张上向现实妥协。比如绿党公开表示超越阶级界限，超越左派和右派，与人民和自然界共存亡。绿党给自己的定位既不是资本主义的，也非社会民主主义的，更不是社会主义的。它的出发点是全人类的，不分阶级和阶层，它所关心的不是哪一个阶级、阶层或哪一部分人的生存，而是整个人类和星球的生存。但抽象的人类利益是不存在的，存在的只有民族、国家和阶级的利益。绿党的这种抽象的人道主义和自然观在现实面前难以立足。其次，作为执政者肩负着双重角色：作为社会和国家代表的经济理性人和作为生态社会主义代表的生态理性人。前者在投入—产出或效益—成本的选择上，很少能够从社会的、长远的角度来考虑，他们考虑更多的是个人的、短期的产出和效益。而这从根本上是与可持续发展的要求相抵触的。后者则恰恰相反，从人类长远利益出发，舍弃现实的便利，而这无疑又与国家经济增长的目标相违背。对这一矛盾

---

① 郇庆治：《欧洲绿党研究》，山东人民出版社2000年版，第335—336页。

的角色,《瑞典绿党党纲》结语这样描述:"我们承担着双重角色。我们既是一个探路者,又是一个传统意义上的政党;我们既先于时代,又在现实中间。这种结合在许多情况下是困难的。我们既不能超出太多以与身后的追随者失去联系,从而切断这一绿色变革的道路,同时我们又意识到时间的紧迫性,必须先行一步。我们是瑞典政治中基于生存与团结的选择性模式的探路者。"[①] 社会总是在矛盾中前进,理论也总是在与实践结合中得到发展,无论如何,红绿联盟从理论走向现实政治实践是一个升华,它意味着生态社会主义的探索又前进了一步。德国绿党在 2005 年大选中失去了其执政党地位,但并不影响生态社会主义运动带给其他国家执政者的思考和意义。

[①] 郇庆治:《欧洲绿党研究》,山东人民出版社 2000 年版,第 305 页。

第四章　中国社会主义发展模式构建

新中国成立以来，中国的发展无论在理论上还是在实践上都取得了历史性成就。历代中共领导集体核心善于从中国传统文化思想中汲取精华，并结合当代中国国情和时代特征，探索并构建中国社会主义发展模式。毛泽东在探索中国社会主义发展的过程中历经艰难曲折，其成功与挫折、正确与失误都成为宝贵的经验，为新时期社会主义的发展提供理论准备、物质基础。改革开放以来，我们党不断深化对社会主义的认识，邓小平提出了不同于传统的社会主义观，并推动中国模式初步形成。科学发展观等重大战略思想则把社会主义观推进到一个新高度，实现了中国模式的再升华。

第一节　中国传统文化的生态意蕴

中国传统文化源远流长、博大精深。作为中国文化三大传统的儒家、道家、佛家思想中包含着诸多符合现代生态思维的思想元素，蕴含着丰富的生态智慧。

一　中国传统文化的生态经济观

（一）崇尚节俭、用之有节的生态消费思想

传统文化中要求人们在开发和利用自然资源时，要珍惜节约为人类提供衣食之源的自然资源，消费时不浪费。尚节用、奉俭约一直是中国传统道德的基本准则，也是古人对待自然资源的基本原则。

儒家学说创始人孔子明确提出"节用"的消费主张。就个人生活而言，他认为："衣敝缊袍，与衣狐貉者立而不耻者，其由也与？"①"饭疏食饮水，曲肱而枕之，乐亦在其中矣。"② 在国家层面，孔子把节用和爱人两方面联系起来，坚持"节用而爱人"的做法，他要求为政者要节省财政支出，爱护百姓。孔子虽然很重视礼，但他并不看重礼的外在形式，不主张使用高贵华美的礼器，穿戴制作复杂而且过于讲究的服饰。孔子在表达对"礼之本"看法时说："礼，与其奢也，宁俭；丧，与其易也，宁戚。"③ 所以如此，是因为在孔子看来，"奢则不孙，俭则固。与其不孙也，宁固"。④ 孔子认为，奢不仅是经济上支出多少的问题，更严重的是奢会刺激人的消费欲望，使人对自身的消费行为失去道德约束力；而俭则不然，俭虽然不免显得寒碜，但它体现了消费行为上的道德约束。孟子认为，在致力于生产的基础上，节约开支，以礼节用，才能使物质财富不贫乏。"易其田畴，薄其税敛，民可使富也。食之以时，用之以礼，财不可胜用也。"⑤ 孟子坚决反对摆阔性消费，认为，"宝珠玉者，殃必及身。"⑥ 荀子认为，节俭是消费支出的基本原则，在社会生产方面要开源节流。他认为，节俭是富国裕民的好办法。"足国之道，节用裕民而善臧其余。节用以礼，裕民以政。彼裕民，故多余。"发展生产、节约开支，可使社会上的财富堆积如丘，反之，则难免于贫穷。他坚信"强本而节用，则天不能贫"⑦；"务本节用财无极"。

道家提倡以实际需要利用财物，节制有害的物质欲望："鹪鹩巢于深林，不过一枝；偃鼠饮河，不过满腹。"⑧ 所以，人应当"量腹而食，度形而衣，节于己而已"。⑨ 老子认为，追求过多的物质享受对人的身心都是有害的："五色令人目盲，五音令人耳聋，五味令人口

---

① 东篱子译注：《论语》，北京时代华文书局2014年版，第122页。
② 同上书，第91页。
③ 同上书，第32页。
④ 同上书，第97页。
⑤ 万丽华、蓝旭译注：《孟子》，中华书局2006年版，第300页。
⑥ 同上书，第333页。
⑦ 安小兰译注：《荀子》，中华书局2007年版，第109页。
⑧ 孙通海译注：《庄子》，中华书局2007年版，第11页。
⑨ 陈广忠译：《淮南子》，中华书局2014年版，第50页。

爽，驰骋畋猎令人心发狂，难得之货令人行妨，是以圣人为腹不为目。故去彼取此。"① 人应当对正常物质生活之外的奢侈享受有所克制，"是以圣人去甚、去奢、去泰"。② 老子将"俭"视为"三宝"之一："我有三宝，持而保之：一曰慈，二曰俭，三曰不敢为天下先。慈故能勇；俭故能广；不敢为天下先，故能成器长。"③ 老子还从治国角度提节俭消费的重要性："治人事天，莫若啬。夫唯啬，是谓早服。早服谓之重积德。重积德则无不克。无不克则莫知其极。莫知其极，可以有国。有国之母，可以长久。是谓深根固柢，长生久视之道。"④ 意思是说，治国根本在于节俭，节俭消费可以带来诸多益处，节俭可使国家良性发展下去。庄子号召世人保持一颗寡欲之心，他在《大宗师》篇对于欲望过大的人进行了毫不留情的批判："其耆欲深者，其天机浅。"在《盗跖》篇庄子更是对富人在消费方面"耳营钟鼓管籥之声，口嗛于刍豢醪醴之味，以感其意，遗忘其业"的消费习惯表现出强烈的反感之意。在《天运》篇庄子提出节俭消费的标准："食于苟简之田，立于不贷之圃。"由此可看出庄子推崇简单朴素的生活方式和消费理念。

佛家提倡"佛性戒、持心戒"，追求"常、乐、我、静"的境界，倡导"清心寡欲"的朴素生活方式，强调"修行"的戒规生活，体现在消费观上就是要"勤俭节约"。"常住一粒米，大如须弥山，今生不了道，披毛戴角还"是佛门经常作为实训的一句话。旨在教导众僧，寺院的一草一木都是用来供养有需要的人的，接受供养的人应怀有慈悲之心进行潜心修道，弘扬佛法，造福众生。如果自己都认为道心轻薄，则不能轻易消费，以免来生做牛做马来偿还这债务。佛家把过度消费看作是一种因果债，如果不能通过行善积德来偿还这笔债，哪怕浪费的是一粒米，也会在今生来世受到应有的惩罚。佛家这种生活态度和生活方式使人们的要求和欲望得以净化和控制，使人类不断适应环境和充分利用现有的资源。

---

① 陈涛编著：《老子》，云南人民出版社2011年版，第116页。
② 同上书，第214页。
③ 同上书，第403页。
④ 同上书，第367页。

中国传统文化中倡导的节俭、反对奢侈浪费的理性消费思想，对于当前树立合理的节俭消费观念、构建社会主义节俭道德环境、开展全民节约行动，以及建设社会主义生态文明、建设节约型社会具有重要的借鉴意义。

（二）取之有度、永续利用的生态可持续思想

传统文化中不仅有珍惜自然资源、合理利用自然资源的思想，还有保护自然资源，自觉维护生态平衡，实现可持续利用的生态思想。

儒家主张保护生物的持续发展，反对因人类对动植物生态资源的掠夺而造成的物种灭绝思想，要取之有度。《论语·述而第七》中记载："子钓而不纲，弋不射宿。"① 即可以钓鱼而不用网捕，可以用箭射鸟但不射杀巢宿的鸟，也就是说，不能用赶尽杀绝的手段对待自然资源。《礼记·王制第五》篇规定在万物复苏的春天，"天子不合围，诸侯不掩群。"《史记·孔子世家》指出："刳胎杀夭则麒麟不至郊，竭泽涸渔则蛟龙不合阴阳；覆巢毁卵则凤凰不翔。"《荀子·王制》中则介绍了如何使"五谷不绝"、"鱼鳖优多"、"山林不童"的措施："圣王之制也，草木荣华滋硕之时则斧斤不入山林，不夭其生，不绝其长也；鼋鼍、鱼鳖、鳅鳝孕别之时，罔罟、毒药不入泽，不夭其生，不绝其长也；春耕、夏耘、秋收、冬藏四者不失时，故五谷不绝而百姓有余食也；洿池、渊沼、川泽谨其时禁，故鱼鳖优多而百姓有余用也；斩伐养长不失其时，故山林不童而百姓有余材也。"② 同时荀子还提出："节用御欲，收敛蓄藏以继之也，是于己长虑顾后，几不甚善矣哉！"这些思想反复倡导人们要抑制欲望，注意收藏、蓄积物资，以便保持供给不中断，反映了一种维持生态平衡的可持续思想。

道家提出"知足"、"知止"的开发自然、利用自然思想。"知足"、"知止"，就是遵循生态系统自身的规律，认清事物自身所固有的限度，控制无限膨胀的人欲，适可而止，自我满足，不涸泽而渔，不杀鸡取卵，维系生态与人"和谐"的长久；如果穷奢极欲，贪得无厌，最终会受到规律的惩罚，而自取其"辱"。"甚爱必大费，多藏

---

① 东篱子译注：《论语》，北京时代华文书局2014年版，第95页。
② 安小兰译注：《荀子》，中华书局2007年版，第92页。

必厚亡。故知足不辱，知止不殆，可以长久"。① 老子说："祸莫大于不知足；咎莫大于欲得。故知足之足，常足矣。"② 他进一步指出："知足者富"。③ 庄子也说："知止其所不知，至矣。"④ 他还指出，自然秩序之所以经常被弄得大乱，就在于人们不知其所止，他们只知道舍内求外，而不知探索分内的无为恬淡，清虚合道之道理。人是生态环境的一部分，破坏生态环境就是伤害人类自身，人类改造利用自然环境一定要有度，不能恣意妄为，不能为了满足人类自身的贪欲而破坏生态环境。所以，当前面对日益恶化的生态环境，老子和庄子关于自然界有其限度因而人们必须知足、知止的思想与现代文明的发展是非常相吻合的。人们在改造、利用自然万物时必须适可而止，把握适当的度，使经济社会与资源环境相协调，实现可持续发展。

佛家在这方面的思想也是比较积极的。佛家的"慈悲为怀"、"泽被草木"、"普度众生"的道德追求，让人在维护万物生存权利和平等权利方面，有一种上天赋予的责任，而主动去实施，进而上升为一种自觉。佛家笃信"因果报应"，认为"前世的因"导致"后世的果"。例如，佛家把"放生"方式看作一种积德的善行，认为人可以通过反复的实施，为现世和来生积功德，成为人在未来享福所依托的"资本"。这不仅在主观上得到了心理慰藉，身心得到了修养，而且在客观上起到了保护生物维护生态平衡的作用。由此，佛家思想中不仅蕴藏着深刻的生态关怀，而且在"宣传、启迪、实行、激励、自发实行"等过程中形成了一套相当完美的"自为"生态保护机制。

由于时代局限，中国传统文化中的生态经济思想带有直观性，缺乏实证分析和定量表述，既没有形成精确的科学概念，也没有上升到科学理论的形态。但它所呈现出来的丰富内容，为身处生态困境的我们提供了深刻启迪，也与当前提倡的生态经济、可持续性发展思路不谋而合。

---

① 陈涛编著：《老子》，云南人民出版社2011年版，第289页。
② 同上书，第298页。
③ 同上书，第237页。
④ 孙通海译注：《庄子》，中华书局2007年版，第40页。

二　中国传统文化的生态政治观

(一) 政治生活中的和谐思想

在政治生活中，儒家思想蕴含的生态意识集中体现在其中庸之道和仁学思想领域。孔子认为，事物都有"两端"，要平衡和统一"两端"，必须采用中庸之道。孔子说："中庸之为德也，其至矣乎！民鲜久矣。"① 孔子把中庸视为最高的道德标准，要求人们去遵守。所以，他反对走极端，凡事走极端就会出问题。他愿意同守中和之道的人交往，说："不得中行而与之"②，而"小人"则"同而不和"，不能中和以处。运用这种方法论于社会统治，在两极和极端中找到达至平衡的中和之道，能够在一定程度上缓和阶级矛盾和利益冲突，获得社会发展所需要的和谐的生态环境。除此之外，孔子把"仁"扩充到政治领域，要求君主爱民。孟子继承并发展了孔子"仁"的思想，进一步提出一套"王道仁政"、"民贵君轻"的"仁政"学说，认为民心向背对于国家政权安危起着决定性作用。这在理论上提升了民众、民心之于政治统治的地位，认识到民众对统治者的制衡作用。即孔孟都强调统治阶级要实行"仁政"，要求统治者体察民情，反对苛政和任意刑杀，以实现官民之间良好的生态互动。孔孟"仁学"思想的主旨，无疑是站在当时统治阶级的立场上，为统治阶级的长久统治提供理论指导，但这并不排除"仁学"思想所内含的积极的生态政治思想成分。

道家文化在这方面的思想主要体现为老子的"无为而治"和庄子的"反礼法而任自然"思想。老子的政治理想是小国寡民社会，是"邻国相望，鸡犬之声相闻，民至者死，不相往来"③ 的社会。要实现这一政治理想，老子主张统治者应实行"无为而治"的治国策略，"处无为之事，行不言之教"。④ 只有实行"无为"，才能达到天下大治："我无为，而民自化；我好静，而民自正；我无事，而民自富；我无欲，而民自朴。"⑤ 通过统治者的"无为"这种统治形式，为老

---

① 东篱子译注：《论语》，北京时代华文书局 2014 年版，第 83 页。
② 同上书，第 175 页。
③ 陈涛编著：《老子》，云南人民出版社 2011 年版，第 466 页。
④ 同上书，第 60 页。
⑤ 陈涛编著：《老子》，云南人民出版社 2011 年版，第 359 页。

百姓安居乐业提供"不干涉"服务,以求得社会发展这一目的。因此,老子不主张统治者对被统治者施加武力,正所谓"以道佐人主者,不以兵强于天下"。① 老子这种"无为而治"思想,与当今政治学界的"有限政府"思想很是契合。庄子则主张"反礼法而任自然"。庄子认为,真正体现人的自由精神的世界是没有人为的法度礼仪,而是在自然状态中,听任人民与禽兽同居,和万物相聚,无所谓君子与小人之分,自由自在地生活。所谓"至德之世,同与禽兽居,族与万物并,恶乎知君子小人哉?"② 很明显,老庄的社会政治思想体现为强调国家与社会的适度分离,在国家对社会若即若离的状态中,达到国家与社会的各自独立和相对平衡,并通过对人民的宽容政策,促进社会的繁荣,反过来又用之保证国家对社会的控制。这就使国家与社会处于和谐互利的良性互动的生态状态之中。

佛家的生态政治意识主要体现为"仁王之治"治理观。佛陀心目中的理想政治是转轮圣王的仁王之治,在《仁王护国般若波罗蜜多经》中,佛陀为国王们提出了许多如何为仁君圣王的治国之道。佛教所提倡的是以德行来处理政治事务,以治人来治国,这与儒家的"德政"是一致的。同时,因为佛教宣扬"四大皆空",因果报应,用禅悟和净土信仰引导人们走上非现实的解脱之路,这就给严酷的社会现实注入了温凉剂,有助于缓解社会矛盾,客观上有利于中国封建社会的稳定和持续,因此,历代统治者大多懂得利用佛教来为自己的统治服务。

(二) 社会生活中的和谐、平等思想

儒家很早就认识到人生来平等这个事实,《礼记》中说"天下无生而贵者",又说"古者生无爵,死无谥"。孔子是很有平等思想的,他强调人的真正价值与出身、地位或财富无关,人与人的主要区别在道德。儒家文化特别强调的"忠恕"之道,更是建立在人与人平等的基础上。孔子的箴言:"己欲立而立人,己欲达而达人。""己所不欲,勿施于人。"言下之意,就是每个人的人格都应该得到尊重,与现代社会的平等观本质是一样的。孟子更是以性善论为基础,进一步

---

① 陈涛编著:《老子》,云南人民出版社 2011 年版,第 218 页。
② 孙通海译:《庄子》,中华书局 2007 年版,第 168 页。

充实了儒家人格平等的思想。他提出"尧舜与人同耳"、"圣人与我同类者"、"人皆可以为尧舜"这样的观念。孟子通过性善论，把平等看作是"上天"赋予人的一种权利，使之具有了一种普遍意义。儒家思想的平等，更为看重的是精神与人格上的平等，只有以这种平等观为基础，才可能达成一个日常社会的平等。当然因为儒家是礼制的维护者，所以即使是孔子，他在提出"仁者，爱人"的同时，也强调"爱有差等"。宋明以前的儒家学者更是为了维护封建统治需要，不断强化这种人的等级差别的内容，使"忠恕"之道所蕴含的平等精神受到严重的窒息。不过，到了明清之际，随着中国商品经济的发展，市民阶层的形成，资本主义萌芽的出现，"忠恕"之道所蕴含的平等内涵逐渐显现出来，受到人们的重视。

道家主张人类社会中的"相生相养"之道，即追求一种人人平等的生存权利。《太平经》中提到："是天使奉职之神，调和平均，使各从其愿，不夺其所安。"亦即天对所有的人都是平等的，天生万物是要让所有的人都能得到生养，无有偏私。社会生活中的"相生相养"之道并不是要求帝王（统治者）对民众的生产生活和生存权利给予特别的关爱，而只是要求他效法天地自然，像天一样无不覆，无不生，像地一样无不载，无不养，无亲无疏，无贵无贱，无大无小，实现"不负一物"。这种思想就是一种朴素的追求广泛的社会公正和平均主义思想。为了实现人与人之间关系的和谐，道家历来主张扶危济困，主动帮助弱势群体。《太平经》中提到："或积财亿万，不肯救穷周急，使人饥寒而死。罪不除也。"道家关于人类社会的"相生相养之道"正是其社会生活准则，对于实现人与社会和人与人之间的和谐发展具有重大意义。

佛家中的"克己"、"慈悲利他"思想，要求人们"去恶行善"的教义，都有利于人与人之间、人与社会之间的和谐。佛家文化强调"平等"，佛教所言的"平等"有三种指向：一是"众生平等"。佛经说："心佛众生，三无差别。"这里的"平等"是全面的平等，不单指人与人平等、佛与佛平等，人与佛、人与动物、人与天神鬼狱都是平等的，所谓"是法平等，无有高下"。二是"善恶"、"报应"的平等。善有善报、恶有恶报。三是"佛性"的平等。可以将其理解为一种"机会平等",人人皆有佛性,人人都可以成佛,所以,在佛教看来,即使恶人,也可以"放下屠刀,立地成佛"。佛教这种平等思想中对人性、人格以及道德完善层面的终极平等设定,为现实的政治、经济、法律等平等权利诉求提供了一种深层理论根据。

传统文化中的生态政治思想毕竟是时代的产物,为当时统治阶级所用,为其统治服务。但其中的"仁政"、"民本"思想很好地发挥了人民群众在历史中的推进作用,提倡爱护人,尊重人,强调人的价值,维护人的尊严和权利,在一定程度上起到了缓和阶级矛盾,减轻人民负担的作用。人与人之间的平等思想在平等的互相助益中求得和谐与调适,也具有现时代生态政治理论的生动气息。

三 中国传统文化的生态伦理观

(一)"敬天地、贵生灵"的尊重自然思想

中国传统文化中的生态伦理很早就认识到,以天地为代表的自然界是世界万物的生成者与养育者,人的生存依赖于自然界提供的物质生活资料。被儒家学派推崇为六经之首的《周易》清晰地揭示了自然界的本源性:"有天地然后万物生焉","有天地然后有万物,有万物然后有男女"。既然人来源于自然界,人类社会与自然界是相互依赖、相互作用的,那么人类就要尊重自然。中国传统文化对尊重万物生命的伦理思想具有普遍的认同,把尊重一切生命价值,爱护自然万物视为人类的崇高道德职责。

"仁"是儒家学说的核心概念,认为"仁"是人类道德的最普遍、最基本的原则。儒家思想不仅提倡"仁者爱人",而且主张将这种适用于人类社会的伦理道德观念推广到人与自然的关系,认为对待天地万物也应采取仁爱态度,把尊重生命、维护生命、长养生命作为人的"大德"。孔子认为:"断一树,杀一兽,不以其时,非孝也。"《礼记》提出爱护动物的"六不":不火烧草木而畋猎、不猎杀小兽、不取禽鸟之蛋、不杀怀胎的动物、不摧折幼小动物、不捣毁鸟兽之巢穴。孟子提倡关爱生命,保护动物。孟子说:"亲亲而仁民,仁民而爱物。""君子之于禽兽也,见其生,不忍见其死;闻其声,不忍食其

肉。是以君子远庖厨也。"① 把爱护自然万物提高到君子道德职责的地位。董仲舒更是明确地把道德关怀从人的领域推广到生命和自然界："质于爱民，以下至于鸟兽昆虫莫不爱。不爱，奚足谓仁？"即仅仅爱人还不足以称之为仁，只有将爱民扩大到爱鸟兽昆虫等自然万物，才算作仁。在儒家中，张载的思想最能体现万物平等、仁爱万物的价值观，他提出"民胞物与"的著名思想，他在《西铭》中写道："乾称父，坤称母；予兹藐焉，乃混然中处。故天地之塞，吾其体；天地之帅，吾其性。民，吾同胞；物，吾与也。"人与万物虽有"类"的区别，但都是天地自然所生，都是天地自然的儿女，在这一点上并无高低贵贱之分，因此人与万物是平等的，人类要尊重万物，友善对待自然，而不是作凌驾于自然万物之上的主宰者。儒家把对生物的关爱思想看作是"孝"和"义"的体现，是人类情感、性善归属的需要，这种思想应该成为现代生态伦理学的重要支撑。

道家提出"物无贵贱，物我同一"的万物平等思想。道家认为，人类与自然界其他存在物都是生态系统中的要素，人类是生态系统中的一个环节，自然界中的一切存在都是平等的，万物无贵贱之分。老子《道德经》第25章言："域中有四大，而人居其一焉。人法地，地法天，天法道，道法自然。"② 人不过是万物中的普通成员，老子提出的"道法自然"理念奠定了道家万物平等观的基础。庄子则将潜含在老子学说中的万物平等观加以充分发挥，提出"以道观之，物无贵贱"③ 的万物平等思想。庄子认为："万物皆种也，以不同形相禅，始卒若环，莫得其伦，是谓天均。天均者，天倪也。"④ 万物都有共同的始源，以不同的种类形态互相更替，这是天然的平等。也即宇宙万物都有自身的内在价值，任何事物的价值都是平等的，没有大小贵贱之别，因为他们都源于"道"这个价值本源，也都按照"道"的运行法则实现自我的价值。从老庄的思想中我们可以看出这是一种平等主义的生态价值观，这种思想也正是当前我们加强生态文明建设所强

---

① 万丽华、蓝旭译注：《孟子》，中华书局2006年版，第13页。
② 陈涛编著：《老子》，云南人民出版社2011年版，第189页。
③ 孙通海译：《庄子》，中华书局2007年版，第251页。
④ 同上书，第335页。

调的，要求人对自然必须怀有敬畏之心，以平等思想对待自然，绝不能凌驾于自然之上。

众生平等是佛家生态伦理的核心价值。在佛学中，人与自然之间是没有明显界限的。佛教中的众生有广义和狭义之分，狭义指人，广义指生物。生命与环境是不可分割的一个整体。佛教是从佛性的内在规定出发承认万物平等的，认为万物皆有佛性。《涅槃经》云："一切众生悉有佛性，如来常住无有变异。"禅宗不仅肯定有情的众生具有佛性，还承认无情的草木等低级生命也有佛性，所谓"有情、无情，皆是佛子"，"青青翠竹，尽是法身；郁郁黄花，无非般若"。由此，我们说佛教并没有"唯人独尊"，而是认为众生的生命本质是平等的，是"无情有性"的，不可以随意处置。佛教正是从尊重生命、善待万物的立场出发，把"勿杀生"奉为"五戒"之首。中国佛教的放生，体现着对生命的积极保护，是一种传统的生态美德。当然，佛教的"不杀生"并非基于生态学意义的生物保护，而是一种宗教信仰，仅靠这种信仰是无法解决人类对生物保护问题的，但佛家在人与自然关系上表现出的这种慈悲为怀的生态伦理精神，有助于打破传统人类中心论的生态观，客观上为人们保护自然，建设生态文明，最终实现人与自然和睦相处提供了理论借鉴。

（二）尊伦序，重规律的顺应自然思想

传统文化认为，自然界有其自身运行法则，人类在利用自然时必须遵循自然规律行事，否则就会遭到自然界的惩罚。

儒家强调尊重自然规律，自觉与天地和谐共生。《周易·系辞》指出："与天地相似，故不违"、"先天而弗违，后天而奉天时"、"裁成天地之道，辅相天地之宜"。这就指出了天道先人而存在，不以人的意志为转移，自然有其自身发展变化的规律，人应该顺应此规律，违背了就会招来祸害。由此理念出发，儒家提出了"以时禁发，以时养发"的思想。要求人们在利用自然资源和进行农业生产时，要顺应生物繁育生长规律，维护生态平衡。孔子对于谷物瓜果之类，坚持"不时，不食"。① 孟子根据动植物成长的规律，主张"不违农时，谷

---

① 东篱子译注：《论语》，北京时代华文书局2014年版，第130页。

不可胜食也"、"斧斤以时入山林,材木不可胜用也"、"鸡豚狗彘之畜,无失其时,七十者可以食肉矣"。① 荀子基于对自然界深刻的认识,提出了"天行有常"的著名论断,"天行有常,不为尧存,不为桀亡。"② 认为天、人各司其职,强调尊重自然,顺应自然规律,并强调人类"不与天争职"③,避免人类胡作非为、干扰天的职分,从而能更好地发挥人类本身的作用,去认识掌握自然规律,按自然规律办事。因此,在儒家那里,他们均注重人与自然的统一、协调,尊重自然规律,按自然规律办事。

道家强调"道法自然"和"无为而治"。老子所说的"自然"指包括人在内的万物所遵循的最高法则,既有宇宙规律的意思,又有自然而然、不事人工的意义,是道、天、地、人都要共同遵循的最高规律。"道法自然"就是强调人要以尊重自然规律为最高准则,反对任何破坏自然、违反规律的行为;强调人必须顺应自然,达到"天地与我并生,而万物与我为一"的境界。"无为而治"是道家治理天下的最高准则,"无为"不是无所作为,而是不恣意妄为、不"乱为"。老子说:"知常,明也。不知常,妄作凶。"④ "常"就是自然规律,通过认识客观自然规律并予以遵循,这是真正的明智与智慧,而违反自然规律的妄作,只能带来凶险的结局。《庄子》则提出以下主张:"天而不人":即不要对天有任何的违抑行动;"天在内,人在外","恒以自然为本":人的行为应以自然之性为本。"工呼天而拙乎人":即善于契合自然而拙于人为。"道法自然"、"无为而治"思想能够帮助当代人克服科技理性对自然的破坏,建立按照自然规律办事的生态实践观,真正走向可持续发展之路。

佛家强调缘起论,缘起论是佛教思想的基石。"依正不二"是从佛教缘起论得出的结论,所谓"依正"是依报和正报简称。佛教将生命主体所依存的国土称为依报,即生存环境;将众生乃至诸佛的身心称为正报,即生命主体。"不二"也称"无二",是指矛盾或对立的

---

① 万丽华、蓝旭译注:《孟子》,中华书局2006年版,第5页。
② 安小兰译注:《荀子》,中华书局2007年版,第109页。
③ 同上。
④ 陈涛编著:《老子》,云南人民出版社2011年版,第135页。

双方并非均是相互对立的关系，也是相互统一，相互依存的统一体。也即大千世界各个生命体之间互为因果、相互依存，共同构成一个生命的网络。在这个网络之中，任何一个生命体都不能独自生长，而是与其他生命息息相通。其中，人类与自然万物之间也是共生共荣，不可分离的。人类如果想保持对于环境的优势，就必须使自己的行为符合自然规律。

中国传统文化中的生态伦理思想是中华文明固有的农业文明特质的具体体现，与资本主义工业文明人胜自然的观念形成鲜明对比，并能为现代生态伦理学提供精神养料。但是，这种思想毕竟是华夏农业文明时代的产物，并不是为应对严重生态危机而出现的，对于解决由工业文明带来的全球性生态问题仍然具有很大的局限性。因此，在当今中国生态文明建设进程中，关键在于要让传统生态伦理思想成为一种辩证的、理性的、动态的生态伦理思想，让传统生态思想与现代文明达成价值共识，这种共识要兼顾传统的生态价值观和市场经济的理念。这就要对传统文化的生态伦理思想进行现代诠释，注入新的现代理念。

总之，中国传统文化虽然是古典的、前现代的，带有原始思维特点，但其中的生态智慧为我们创建新型生态文明埋下了一块坚实的基石，为我们丰富生态理论、强化生态意识、改善生态环境、维护生态平衡提供了极其宝贵的精神养分。

第二节 中国社会主义发展模式构建

一 毛泽东关于中国社会主义发展的实践探索

如何在中国这样一个经济文化都比较落后的东方大国建设和巩固社会主义，是党面临的一项崭新课题。新中国成立初期，我国主要是学习苏联经验，这在当时是必要的，也取得了一定的成效。但是，后来的实践表明，照搬苏联经验不符合中国国情，需要积极探索适合中国自己特点的社会主义建设道路。毛泽东基于中国经济文化落后的基本现状，带领全党和各族人民围绕"什么是社会主义"、"怎样建设中国的社会主义"等问题，对适合中国国情的社会主义发展模式进行了一系列开创性探索。这种探索主要涉及经济体制、经济发展道路、社会主义民主政治建设以及生态文明建设方面。

（一）对经济体制的探索

新中国成立初期，毛泽东囿于对传统模式的认识，认为只有高度集中的计划经济体制，才能发展社会主义经济。由此新中国成立之初，我国逐步确立了计划经济体制。这个过程大致分为三个阶段：

第一阶段（1949年10月至1950年6月），是计划经济体制的萌生阶段。1949年年底，我国没收了官僚资本主义的工业企业，建立了国营工业（占全国工业资金的78.3%），掌握了国民经济命脉，开始建立了社会主义公有制。不久，对非公有制的私营工商业进行了调整，使私营企业初步纳入到计划生产的轨道。在组织机构方面，1949年10月建立了中央财政经济委员会，后又相继成立了其他专门性的负责计划管理的中央机构，通过这些机构，国家开始对经济活动实行行政指令的直接管理。1950年2月召开全国财政会议，以指令性方式提出了"六个统一"：财政收支统一、公粮统一、税收统一、编制统一、贸易统一、银行统一。1950年5月试编《1950年国民经济计划概要》，为后来编制中、长期的国民经济计划摸索出了经验。

第二阶段（1950年6月至1952年8月），是计划经济体制的初步形成阶段。1950年6月党的七届三中全会以后，开始在全国范围内创造有计划地进行经济建设的条件。1950年8月，中央召开第一次全国计划工作会议，会后初步形成了我国计划经济体制决策等级结构的雏形。即决策权归国家，决策权力的分配采取行政方式形成条块分割的等级结构。毛泽东在政协第一届全国委员会常务委员会上宣布："经过两年半的奋斗，现在国民经济已经恢复，而且已经开始有计划的建设了。"

第三阶段（1952年9月至1956年12月），是计划经济体制的基本形成阶段。1952年9月，毛泽东提出"10年到15年基本上完成社会主义"的目标。为了实现这一目标，计划经济体制进一步健全并得到法律确认。1952年11月成立国家计划委员会，1954年4月中央又成立编制五年计划纲要草案工作小组。1954年我国制定和颁布了第一部宪法,第十五条规定:"国家用经济计划指导国民经济的发展和改造,使生产力不断提高,以改进人民的物质生活和文化生活,巩固国家的独立和安全。"这表明,计划经济体制已成为我国法定的经济体制。毛泽东在《论十大关系》中强调:为了建设一个强大的社会主义国家,必须有中央的强有力的统一领导,必须有全国的统一计划和统一纪律,破坏这种必要的统一,是不允许的。从1949年中华人民共和国成立到1976年毛泽东逝世,我国基本实行的是计划经济体制。其间如果从1950年统一财经算起,长达26年;如果从1953年实施第一个五年计划算起,也有23年。也即由毛泽东领导的社会主义经济建设,自始至终都是在计划经济体制下进行的。

1. 计划经济下的所有制结构

毛泽东的计划经济所有制结构基础是社会主义公有制。国民经济恢复后,国家的经济结构就发生了巨大变化,逐步建立起了在社会主义国营经济领导下的合作社经济、国家资本主义经济、私人经济和个体经济五种经济成分并存的所有制结构。在中国为了实现社会主义目标,就必须进一步发展和壮大属于社会主义性质的国营经济,就必须把合作社经济由半社会主义性质提升为完全社会主义性质,就必须把个体经济、私营经济和国家资本主义经济改造成社会主义性质的经济形式。为此,1953—1956年我国对农业、手工业和资本主义工商业进行了社会主义改造,到1956年年底,三大改造基本完成,我国的社会经济结构发生了根本变化:在1956年的国民收入中,国营经济占32.2%,合作社经济占53.4%,公私合营经济占7.3%,三者合计,社会主义性质的经济占92.9%。在工业总产值中,社会主义工业占67.5%,国家资本主义工业占32.5%,资本主义工业接近于零。[①] 由此,社会主义经济成分已占绝对优势,社会主义公有制已成为我国社会的经济基础。我国在全国范围建立了包括全民所有制和集体所有制两种形式的公有制。

由于"三大改造"过于彻底,给经济建设带来了一系列遗留问题,突出表现为公有制经济模式单一、僵化,政企合一、缺乏活力;

---

① 胡绳主编:《中国共产党的七十年》,中共党史出版社1991年版,第333页。

商品流通不畅，市场供应紧张，不仅人民生活不便，国家也因此背上了很重的包袱。面对这种情况，毛泽东对我国社会主义所有制结构提出一些改革的设想。1956年12月，毛泽东约见统战部、工商联、民建会负责人谈话，他提出："可以搞国营，也可以搞私营。可以消灭了资本主义，又搞资本主义。"① 甚至毛泽东还提出，手工业中有许多好东西不要搞掉了；提出工商业者不是国家的负担，而是一笔财富；提出要学习外国和利用外资的思想。遗憾的是，毛泽东的这些探索并没有深入下去，更没有付诸实践，不过是一时迸发的思想火花。1958年4月，中共中央发出了继续加强对残存私营工业、个体手工业和小商小贩进行社会主义改造的指示：对资本主义性质的工业，原则上不允许继续存在；对个体手工业，加以改造，吸收他们参加合作社；对小商小贩，应把他们组织起来。甚至在后来，不仅不允许私营企业存在，而且在农村急于割私有制的尾巴，尽早取消农民的自由地，取消自由市场。人民公社化期间，我国一度在所有制问题上片面追求"大二公"。1958年8月17日，中共中央在北戴河召开政治局扩大会议，毛泽东在会上全面阐述了他的人民公社观点。也即试图通过逐步扩大所有制规模，提高公有化程度，缩小人们在生产资料占有上的差距。这种急于从集体所有制过渡到全民所有制的做法，在实践中造成了严重的混乱。人民公社化运动并没有给农民带来"共产主义是天堂"的平等、富裕的生活。相反，这种超越历史发展阶段的超前变革生产关系的狂热做法，给农村生产力造成了极大破坏，使农民陷于贫困、饥饿和疲惫之中。毛泽东对这些现象和做法虽提出了批评，并进行过一些纠正，但把公有制作为我国所有制的单一形式则在长期内没有改变。

新中国成立以后，毛泽东领导中国人民走社会主义道路，是合乎历史发展规律的正确选择；他把消灭私有制、建立公有制作为通向社会主义的首要步骤，也符合马克思主义创始人关于社会主义的理论设计。但没有认识到我国在三大改造基本完成后进入的是社会主义初级

---

① 中共中央文献研究室编：《毛泽东文集》第七卷，人民出版社1999年版，第170页。

阶段，初级阶段社会生产力发展的基本特点是总体水平低，中国的现实国情与马克思主义的理论构想之间存在重大差别。实践证明，在社会主义初级阶段，片面追求纯而又纯的单一公有制经济，排斥非公有制经济，既不利于社会生产力的发展，也不利于人民生活水平的提高。

2. 计划经济下的分配原则

毛泽东计划体制下的分配原则，基本可概括为"大体平均，略有区别"。新中国成立以后的一段时间，毛泽东在分配原则中坚持按劳分配，反对平均主义。1957年，针对一些人简单地拿农民每人每年平均所得和工人每人每年平均所得相比较，说一个低了，一个高了，追求平均主义倾向。毛泽东指出："工人的劳动生产率比农民高得多，而农民的生活费用比城市工人又省得多，所以不能说工人特别得到国家的优待。"[①] 这就是说，要承认工人和农民在分配上的差别，不能搞平均。但"大跃进"以后，毛泽东的分配思想又滋长了平均主义色彩，要求限制按劳分配中的资产阶级法权。他赞扬供给制，厌恶工资制。他认为，战争年代特定环境下实行大体平均的供给制，是向共产主义按需分配过渡的最好形式，通过它可以实现吃饭不要钱，穿衣不必买，因此，毛泽东对待按劳分配的工资制采取既承认又削弱的态度。他认为级别、工资这样一些分配形式是应当逐步加以废除的"资产阶级法权"，但由于"资产阶级法权"的基础即工农差别、城乡差别、脑体差别还存在，所以，在当时条件下还不能完全废除"资产阶级法权"。据此，毛泽东构制了一套具有共产主义因素的供给制和工资制相结合的分配制度，其中有相当程度的平均主义因素。

毛泽东注重劳动结果的平等，而不是劳动支出的平等，还把平等等同于公平。他把地位不平等、待遇不平均看成是资本主义和修正主义的主要表现。但分配问题是利益调整问题，经济利益如果调整得不公平，就无法调动人们的积极性。在调动人们积极性问题上，毛泽东认为，只要提高人们的政治觉悟，就能使他们鼓足干劲、力争上游，

[①] 中共中央文献研究室编：《毛泽东文集》第七卷，人民出版社1999年版，第222页。

多快好省地建设社会主义,这也是对的。但我们说,社会主义的公平不仅要劳动结果的公平,还要注重劳动支出的平等,即创造使劳动者施展才华的平等机会,创造经营条件和社会环境的平等,展开公平的竞争,在此基础上形成收入的差别,才是合理的、公平的。如果只追求收入上的平等,忽视机会均等,取消由于劳动的量和质的差别而应有的收入差距,势必造成表面上的公平而实际上的不公平,并且为产生懒汉提供了温床。事实也证明这种分配关系上实行"平均主义"、"大锅饭"的做法,挫伤了大部分人的劳动积极性,造成生产效率低下,不利于生产力发展。

3. 计划经济下对发展社会主义商品经济的认识

关于社会主义社会存在不存在商品生产的问题,马克思、恩格斯设计的社会主义社会是消除了商品生产的社会。马克思认为:"在一个集体的、以生产资料公有为基础的社会中,生产者不交换自己的产品;用在产品上的劳动,在这里也不表现为这些产品的价值。"① 恩格斯也指出:"一旦社会占有了生产资料,商品生产就将被消除,而产品对生产者的统治也将随之消除。"② 苏联尽管实行新经济政策时期恢复了商品交换,但列宁认为新经济政策是一种"让步"和"退却",在理论上并没有把商品经济看作是社会主义的应有之物。斯大林虽然肯定社会主义社会仍然存在商品生产和商品交换,但他认为苏联的商品生产是特种的商品生产,其活动范围仅限于个人消费品,生产资料不是商品,仅仅保持着商品的"外壳"。斯大林认为,社会主义制度下公有制两种形式的存在是保留商品生产的原因,在他看来,只要集体所有制过渡到单一的全民所有制,商品生产就会趋于消失。这种不彻底的商品经济论,必然回到产品经济论。

我国进入社会主义建设时期后,毛泽东对社会主义商品生产问题进行了深入研究和探讨。在社会主义要不要发展商品生产这个问题上,毛泽东首先肯定了斯大林的观点要发展商品生产。他从我国生产力不发达、商品经济落后的实际出发,提出必须大力发展社会主义商

---

① 《马克思恩格斯选集》第3卷,人民出版社1995年版,第303页。
② 同上书,第633页。

品经济。毛泽东指出:"我国是商品生产很不发达的国家,比印度、巴西还落后。印度的铁路、纺织比中国发达。去年我们生产粮食三千七百亿斤,其中三百亿斤作为公粮,五百亿斤作为商品卖给国家,两项合起来商品粮还不到粮食总产量的四分之一。粮食以外的经济作物也很不发达,例如茶、丝、麻、烟都没有恢复到历史上的最高产量。需要有一个发展商品生产的阶段,否则公社发不出工资……每个公社在生产粮食以外还要发展能卖钱的东西,发展社会主义的商品生产和商品交换。必须肯定社会主义的商品生产和商品交换还有积极作用。调拨的产品只是一部分,多数产品是通过买卖进行商品交换。"① 他又说:"许多人避而不谈商品和商业问题,好像不如此就不是共产主义似的。人民公社必须生产宜于交换的社会主义商品,以便逐步提高每个人的工资。在生产资料方面,必须发展社会主义的商业;并且利用价值法则的形式,在过渡时期内作为经济核算的工具,以利逐步过渡到共产主义。"② 但是,毛泽东不同意斯大林《苏联社会主义经济问题》中关于生产资料不是商品的观点。他反复指出:说生产资料不是商品,值得研究,把商品生产限于生活资料,倒不一定。他指出:商品生产它的活动不限于个人消费品,有些生产资料也是属于商品的。农业产品是商品,工业产品不是商品,那如何实行交换呢?商品生产的活动范围不仅限于消费品,还有农业生产资料要供应。斯大林不把生产资料卖给农民,赫鲁晓夫改了。可见,毛泽东曾多次正式表明他关于社会主义条件下生产资料也是商品的观点,突破了斯大林观点的局限性。而且,他还把要不要商品生产和商品交换的问题提到关系社会主义革命和建设的前途与命运的高度来认识。

在社会主义商品经济存在的原因和条件上,毛泽东赞同斯大林关于公有制两种形式的存在是商品生产的主要前提,但认为阐述得不完整,对此问题毛泽东有重大的发展。他指出商品生产的命运,最终是与社会生产力的发展水平密切相关的。因此,即使过渡到了单一的社

---

① 中共中央文献研究室编:《毛泽东文集》第七卷,人民出版社1999年版,第435—436页。
② 同上书,第434页。

会主义全民所有制，如果产品还不很丰富，某些范围内的商品生产和商品交换仍然有可能存在，要最终消除商品生产必须使社会生产力有极大的发展。毛泽东的这一思想是很深刻的，也就是说，只有生产力极大发展、产品极大丰富，人们从产品的统治下被解放出来，社会上人与人之间的差别彻底消除，人们不仅要各尽所能，而且能够各取所需，只有到那时，商品生产才能够消除，否则，即使实现了单一全民所有制，也不可能消除商品生产，对此毛泽东指出："必须在产品充分发展之后，才可能使商品流通趋于消失。同志们，我们建国才九年就急着不要商品，这是不现实的。只有当国家有权支配一切产品的时候，才可能使商品经济成为不必要而消失。"① 这意味着需要很长很长的时间，是遥远将来的事情。毛泽东的这一观点是一个科学的预见，是完全符合马克思主义的唯物史观的。

针对当时流行的那种把商品生产与资本主义混为一谈的错误观点，毛泽东对此进行了严厉批评，也否定了那种认为商品生产必然会导致资本主义的错误观点。毛泽东指出："商品生产不能与资本主义混为一谈。为什么怕商品生产？无非是怕资本主义。现在是国家同人民公社做生意，早已排除资本主义，怕商品生产做什么？不要怕，我看要大大发展商品生产。"② 毛泽东认为，不能孤立地看商品生产，而"要看它是同什么经济制度相联系，同资本主义制度相联系就是资本主义的商品生产，同社会主义制度相联系就是社会主义的商品生产。"③ 从1958年郑州会议至1959年庐山会议前期纠正"左"的错误期间，以及在60年代初期贯彻调整国民经济"八字方针"过程中，毛泽东和党的其他领导人对我国发展商品生产和商品交换、开放农贸市场、改革旧的高度集中的管理体制等，都曾提出过许多很好的意见。但是，随着指导思想上"左"的错误的发展和进行"文化大革命"，这些正确的观点没有得到贯彻。在毛泽东的晚年，他更多地看到的是商品经济的消极方面，提出对商品制度要"在无产阶级专政下

---

① 中共中央文献研究室编：《毛泽东文集》第七卷，人民出版社1999年版，第440页。
② 同上书，第439页。
③ 同上。

加以限制",实际上,把发展商品生产、商品交换同资本主义联系在一起。

由此看来,毛泽东对发展社会主义商品经济的认识和实践并不是稳定的、一贯的,有时甚至是自相矛盾的。这里面既有对革命导师在此问题上预测的理论原因,更是与他的主观原因密不可分。发展商品经济与毛泽东所要实现的社会价值相矛盾,平等是毛泽东所要实现的社会价值,商品经济中出现不平等问题,毛泽东在思想上接受不了,在行动上就对商品经济进行批判。从现在的角度来看,当时毛泽东对社会主义商品生产理论的探索还是初步的,但是,就我国社会主义建设而言,毛泽东作为社会主义商品经济理论研究的开拓者,在对社会主义商品经济认识的过程中,某种程度上超过其他革命导师对这个问题的认识,形成了社会主义商品经济理论的雏形,必须予以肯定。党的十一届三中全会以来,我们党提出的发展社会主义商品经济、建设社会主义市场经济,都是对毛泽东关于社会主义商品经济正确认识的继承和发展。

(二) 对经济发展道路的探索

新中国成立以后,面对一穷二白的经济现状和严峻的内外形势,毛泽东非常重视经济发展,他不懈地思考和实践,带领党和人民对中国经济发展道路做了开创性的探索。

1. 经济发展道路的探索历程

新中国成立以后,面临的第一件大事就是恢复国民经济,经济发展问题也就相应地被提到党的重要议事日程上来。随着国民经济恢复任务的提前完成,毛泽东在反复思考和实践的基础上,确定了过渡时期的总路线。总路线的特点就是社会主义工业化和社会主义改造同时并举,以工业化为主体,三大改造为两翼,二者相互促进、协调发展。在总路线的指引下,1956年年底,我国基本完成了对生产资料私有制的社会主义改造,创造性地实现了由新民主主义社会向社会主义社会的转变,建立起社会主义制度,实现了中国历史上最伟大、最深刻的社会变革,为我国今后的发展奠定了基础。1953—1957年第一个五年计划以后,中国开始改变工业落后面貌,向着社会主义现代化迈进。

从社会主义改造基本完成到"文化大革命"前，可以说是全面建设社会主义的十年。这十年中，毛泽东对中国经济发展的思考和实践，尽管在具体方针上有失误，遭受过挫折，但取得的成绩是主要方面。1956年4月，毛泽东做了《论十大关系》的报告，这是毛泽东对新中国成立以来经济发展问题的一次全面、深刻的思考。1956年9月召开中共八大，大会分析了当时社会的主要矛盾，提出党和全国人民当前的主要任务是：集中力量发展社会生产力，实现国家工业化，逐步满足人民日益增长的物质和文化需要。同时还提出了发展总目标和具体的策略，即发展就是为了现代化和社会主义，在具体发展策略上，要坚持既反保守又反冒进的经济建设方针，在综合平衡中前进。1957年，由于正确执行了八大的正确方针，所以是新中国成立以来经济建设效果最好的年份之一。

由于社会主义建设经验不足，对经济发展规律和中国经济的基本情况认识不足，中共八大二次会议通过了"鼓足干劲、力争上游、多快好省地建设社会主义"的社会主义建设总路线。这条总路线虽然反映了广大人民群众迫切要求改变我国经济文化落后状况的普遍愿望，却忽视了客观经济规律。在急于求成思想的指导下，轻率地发动了"大跃进"和人民公社化运动，使得以高指标、瞎指挥、浮夸风和"共产风"为主要标志的'左'倾错误严重地泛滥开来。虽然从1958年年底开始，毛泽东和党中央已经意识到了问题并积极做了改正的努力，但是经济领域中的"左"倾错误始终未能得以彻底纠正，并蔓延到政治和思想文化领域，愈演愈烈，最终导致了"文化大革命"的爆发。毛泽东发动"文化大革命"的出发点是要防止资本主义复辟、维护党的纯洁性并寻求中国的社会主义发展道路，但很显然，毛泽东对当时中国社会阶级斗争的认识是错误的，对党和国家的政治经济状况的估计也是错误的。"文化大革命"使党、国家和人民遭到新中国成立以来最严重的挫折和损失。

2. 毛泽东探索中国经济发展道路的实质

毛泽东探索中国经济发展道路的实质就是"快发展"。新中国成立以后，毛泽东希望通过彻底的经济变革，解放被严重束缚的生产力，以较快的速度使中国走上繁荣富强的道路，让中国人民过上安居乐业的日子。为实现"快发展"毛泽东特别强调两点：一是强调大力发展生产力。他认为，无产阶级在夺取政权以后，只有通过"社会生产力的比较充分的发展"，才能为新生的社会主义经济制度和政治制度获得比较充分的物质基础，新生的社会主义国家才算充分巩固。在生产资料私有制的社会主义改造将要完成时，他曾明确指出："社会主义革命的目的是为了解放生产力。农业和手工业由个体的所有制变为社会主义的集体所有制，私营工商业由资本主义所有制变为社会主义所有制，必然使生产力大大地获得解放。这样就为大大地发展工业和农业的生产创造了社会条件。"① 二是强调统筹兼顾和综合平衡。统筹兼顾思想在实际中表现为：统筹兼顾，适当安排；统筹兼顾，协调发展；统筹兼顾，平衡布局；统筹兼顾，各得其所；统筹兼顾，适当分权等具体方针和政策。比如要统筹兼顾，正确处理了农轻重比例关系，同时实现比例、速度和效益的统一，使整个国民经济协调发展。又如中央和地方的权力必须适当划分，毛泽东说："我们的国家这样大，人口这样多，情况这样复杂，有中央和地方两个积极性，比只有一个积极性好得多。"② 要统筹兼顾，赋予地方更多、更大的自主权，才能发挥地方的积极性。综合平衡强调要将多种比例关系和多方面利益关系作为一个整体来统一考虑、综合协调以求得全面平衡。毛泽东多次强调，在整个国民经济中，平衡是个根本问题；没有全国平衡，就会天下大乱；"搞社会主义建设，很重要的一个问题是综合平衡"。③

3. 经济发展方针和工业化道路

毛泽东在《论十大关系》的开篇就明确提出，要把国内外一切积极因素调动起来，为社会主义事业服务，这是我们的基本方针。围绕这一方针论述了我国社会主义建设中的一系列重大问题，要走适合中国国情的工业化道路，要统筹沿海和内地工业协调发展，要处理好中央和地方的关系等，在全文最后，他说："我们一定要努力把党内党

---

① 中共中央文献研究室编：《毛泽东文集》第七卷，人民出版社1999年版，第1页。
② 同上书，第31页。
③ 中共中央文献研究室编：《毛泽东文集》第八卷，人民出版社1999年版，第73页。

外、国内国外的一切积极的因素,直接的、间接的积极因素,全部调动起来,把我国建设成为一个强大的社会主义国家。"① 毛泽东的这一思想仍然是我们现在探索和建设中国特色社会主义的战略指针。只有最广泛、最充分地调动一切积极因素,把最大多数人团结在党的周围,为社会主义事业贡献力量,才能实现全面建成小康社会目标,实现中华民族伟大复兴。

实现工业化是中国近代以来历史发展的必然要求,也是国家独立和富强的必要条件。新中国的工业化是在苏联的影响下起步的,加之当时我国的工业基础十分薄弱,因此党确定以工业化为整个经济建设的主要任务。受苏联的影响,我国曾一度过多强调重工业和基础设施的发展,影响了农业和轻工业的发展,造成了一定程度的比例失调,这促使党和毛泽东思考如何走中国工业化道路。毛泽东指出:"工业化道路的问题,主要是指重工业、轻工业和农业的发展关系问题。我国的经济建设是以重工业为中心,这一点必须肯定。但是同时必须充分注意发展农业和轻工业。"② 毛泽东在《论十大关系》中论述的第一大关系,就是重工业、轻工业和农业的关系。在《关于正确处理人民内部矛盾的问题》一文中,毛泽东明确提出要走一条有别于苏联的中国工业化道路。毛泽东关于我国工业化道路的思想可概括为:坚持一个中心,处理好两个关系,即以重工业为中心,处理好重工业与农业轻工业的关系,处理好农业与工业的关系。中国工业化道路是在优先发展重工业的同时,充分注意发展农业和轻工业;在向生产资料生产倾斜的同时,充分注意消费资料的生产;在发展工业的同时,充分注意发展农业,保证国民经济按比例协调发展的经济发展道路。

总之,新中国成立后,毛泽东对中国经济发展道路进行了艰辛探索,这其中既有成绩,也有偏差和失误,正确与错误相互交织。但我们必须承认其中的正确方面是主导方面,在今天我国社会主义经济发展的每一个方面都有毛泽东和老一代中国共产党人探索的痕迹及闪光的思想,它凝结了毛泽东和老一代中国共产党人的心血,为后来人积

---

① 中共中央文献研究室编:《毛泽东文集》第七卷,人民出版社1999年版,第44页。
② 同上书,第240—241页。

累了宝贵的物质财富和精神财富。

(三) 对社会主义民主政治建设的探索

毛泽东十分重视民主政治建设。早在1945年，毛泽东就提出，共产党创造和实践的民主制度和民主方式，将是中国社会跳出"人亡政息"周期率的有效途径，即把人民当家做主与政府认真负责的良性互动，作为社会持续稳定发展的重要推动力量。1957年，毛泽东在思考社会主义政治生活主题的同时，对我国民主政治建设目标作了科学完整的设计："我们的目标，是想造成一个又有集中又有民主，又有纪律又有自由，又有统一意志、又有个人心情舒畅、生动活泼，那样一种政治局面。"① 为实现民主政治建设的目标，毛泽东为之进行了积极的探索。

1. 建立以人民当家做主为基本理念的政治制度

1949年6月毛泽东发表《论人民民主专政》一文，该文系统地阐述了人民民主专政的理论，论证了新政权的实质和历史任务。毛泽东从中国的国情出发，阐明了各阶级在人民民主专政国家中的地位及其相互关系，规定了人民民主专政的基本职能及其最近与将来的任务。新中国成立后，以人民当家做主为基本理念，以人民民主专政为基本制度框架，建立了人民代表大会制度这一根本政治制度，建立了中国共产党领导的多党合作与政治协商制度、民族区域自治制度等基本政治制度，为民主政治建设奠定了坚实的制度基础。毛泽东指出："对人民内部的民主方面和对反动派的专政方面，互相结合起来，就是人民民主专政。"② "我们完全可以依靠人民民主专政这个武器，团结全国除了反动派以外的一切人，稳步地走到目的地。"③ 同时，他强调要充分发挥人民代表大会在制定国家大政方针和解决社会经济生活重大问题中的决定性作用。

2. 奠定了我国社会主义民主政治建设的法律基础

新中国成立后，毛泽东即以《中国人民政治协商会议共同纲领》

---

① 中共中央文献研究室编：《建国以来毛泽东文稿》第六册，中央文献出版社1992年版，第543页。
② 《毛泽东选集》第四卷，人民出版社1991年版，第1475页。
③ 同上书，第1481页。

为基本依据，探索人民共和国的民主法制建设的途径。1953年，毛泽东亲自担任中央人民政府委员会宪法起草委员会主席，领导宪法起草工作。之后，毛泽东又主持制定了我国历史上第一部社会主义类型的宪法。他强调要"用宪法这样一个根本大法的形式，把人民民主和社会主义原则固定下来，使全国人民有一条清楚的轨道，使全国人民感到有一条清楚的明确的和正确的道路可走，就可以提高全国人民的积极性。"① 此外，毛泽东还十分重视其他部门法律、法令和法规的制定。在他的领导下，1954—1957年仅中央一级就颁布了400多件重要法律法规，各级地方法令、法规也相继制定出来。他不仅重视用立法来确保人民当家做主，而且注重法律的贯彻执行，提出法律是打击敌人、保护人民的武器。所以，法律制定以后，"一定要守法，不要破坏革命的法制……我们要求所有的人都遵守革命法制"。② 他指出，对于"少数不顾公共利益、蛮不讲理、行凶犯法的人"，"必须给予必要的法律的制裁。惩治这种人是社会广大群众的要求，不予惩治则是违反群众意愿的"。③ 即使是"人民中间的犯法分子也要受到法律的制裁"。④ 这样，毛泽东在新中国成立后亲自主持制定了我国第一部社会主义类型的宪法，领导我国颁布了一系列其他部门法律、法令和法规，奠定了我国社会主义民主政治建设的法律基础，它标志着我国进入社会主义民主法制建设的新时期。

3. 对党和国家政治生活中的一些重大问题进行深入思考

毛泽东在探索中国自己的社会主义建设道路的过程中，也对我国社会主义民主政治建设的诸多重大问题进行了艰辛的、开创性的探索，提出了一系列重要思想观点。

首先，正确处理两类不同性质的矛盾尤其是人民内部矛盾。毛泽东依据马克思、恩格斯、列宁的思考，吸取斯大林对这个问题认识错

---

① 中共中央文献研究室编：《毛泽东文集》第六卷，人民出版社1999年版，第328页。

② 中共中央文献研究室编：《毛泽东文集》第七卷，人民出版社1999年版，第197—198页。

③ 同上书，第237页。

④ 同上书，第207页。

误的教训，从我国的实际情况出发，及时地提出了正确处理两类不同性质的矛盾，尤其是正确处理人民内部矛盾的问题。毛泽东指出："在我们的面前有两类社会矛盾，这就是敌我之间的矛盾和人民内部的矛盾。这是性质完全不同的两类矛盾。"① 他分析说，敌我之间的矛盾是对抗性的矛盾，而人民内部矛盾一般来说是在人民根本利益一致基础上的矛盾，因而是非对抗性的矛盾。毛泽东还论述了正确处理两类不同性质社会矛盾的基本方法，他说："我们历来就主张，在人民民主专政下面，解决敌我之间的和人民内部的这两类不同性质的矛盾，采用专政和民主这样两种不同的方法。"② 他具体分析了人民内部矛盾的种种表现，提出在社会主义条件下，由于剥削阶级和剥削制度已经基本消灭了，我国社会的矛盾主要是人民内部的矛盾，它是在人民利益根本一致基础上的矛盾，因此必须把正确处理人民内部矛盾作为国家政治生活的主题。为此他提出了正确处理人民内部矛盾的一系列重要原则和方针，比如必须用"团结—批评—团结"的方法解决人民内部的矛盾；坚持百花齐放、百家争鸣的方针，促进艺术发展和科学进步；坚持长期共存、互相监督的方针，正确处理共产党和各民主党派的关系等。这些方针为解决不同形式的人民内部矛盾指明了方向。

其次，反对官僚主义。官僚主义是社会主义民主政治的最大障碍。毛泽东指出，官僚主义是"反人民的作风"，"就其社会根源来说，这是反动统治阶级对待人民的反动作风（反人民的作风，国民党的作风）的残余在我们党和政府内的反映的问题"。③ 1956 年 11 月，他在党的八届二中全会上的讲话中再次强调说："我们一定要警惕，不要滋长官僚主义作风，不要形成一个脱离人民的贵族阶层。"他警告说："谁犯了官僚主义，不去解决群众的问题，骂群众，压群众，总是不改，群众就有理由把他革掉。我说革掉很好，应当革掉。"他要求干部要密切联系群众，并指出：脱离群众，官僚主义，势必要挨

---

① 中共中央文献研究室编：《毛泽东文集》第七卷，人民出版社 1999 年版，第 204—205 页。
② 同上书，第 211—212 页。
③ 中共中央文献研究室编：《毛泽东文集》第六卷，人民出版社 1999 年版，第 254 页。

打。他在对那些"摆老爷架子"、"摆官架子"和不顾群众死活的干部进行严肃批评的基础上提出:"要破除官气,要扫掉官气,要在干部当中扫掉这种官气。"① 毛泽东对官僚主义的批判,在反官僚主义问题上的一系列重要论述,为我们党和国家克服官僚主义及其他不良倾向提供了有力的思想方法。

最后,扩大人民民主,加强民主监督。鉴于斯大林违反民主集中制原则的深刻教训,毛泽东在1956年4月政治局扩大会议上重点谈道"过分的集中是不利的,不利于调动一切力量来达到建设强大国家的目的"。② 他提出要适当地解决分权、集权的问题,关键是要扩大人民民主。1962年1月,毛泽东在扩大的中央工作会议上讲话的中心内容就是坚持民主集中制和在党内、党外发扬民主问题。他强调说:"在我们国家,如果不充分发扬人民民主和党内民主,不充分实行无产阶级的民主制,就不可能有真正的无产阶级的集中制。没有高度的民主,不可能有高度的集中,而没有高度的集中,就不可能建立社会主义经济"。③ 毛泽东还强调必须加强民主监督,民主监督是实现人民当家做主的重要保障。民主监督主要包括三个方面,即党内监督、人民群众监督、民主党派和无党派民主人士的监督。新中国成立后,毛泽东亲自领导党和政府建立中央和地方各级专门的监察机关,加强党内监督和人民群众的监督。他指出:无论任何人,犯了错误都要检讨,都要受党的监督,受各级党委的领导,这是完成党的任务的主要条件。在《论十大关系》、《关于正确处理人民内部矛盾的问题》等著作中,他除强调要加强党内监督和人民群众监督外,还明确提出要注意发挥民主党派和无党派民主人士的监督作用。他强调指出:"为什么要让民主党派监督共产党呢?这是因为一个党同一个人一样,耳边很需要听到不同的声音。大家知道,主要监督共产党的是劳动人民

---

① 中共中央文献研究室编:《毛泽东文集》第七卷,人民出版社1999年版,第378页。
② 同上书,第52页。
③ 中共中央文献研究室编:《毛泽东文集》第八卷,人民出版社1999年版,第296—297页。

和党员群众。但是有了民主党派，对我们更为有益。"①

毛泽东在探索社会主义民主政治建设方面取得巨大成就的同时也出现了严重失误。主要是毛泽东在晚年选择"无产阶级大民主"和搞群众运动作为实现人民当家做主的具体路径。实践证明，毛泽东选择此种路径，最终不仅没有带来真正的民主，也没有实现人民群众"自己管理自己"、"自己教育自己"，真正当家做主的效果，更没有达到"天下大治"的目的。相反，却带来了"打倒一切"、"天下大乱"的严重后果，延缓了社会主义民主政治建设的进程。这与他当初的设想是背道而驰的，并使自己陷入思想与行动不一致的矛盾之中。但客观地看，毛泽东重视人民群众的作用，主张让人民群众成为国家真正的主人，参与管理国家事务等重要思想具有重要的历史意义。因此，我们不能因为毛泽东晚年出现了严重失误，而简单否定他在这方面的探索，事实上他在民主政治建设方面的积极贡献和许多宝贵的思想为我国发展社会主义民主政治，建设社会主义政治文明奠定了坚实的基础，做出了开创性的贡献。

(四) 对生态文明建设的探索

中国独特的地理环境、历史上对生态保护的不重视以及长期战争带来的破坏使得当时的生态环境问题成为阻碍新中国发展的尖锐问题之一。作为一代伟人，毛泽东用长远的发展的眼光看待并十分重视生态问题。毛泽东虽然没有提出过生态文明的概念，但在探索社会主义建设过程中却十分关注人与自然的关系问题，提出一系列生态文明建设的观点和主张。

1. 加强生态保护，提高生产能力

我国特殊的地理条件造成的水患、干旱、风沙等频繁的自然灾害，不仅使我们赖以生存的生态环境没有任何"喘息"机会，而且长期战争所造成的全国范围内的森林覆盖面积锐减和大量荒地秃岭使本来就千疮百孔、满目疮痍的生态环境变得更加恶化，这成为影响人民群众生命财产安全、经济发展和新生人民政权稳定的重大隐患。为了

---

① 中共中央文献研究室编：《毛泽东文集》第七卷，人民出版社1999年版，第235页。

巩固新生的人民政权，给人民群众创造美好幸福的生活家园，毛泽东在新中国成立后就开始关注中国的环境问题，治理水患是毛泽东为之奋斗的最大的环境难题，同时为避免生态环境的恶化，他也十分重视植树造林。

中国是一个多水系国家，水资源非常丰富。然而，由于历史原因，许多河流年久失修，又使这些河流变成威胁人民生命财产的"河患"、"水患"。新中国成立后，中国经历了1954年长江、淮河洪水，1957年松花江大洪水，1958年黄河洪水，1963年海河特大洪水，1968年珠江洪水，给新中国造成极大的损失。毛泽东根据中国的实际和发展需要，提出"一定要根治海河"，"一定要把淮河修好"，"要把黄河的事情办好"等流域治理思想。为加强我国水利建设，毛泽东要求各地做出科学的水利规划。1955年12月21日，毛泽东在起草的《征询对农业十七条的意见》里提出："同流域规划相结合，大量地兴修小型水利，保证在七年内基本消灭普通的水灾旱灾。"后又提出在十年内基本上消灭特大水灾和旱灾。在毛泽东兴修水利治理水患思想的领导下，新中国的水利事业取得了迅速发展。20世纪50年代后期和60年代，修建三门峡水库；70年代，湖北葛洲坝水利枢纽开工建设。至20世纪70年代后期，我国基本完成包括海河、淮河、黄河、辽河等在内的许多大江大河的治理工程，基本上完成了包括福建晋江山美水库、湖北黄龙滩水库、湖南欧阳海水库等，全国共建成了大、中、小型水库（库容10万立方米以上的）8万多座。同时，开掘、兴建包括河南林县"红旗渠"在内的近百条人工河道。新建万亩以上的灌溉区5000多处，灌溉面积达到8亿亩，是新中国成立前的3倍。在很大程度上解决了当时全国农林用水问题，彻底改变了几千年来中国江河泛滥和水旱天灾的历史局面。而且在治理和建设过程中，毛泽东始终强调水利工程要取得防洪、发电、灌溉、航运、养殖、防止水土流失乃至战备的综合效益。这些水利设施为抗御自然灾害和促进工农业发展发挥了重大作用。

毛泽东的生态保护思想还体现在植树造林方面，他认为树在防止水土流失、遮阳、防风沙方面有重要作用。新中国成立后，毛泽东要求："在十二年内，基本上消灭荒地荒山，在一切宅旁、村旁、路旁、水旁，以及荒地上荒山上，即在一切可能的地方，均要按规格种起树来，实行绿化。"① 在农业合作化过程中，他强调农村经济规划应包括绿化荒山和村庄，南北各地的绿化对农业、工业，各方面都有利。造林运动建成的绿色长城起到防风固沙、防止水土流失、保护农田的作用，这既改善了人们的生产生活环境，又促进了生产发展。针对大跃进对生态环境和森林资源的破坏，1958年毛泽东在全国第三次水土保持会议上提出：要使我们祖国的河山全部绿化起来，要达到园林化，到处都很美丽，自然面貌要改变过来。这些主张为新中国植树造林和林业建设指明了方向。最终，在毛泽东植树造林思想的指导下，我国绿化面积和森林覆盖率显著提高，植树造林的良好传统延续至今。

2. 倡导勤俭节约、反对浪费

毛泽东把勤俭节约作为社会主义经济建设的基本原则之一。面对一穷二白的新中国，毛泽东深刻认识到，必须继续发扬中华民族勤俭节约的传统美德，勤俭建国。1955年，毛泽东在《勤俭办社》一文按语中指出："勤俭办工厂，勤俭办商店，勤俭办一切国营事业和合作事业，勤俭办一切其他事业，什么事情都应当执行勤俭的原则。这就是节约的原则，节约是社会主义经济的基本原则之一。"同年10月，他又指出："要勤俭办社，就要提高劳动生产率，严格节约，降低成本，实行经济核算，反对铺张浪费。"在中共八届二中全会小组长会议发言中毛泽东指出："在企业、事业和行政开支方面，必须反对铺张浪费，提倡艰苦朴素作风，厉行节约。"社会主义改造完成后，毛泽东要求在全国发动增产节约运动，"必须反对铺张浪费，提倡艰苦朴素作风，厉行节约。在生产和基本建设方面，必须节约原材料"。适应这一要求，中共中央发出指示，要在各行各业中广泛开展增产节约运动，克服各种浪费现象。1957年，毛泽东在《关于正确处理人民内部矛盾的问题》一文中指出："今年要求在全国各方面提倡节约，反对浪费……总之，我们六亿人口都要实行增产节约，反对铺张浪费。这不但在经济上有重大意义，在政治上也有重大意义。""要使我国富强起来，需要几十年艰苦奋斗的时间，其中包括执行厉行节约、

---

① 中共中央文献研究室编：《毛泽东文集》第六卷，人民出版社1999年版，第509页。

反对浪费这样一个勤俭建国的方针"。① 同时毛泽东还号召大家要勤俭持家,生活要节省,减少不必要的浪费,"要提倡勤俭持家,节约粮食,以便有积累"。"什么红白喜事,讨媳妇,死了人,大办其酒席,实在可以不必。应当在这些地方节省,不要浪费。这是改革旧习惯"。②

今天,我们更加强调勤俭节约,建设资源节约型社会,坚持节约资源和保护环境的基本国策,这和毛泽东勤俭节约的生态思想一脉相承。

3. 充分、合理利用自然资源及能源

社会主义建设离不开自然资源,自然资源是人类社会发展的重要基础。毛泽东明确指出:"天上的空气,地上的森林,地下的宝藏,都是建设社会主义所需要的重要因素"。③ 自然资源是生产活动的先决条件,缺乏自然资源就无法从事生产。鉴于自然资源的重要性,毛泽东特别强调要节约资源,"在生产和基本建设方面,必须节约原材料,适当降低成本和造价,厉行节约"。④ 1958 年,面对当时新中国建设能源不足的问题,毛泽东在武昌会议上指出:"还有电力不足怎么办?现在找到了一条出路,就是自建自备电厂。工厂、矿山、机关、学校、部队都自己搞电站,水、火、风、沼气都利用起来,解决了不少问题。"⑤ 为了弥补能源不足的问题,就必须对能源加以保护和节约合理利用。为此,他进一步提出资源"综合利用,大有文章可做"。综合利用就和打麻将一样,上家的废物,就是下家的原料!要想多有赢牌的机会,就得吃上家的废牌!在毛泽东资源观的引导下,我国开展了节约资源、综合利用活动,并取得了良好效果。毛泽东科学地预见到自然资源、能源的合理开发利用对生态环境保护的重要意义,为社会的全面可持续发展做出了巨大的贡献。

---

① 中共中央文献研究室编:《毛泽东文集》第七卷,人民出版社 1999 年版,第 240 页。
② 同上书,第 308 页。
③ 同上书,第 34 页。
④ 同上书,第 160 页。
⑤ 同上书,第 445—446 页。

4. 注重人口与资源、环境相协调

人口是影响资源环境的关键因素，毛泽东的人口思想中不管是重视生产还是控制增长，都是基于粮食供给和环境承载力来考虑。许多人以为，地大物博是毛泽东的基本观念，事实上，人多地少才是他对中国国情的基本看法。毛泽东指出："中国的情况是：由于人口众多、已耕的土地不足（全国平均每人只有三亩田地，南方各省很多地方每人只有一亩田或只有几分田）……以致广大农民的生活……仍然有困难。"① 1956年，毛泽东在《论十大关系》中还说："土地是少数民族多，占百分之五十到六十。我们说中国地大物博，人口众多，实际上是汉族'人口众多'，少数民族'地大物博'，至少地下资源很可能是少数民族'物博'。"② 新中国成立初期，由于忙于政权巩固建设，忽略了人口问题，1949—1953年人口迅速增长。鉴于人多地少的国情，毛泽东认识到人口如果无限制膨胀必将带来土地、粮食等一系列严重问题，于是提出了"人类要自己控制自己，实现有计划的生育"的重要观点。在起草全国农业发展纲要时他将"提倡有计划地生育子女"写入了纲要。1957年毛泽东在不同场合多次讲到计划生育，提出由试点、推广到普及，实行政府和群众两手抓，波浪式地推行计划生育。20世纪70年代，随着"有计划的生育"这一观点的提出，人口控制思想得到发展。1971年，在毛泽东等领导人的推动下，中共中央国务院正式下发我国第一份关于计划生育国策报告《关于做好计划生育工作的报告》，提出要在第四个五年计划实施期间，努力控制人口自然增长率，力争到20世纪70年代中期，把城市人口自然增长率降低10%左右，把农村人口自然增长率降低到15%以下。在这份文件指导下，国家实行严格控制，地方设立计划生育办公室控制人口增长。当然，毛泽东在人口问题上有反复，但控制人口、计划生育是他人口观的主基调。

毛泽东充分意识到人类居住的空间和可供利用的资源是有限的，

---

① 中共中央文献研究室编：《毛泽东文集》第六卷，人民出版社1999年版，第429页。
② 中共中央文献研究室编：《毛泽东文集》第七卷，人民出版社1999年版，第33页。

通过控制人口过快增长，实现人口数量与资源环境协调发展，最终才能实现人类长远的发展。这些观点和经验，给后来开展计划生育工作提供了重要的参考价值。

5. 重视环境卫生治理，提升人居质量

百废待兴的新中国面临着极差的生态环境，在毛泽东带领下，全国人民开展了轰轰烈烈的环境卫生整治工作。1951年，毛泽东对卫生工作作出指示：必须重视卫生、防疫和医疗工作。"今后必须把卫生、防疫和一般医疗工作看作一项重大的政治任务，极力发展这项工作。"① 在1956年公布的《1956年到1957年全国农业发展纲要（草案）》中明确提出了消灭危害人民最大的疾病的任务。如提出"从1956年开始，在7年内基本上消灭老鼠、麻雀、苍蝇、蚊子"，"从1956年开始，分别在7年或者12年内，在一切可能的地方基本上消灭危害人民的最严重的疾病"。1957年10月9日，毛泽东在扩大的八届三中全会上发表《做革命的促进派》讲话中专门提道："还有一个除四害，讲卫生。消灭老鼠、麻雀、苍蝇、蚊子这四样东西，我是很注意的。……我看还是要把这些东西灭掉，全国非常讲卫生。……来个竞赛，硬是要把这些东西灭掉，人人清洁卫生。……中国要变成四无国：一无老鼠，二无麻雀，三无苍蝇，四无蚊子。"② 一时间，一场以"除四害"为中心内容的爱国卫生运动在全国范围内开展起来。这为后来中国生态环境的好转起到了重要的作用。1960年毛泽东再次号召把爱国卫生运动重新发动起来："一定要于一九六〇年，一九六一年，一九六二年这三年内做出显著的成绩，首先抓紧今年的卫生运动。……发动群众，配合生产运动，大搞卫生工作，无论老人，小孩，青年，壮年，教员，学生，男子，女子，都要尽可能的手执蝇拍及其他工具，大张旗鼓，大造声势，大除四害；……环境卫生，极为

---

① 中共中央文献研究室编：《毛泽东文集》第六卷，人民出版社1999年版，第176页。

② 中共中央文献研究室编：《毛泽东文集》第七卷，人民出版社1999年版，第308页。

重要，一定要使居民养成卫生习惯，以卫生为光荣，以不卫生为耻辱。"① 由于一开始了解不全面，把麻雀列为害鸟有所不妥，但其为民除害的真情实感不容否定。事实上，后来毛泽东在充分了解到麻雀吃粮食更吃害虫，并有利于生态环境的平衡后对"四害"作了修改，去掉麻雀加上臭虫。考虑广大农村地区医疗卫生条件极差，1965年，毛泽东提出："中国百分之八十五的人口在农村，不为农村服务，还叫什么为人民服务！""把医疗卫生工作的重点放到农村去。"② 毛泽东提出的医疗卫生下乡思想对当时以及后来我国农村环境卫生建设具有长远指导意义。新中国成立后，毛泽东对生态卫生环境的治理，不仅改变了当时极其恶劣的卫生环境，而且为我国后来的卫生事业的发展打下了良好的基础。

由于时代条件和认识水平的限制，毛泽东的生态文明思想不免带有一定的片面性和历史局限性。尤其遗憾的是，他思想中正确的方面未能一以贯之地坚持下去，而是发生了动摇甚至背离。

一是生态保护思想未能一以贯之。20世纪50年代后期，为了发展农业，实现工业化，尽快改变中国贫穷落后的面貌，掀起"大跃进"运动。"大跃进"期间森林资源的乱砍滥伐、矿山资源的随意开采及草场资源的无序垦荒，造成大量优质木材资源用来搞土法炼钢，大量优质矿区和草场资源惨遭破坏。"文化大革命"期间提出的"向湖泊要地"、"围海造田"等口号不仅粮食生产没有得到有效提高，而且湖畔近海等湿地的生态环境遭到严重破坏。这种过多地强调向自然开战和开发利用资源，忽略了对自然规律的尊重以及对自然资源应有的保护，偏离了他生态文明思想中的正确方面。

二是对生态环境建设的复杂性、全面性认识不足，生态文明思想存在片面性。毛泽东生态文明思想主要涉及农林行业，涉及工业等其他领域较少，比如对工业发展中的环境保护问题缺乏足够的认识。他对因为工业发展方式不当而带来的环境污染、资源非合理利用问题缺

---

① 中共中央文献研究室编：《毛泽东文集》第八卷，人民出版社1999年版，第149—150页。
② 中共中央文献研究室编：《毛泽东著作专题摘编》（下），中央文献出版社2003年版，第1656页。

乏清醒的认识，对工业生产中造成的环境污染被简单地视为职业病防护的卫生问题，并没有将其列为主要的治理对象。再者其生态文明思想主要集中在经济建设与生态环境关系方面，都是从经济建设角度认识生态环境问题，对生态环境的认识具有较强的功利性。生态环境只有与经济建设发生联系时才体现出价值，凡是对经济发展有利的生态环境要保护，凡是妨碍经济建设的生态环境则不予考虑。毛泽东生态文明思想的局限对我国经济社会发展造成了不利影响，人民生活受到了大自然的报复和惩罚，我国生态文明建设的任务由此加剧。

二 邓小平的社会主义观及其生态思想

（一）邓小平的社会主义观

粉碎"四人帮"后，邓小平面对的复杂局面是：一方面，中国的社会主义进程走了一段弯路，传统社会主义模式的弊端充分显露出来。社会主义民主法治遭到严重破坏，政治局面处于混乱状态，长期"以阶级斗争为纲"造成生产力水平低下，人民饱受物资短缺之苦、生活长期得不到应有的改善。与此同时，人们在什么是社会主义、怎样建设社会主义等问题上仍然存在着"左"的错误，甚至社会上出现了所谓社会主义不如资本主义的右倾言论。另一方面，和平与发展成为时代主题，改革开放、市场经济、知识经济和经济全球化浪潮成为重要特征，这样的时代背景为中国进行社会主义建设提供了更多的机遇。面对贫穷、落后的社会主义中国，邓小平进行了深刻反思，提出"贫穷不是社会主义，社会主义要消灭贫穷"。在总结中国与世界社会主义建设兴衰成败经验教训的基础上，邓小平在社会主义发展史上首次提出"什么是社会主义，如何建设社会主义"是社会主义首要的基本理论问题。但人们对于这个基本理论问题在过去的很长一段时期没有完全搞清楚，为此邓小平紧扣和平与发展的时代脉搏，以重新振兴中国为己任，从解放思想的角度认识社会主义，在诸多方面全方位地突破人们几十年固守的对社会主义的僵化认识，形成了独具特色的社会主义观。邓小平的社会主义观突出表现在以下几方面。

1. 明确我国社会主义所处的阶段

我国社会主义处于初级阶段的论断既是我们党制定和执行正确的路线和政策的理论基础和客观依据，也是邓小平社会主义观的立论基础。邓小平社会主义初级阶段理论的提出解决了经济文化落后国家走上社会主义道路后的历史方位问题，突破了传统社会主义认识的历史局限性，把理想社会主义与现实社会主义二者统一起来，克服了几十年来一直未能克服的超越历史发展阶段的"左"倾急性病。

马克思、恩格斯对未来社会发展阶段的问题基于已有的条件提出了一些富有启发性的设想，如提出无产阶级夺取政权后要经历从资本主义到共产主义的革命转变时期、共产主义社会的第一阶段（或低级阶段）和共产主义社会的高级阶段，但他们对共产主义社会第一阶段在其历史发展过程中将会经历哪些发展阶段，没有做出进一步的判断。在社会主义思想发展史上，最早提到社会主义发展阶段问题的是列宁。十月革命后，社会主义本身的发展阶段成为一个重要现实问题。列宁认为，在经济落后的俄国，"在剥夺了地主和资本家以后，只获得了建立初级形式社会主义的可能性"[①]，还不能达到成熟或发达的社会主义阶段。这里包含着社会主义社会也要有一个由低级到高级、由不完备到比较完备的发展过程的思想。但是，列宁也没有揭示这个不发达社会主义社会的特征、主要任务是什么。斯大林没有从实际出发深入研究社会主义的发展阶段问题，不顾苏联的物质和精神条件的成熟程度，超越苏联现实国情，提出苏联可以不经过某些中间环节直接过渡到共产主义社会。这种脱离实际、急于过渡的思想，对苏联和其他社会主义国家的发展，造成了消极的影响。

毛泽东在我国建立社会主义制度后，由于各种复杂的原因，对我国社会主义社会发展阶段的认识也出现过反复。1957年，毛泽东提出社会主义制度建立了，但还不巩固，还没有建成，把一个经济文化都比较落后的中国建设成为一个繁荣昌盛的社会主义强国，至少需要上百年的时间。1957年反右斗争扩大化后，毛泽东对社会主义建设又产生了急于求成的心理，发动了"大跃进"和人民公社化运动，提出跑步进入共产主义，试图超越整个社会主义发展阶段。"大跃进"和人民公社化运动受挫后，毛泽东又认为，社会主义是一个相当长的历史阶段，他把社会主义分为不发达的社会主义和比较发达的社会主义两

---

① 《列宁选集》第4卷，人民出版社1995年版，第92页。

个阶段。然而1962年，毛泽东又对我国社会的主要矛盾做出了错误的判断，把整个社会主义阶段同过渡时期混淆起来。上述情况表明，在经济文化比较落后的基础上进入社会主义国家的一些马克思主义者，往往对现实中的社会主义生产力水平比较低、社会主义建设的起点比较低的情况估计不足，没有认识到现实中的社会主义经济不仅没有超越资本主义，反而比发达的资本主义要落后得多，没有认识到社会主义阶段同共产主义阶段的历史差别。

十一届三中全会后，邓小平深刻总结了国际国内社会主义建设实践的经验教训，重新审视以往马克思主义者对社会主义社会发展阶段问题的认识。根据当时国内经济发展状况邓小平指出："我们的生产力发展水平很低，远远不能满足人民和国家的需要，这就是我们目前时期的主要矛盾，解决这个主要矛盾就是我们的中心任务。"① 这便很明确地揭示了我国的基本国情和我国社会目前所处发展阶段的最基本的特点。在此基础上，在党的十三大召开前夕邓小平非常明确地指出："中国社会主义是处在一个什么阶段，就是处在初级阶段，是初级阶段的社会主义。社会主义本身是共产主义的初级阶段，而我们中国又处在社会主义的初级阶段，就是不发达的阶段。一切都要从这个实际出发，根据这个实际来制订规划。"② 中共十三大对邓小平社会主义初级阶段的论断作了进一步阐述：社会主义初级阶段不是泛指任何国家进入社会主义社会都会经历的起始阶段，而是特指我国生产力落后，商品经济不发达条件下建设社会主义必然要经历的特定阶段。在社会主义初级阶段必须解决工业化、生产商品化、社会化、现代化的任务，完成资本主义国家用几百年完成的经济发展的任务。社会主义初级阶段论断使党对我国社会主义发展所处历史阶段有了正确的认识，为党制定和执行符合我国实际的路线、方针、政策提供了科学依据。

2. 科学概括社会主义的本质

弄清什么是社会主义，是邓小平社会主义观的首要问题，也是邓

---

① 《邓小平文选》第二卷，人民出版社1994年版，第182页。
② 《邓小平文选》第三卷，人民出版社1993年版，第252页。

小平社会主义观的核心。马克思、恩格斯创立了科学社会主义理论，界定了社会主义概念的外延，明确了社会主义的特征。列宁继承和发展了马克思、恩格斯的理论，创立了世界上第一个社会主义国家，结合苏联实际又对社会主义内涵有新的认识。斯大林教条地照搬了马克思、恩格斯基于资本主义充分发展基础上建立社会主义的预见，形成了人们所熟知的苏联模式的社会主义。我国以毛泽东为代表的老一辈革命家，新中国成立初期明确提出走社会主义道路，领导我国人民从1956年开始进行社会主义建设，取得了巨大成就，但未能完全突破苏联模式。虽然苏联社会主义模式对我国和其他一些社会主义国家起过重要作用，但面对东欧剧变和苏联解体的现实无情地宣告了这一模式的失败。邓小平面对国际国内的复杂局面，大胆地提出了要弄清什么是社会主义的问题："什么叫社会主义，什么叫马克思主义？我们过去对这个问题的认识不是完全清醒的。"① "我们建立的社会主义制度是个好制度，必须坚持。我们马克思主义者过去闹革命，就是为社会主义、共产主义崇高理想而奋斗。现在我们搞经济改革，仍然要坚持社会主义道路，坚持共产主义的远大理想，年轻一代尤其要懂得这一点。但问题是什么是社会主义，如何建设社会主义。我们的经验教训有许多条，最重要的一条，就是要搞清楚这个问题"。② 在对"什么是社会主义"的艰难探索中，邓小平坚持和重申马克思主义基本观点又与时俱进，他依据社会主义理论和实践的新发展，深入研究社会主义的内涵，提出"中国特色社会主义"概念，并明确界定了社会主义本质内涵。

1980年5月，在谈到怎样才能发挥社会主义制度的优越性时，邓小平第一次提出了"社会主义本质"这个概念。他指出："社会主义是一个很好的名词，但是如果搞不好，不能正确理解，不能采取正确的政策，那就体现不出社会主义的本质。"③ 在他看来，讲社会主义首先就要使生产力发展，这是主要的。只有这样，才能表明社会主义的

---

① 《邓小平文选》第三卷，人民出版社1993年版，第63页。
② 同上书，第116页。
③ 《邓小平文选》第二卷，人民出版社1994年版，第313页。

优越性。社会主义经济政策对不对，归根结底看生产力是否发展，人民收入是否增加，这是压倒一切的标准。同时，邓小平对违背社会主义本质的错误思想进行了深刻剖析，指出贫穷不是社会主义，发展太慢也不是社会主义，平均主义不是社会主义，两极分化也不是社会主义。1992年，他在《武昌、深圳、珠海、上海等地的谈话要点》中指出："社会主义的本质，是解放生产力，发展生产力，消灭剥削，消除两极分化，最终达到共同富裕。"① 邓小平对社会主义本质的科学概括，既坚持了唯物史观，强调解放和发展生产力，纠正了忽视生产力发展的错误观念，反映了我国社会主义初级阶段发展生产力的迫切要求。同时也强调了社会主义的价值取向，那就是要实现"共同富裕"，邓小平特别强调："社会主义与资本主义不同的特点就是共同富裕，不搞两极分化。"② 当然，解放和发展生产力不是一蹴而就的，需要一个相当长的过程。因此，在社会主义初级阶段，在生产力水平比较低的条件下，通过制定一定的政策，允许一部分人、一部分地区先富起来，先富帮后富，最终实现共同富裕。

正是邓小平的社会主义本质论，为我国开辟了一条发展更好、人民享受成果更多、能够充分体现出比资本主义更优越的中国特色社会主义发展道路。在社会主义本质理论的指导下，我国始终坚持发展是硬道理，坚持"一个中心、两个基本点"的基本路线，通过改革开放不断解放和发展生产力，努力提高人民生活水平，促进社会公平正义，中国特色社会主义日益显现出强大的生命力和巨大的优越性。

3. 揭示了社会主义社会的发展动力

社会主义制度确立后，社会发展的动力是什么？这在马克思主义发展史上是一个没有得到很好解决的重大课题。由于所处时代条件的限制，马克思、恩格斯对于尚未出现的社会主义社会基本矛盾的性质、特点及其解决途径并没有做出明确的阐述。列宁认为在社会主义社会里，"对抗将会消失，矛盾仍然存在。"然而，由于列宁过早去世，来不及考察社会主义社会内部的矛盾运动，当然也就不可能明确

---

① 《邓小平文选》第三卷，人民出版社1993年版，第373页。
② 同上书，第123页。

提出和解决社会主义社会发展动力问题。斯大林在领导苏联社会主义建设的实践中试图回答这个问题，但没能得出正确的结论。毛泽东批评了斯大林关于社会主义社会无矛盾的理论，他在《论十大关系》、《关于正确处理人民内部矛盾的问题》等一系列重要著作中，不仅明确指出社会主义社会是一个充满矛盾的社会，而且全面阐述了社会主义社会的矛盾问题。他正确地认识到生产关系和生产力之间、上层建筑和经济基础之间的矛盾仍然是社会主义社会的基本矛盾，这些基本矛盾既相适应，又相矛盾，推动着社会主义社会向前发展。但由于对基本矛盾的具体表现缺乏科学认识、对我国社会主义所处发展阶段的判断出现偏差等原因，实践中出现了严重失误。他用"一大二公"的指导思想解决生产关系和生产力之间的矛盾，他用"以阶级斗争为纲"的指导思想解决上层建筑和经济基础之间的矛盾。历史证明，这样搞的结果，不仅没有也不可能解决社会基本矛盾，没有也不可能达到所谓"抓革命，促生产"的目的，反而使基本矛盾更加突出，严重阻碍生产力的发展，使社会主义建设遭受了严重挫折。

  邓小平在肯定毛泽东关于社会主义社会基本矛盾学说的同时，认为"指出这些基本矛盾，并不就完全解决了问题，还需要就此做深入的具体的研究"。[①] 邓小平认为，阻碍社会主义社会生产力发展的不是社会主义生产关系和上层建筑基本制度本身，而是作为生产关系和上层建筑具体表现的经济体制和政治体制。在社会主义制度下，这些体制还存在着严重弊端，阻碍了生产力的发展。在此基础上，他阐明了解决社会主义社会基本矛盾的手段或途径，就是通过改革束缚生产力发展的旧体制，建立起与生产力发展相适应的新体制，以此为动力推动社会生产力不断向前发展。不仅如此，邓小平还把改革提到是"解放生产力"的革命高度。由于社会主义社会基本矛盾的特殊性与复杂性，改革对于社会主义根本制度而言，是社会主义的自我完善与发展，这同"左"的与右的错误观点、错误做法有严格的界限。但对于具体制度而言，改革不是对原有体制细枝末节的修补，而是对旧体制的根本性变革，是一场革命。党的十一届三中全会公报指出："实现

[①]《邓小平文选》第二卷，人民出版社1994年版，第182页。

四个现代化,要求大幅度地提高生产力,也就必然要求多方面地改变同生产力发展不相适应的生产关系和上层建筑,改变一切不相适应的管理方式、活动方式和思想方式,因而是一场广泛、深刻的革命。"他认为在社会主义条件下,通过改革继续解放生产力,这是中国的第二次革命,这就突破了马克思主义经典作家认为社会主义社会只有发展生产力,不存在继续解放生产力的传统观点。邓小平对社会主义社会基本矛盾以及由此引出的社会主义社会发展动力的深刻揭示,在科学社会主义发展史上,首次明确回答了经济文化落后国家走上社会主义道路后整个社会的发展动力问题。

4. 创立社会主义市场经济理论

由于受传统社会主义关于社会主义经济就是计划经济观念的束缚,使得经济文化落后的国家走上社会主义道路后经济发展陷入了进退维谷的两难境地。一方面,现实的社会主义建设起点低,生产力发展水平不高,尤其是中国,社会主义脱胎于半殖民地半封建社会,自然经济占很大比重,因此迫切需要发展商品经济,建立市场机制,大力发展生产力。另一方面,又囿于传统社会主义关于社会主义经济就等于计划经济的观念,实行集中统一的计划经济,从而造成社会主义经济发展速度长期处于缓慢或徘徊之中。

邓小平从实际出发,基于世情国情新变化,把社会主义基本经济制度与市场经济相结合,明确提出市场经济体制的经济体制改革目标。邓小平在考察计划经济和市场经济及其与社会主义制度的关系问题时,打破传统理论思维的框架,大胆提出社会主义也可以搞市场经济。他认为:"社会主义和市场经济之间不存在根本矛盾。"[①] "计划经济不等于社会主义,资本主义也有计划;市场经济不等于资本主义,社会主义也有市场。计划和市场都是经济手段。"[②] 在邓小平大力推动下,我们实现了对市场经济的重新认识,市场经济逐渐被人们所接受。从最初的"以计划经济为主、市场调节为辅",到社会主义的经济是"有计划的商品经济",再到提出建立"计划和市场内在统一

---

① 《邓小平文选》第三卷,人民出版社 1993 年版,第 148 页。
② 同上书,第 373 页。

的体制",最后突破计划经济和市场经济是社会制度属性的思想束缚,认为社会主义也可以实行市场经济。根据改革开放的需要和邓小平的多次谈话,党的十四大明确提出我国经济体制改革的目标是建立社会主义市场经济体制。中共十四大决策是我国在改革开放进程中具有历史性意义的正确选择,它为中国的社会主义注入了生机与活力。邓小平社会主义市场经济理论的创立是对传统社会主义观念的重大突破,在它的指导下我国实现了从计划经济到社会主义市场经济的历史性转变,在社会主义发展史上具有划时代的重大意义,也为我国改革攻坚、创新发展提供了强大的理论武器。社会主义市场经济理论为进一步解放和发展生产力,尽快地消除两极分化,实现共同富裕开创了一条切实可行的路径。

总之,邓小平是在我国 20 多年社会主义建设基础上,在"十年动乱"之后,痛定思痛,抓住了"什么是社会主义、如何建设社会主义"这一社会主义首要的基本问题,以政治家的敏锐目光重新认识社会主义,以巨大的理论勇气打破陈规,实事求是,突破传统社会主义的框架,形成了全新的社会主义观念。邓小平的社会主义观是当代中国的马克思主义,为中国百年追求的现代化理想、中华民族的振兴和发展中国家实现现代化目标开辟了崭新的道路和光辉的前景,也为世界社会主义从曲折走向复兴指明了方向,极大地丰富了科学社会主义的理论宝库,具有划时代的意义。

但也必须看到,通过发展生产力来建设社会主义是邓小平社会主义观的核心思想。迫于社会主义初级阶段的发展要求,邓小平提出"发展是硬道理"的著名论断,我国也提出了长期坚持"以经济建设为中心"的基本路线,这一方面表达了对过去失误的纠正,同时也表达了长期受贫穷困扰的中国人民追求物质富裕的强烈愿望。改革开放 30 多年的实践也确实大力发展了生产力,增强了综合国力,人民群众的生活水平一定程度上也得以提高。但过分强调发展生产力的思想在执行过程中导致了片面重视经济发展,过分强调 GDP 增长,而相对忽视社会主义价值目标的情况。比如在发展过程中出现了人们收入分配差距拉大、区域发展不平衡等现象,严重违背了社会主义的公平正义。随着改革开放的深入,生产力的巨大发展以及人民群众物质生活水平的进一步提高,解决了温饱问题的人们产生了更高的追求,推动党对社会主义的认识进一步深入。"三个代表"重要思想、"科学发展观"实现了对社会主义观的继续探索和发展。

(二) 邓小平的生态思想

邓小平的生态思想是在人类寻求资源与环境可持续发展道路的背景下产生的。20 世纪 70 年代以来,世界各国大力发展经济,世界经济发展迅猛,导致经济发展与资源、环境之间的矛盾日益突出。同时伴随中国的改革开放,中国经济持续快速发展,资源能源危机、环境污染、生态破坏的形势非常严峻。如何减轻经济发展对环境的压力,实现资源的可持续发展,邓小平结合新形势,概括总结了生态问题,形成生态思想。

1. 加强生态保护与治理

邓小平针对一些地区出现不同程度的生态环境问题,提出诸多关于生态保护方面的措施。比如:植树造林。邓小平不仅积极倡导,而且率先垂范,推动全民义务植树运动。尤其值得一提的是建设三北工程。1978 年,中共中央、国务院做出在我国西北、华北北部和东北西部建设三北防护林体系的重大决策,充分体现了邓小平生态方面的战略眼光。"三北"防护林体系工程,其规模和速度超过美国的"罗斯福大草原林业工程"、苏联的"斯大林改善大自然计划"和北非五国的"绿色坝工程",在国际上被誉为"中国的绿色长城"、"生态工程世界之最",1987 年被联合国环境规划署评为"全球环境保护先进单位"。1989 年,邓小平为三北防护林体系工程亲笔书写了"绿色长城"的题词。邓小平还清醒地认识到环境污染的严重性和危害性,提出重治污染。1979 年 4 月 17 日,邓小平在中共中央政治局召集的中央工作会议各组召集人汇报会上指出:"全国污染严重的第一是兰州。桂林一个小化肥厂,就把整个桂林山水弄脏了,桂林山水的倒影都看不见了。北京要种草,种了草污染可以减少。所有民用锅炉,要改造一下,统一供热,一是节约燃料,二是减少污染。这件事要有人抓,抓不抓大不一样。要制定一些法律。北京的工厂污染问题要限期解决。"

2. 注重经济发展与人口、资源环境相协调

邓小平在描绘中国改革开放和现代化建设宏伟蓝图时，始终把人口与资源环境问题放到经济社会发展的全局中统筹考虑。他指出："要使中国实现四个现代化，至少有两个重要特点是必须看到的：一个是底子薄。……第二条是人口多，耕地少。……这种情况不是很容易改变的。这就成为中国现代化建设必须考虑的特点。"① 邓小平强调，"人多是中国最大的难题"。他分析说："人多有好的一面，也有不利的一面。在生产还不够发展的条件下，吃饭、教育和就业就都成为严重的问题。"② 因此，邓小平强调要控制人口，推行计划生育政策，使人口与资源环境和经济社会协调发展。1991年，他为我国第一份探讨人口、资源、环境与经济建设之间关系的政策指导性学术期刊《中国人口·资源与环境》亲笔题写刊名，特别提出要注意解决发展中面临的人口多、资源少、生态环境破坏等问题。同时，邓小平还注重经济发展与资源、环境相协调，在强调经济发展的同时，考虑资源可开发利用的情况以及环境可承受的能力，不能以破坏生态平衡、牺牲环境、滥用资源为代价来换取社会的暂时进步和经济发展，应该通过人与自然和谐发展的方式来促进生态环境的可持续发展，实现社会的全面进步与生态环境良性循环。邓小平在强调"以经济建设为中心"的同时，要求经济建设与环境保护并重，促进人与自然的和谐发展。

3. 重视资源的合理开发与利用

在能源资源开发利用问题上，邓小平历来主张要把合理开发与节约使用统一起来。邓小平反对由于盲目开发资源造成的资源浪费、环境污染和生态破坏。邓小平的资源合理开发思想主要体现在他对土地资源和森林资源的保护上。人口多、耕地少是"中国现代化建设必须考虑的特点"。③ 谈到土地资源，邓小平认为，这是进行工农业生产的基础，必须合理开发和利用，防止过量开荒造成环境恶化。谈到森林资源，他认为森林是最好的水库，洪灾的发生"涉及森林的过量采

---

① 《邓小平文选》第二卷，人民出版社1994年版，第163—164页。
② 同上书，第164页。
③ 同上。

伐"，因此他强调要坚持森林开发与保护相结合，林区要边伐边育保持平衡，并且建议有些地方"可以只搞间伐，不搞皆伐，特别是大面积的皆伐"。邓小平在强调合理开发资源的同时，也很重视资源合理使用，反对浪费和破坏生态环境。他针对中国由于人口多、技术落后，在资源的开发和利用方面存在的严重浪费现象和环境破坏现象，提出："无论是在生产建设以前，生产建设过程中间，还是在生产建设得到了产品之后，都不允许有丝毫的大手大脚。"① 在煤炭开发利用上，提出提高洗煤比重，搞坑口发电，搞煤的综合利用；针对一些单位使用煤、石油不注意节约的现象，他提出："要提高煤、油的价格，促使使用单位节约，这实际是保护能源的政策。"② 对浪费原材料的企业，要坚决关一批，行动要坚决。要全面规划研究石油、煤碳、沼气、森林、天然气、水利、风力等矿产资源，避免胡乱开发和过度开发，走资源可持续发展道路。邓小平这些思想对我国合理开发、节约利用资源起到了积极作用。

4. 重视科技支撑与法治保障

生态文明建设是一项极其复杂的系统工程，它涉及诸多因素。邓小平看到了科技和法治这两个因素在生态文明建设中的极端重要性。邓小平认为，科技是生态文明建设的强有力支撑，建设生态文明必须紧紧依靠科学技术。1983 年，邓小平在同胡耀邦等人谈话时提道："解决农村能源，保护生态环境等等，都要靠科学。"③ 在中国农业发展道路上，邓小平始终坚持走科教兴农道路，在谈到与生态息息相关的农业产业时，他说："农业的发展一靠政策，二靠科学。科学技术的发展和作用是无穷无尽的。"④ "将来农业问题的出路，最终要由生物工程来解决，要靠尖端技术"。⑤ 在他看来，"最终可能是科学解决

---

① 《邓小平文选》第二卷，人民出版社 1994 年版，第 261 页。
② 中共中央文献研究室编：《邓小平思想年谱上册》，中央文献出版社 1998 年版，第 157 页。
③ 中共中央文献研究室编：《邓小平年谱》下册，中央文献出版社 2004 年版，第 882 页。
④ 《邓小平文选》第三卷，人民出版社 1993 年版，第 17 页。
⑤ 同上书，第 275 页。

问题。科学是了不起的事情，要重视科学"。① 这些思想为我国生态文明建设注入了科技含量。

邓小平还特别强调以强有力的法律手段来保证生态环境建设的贯彻落实，不断加强对生态文明建设法制化的管理，逐步形成环境保护法律体系。邓小平在1978年12月主持中央工作时提出，"应该集中力量制定刑法、民法、诉讼法和其他各种必要的法律，例如工厂法、人民公社法、森林法、草原法、环境保护法、劳动法、外国人投资法等等，经过一定的民主程序讨论通过，并且加强检察机关和司法机关，做到有法可依，有法必依，执法必严，违法必究"。② 在邓小平的高度关注下，我国专门保护生态资源环境的基本法即《中华人民共和国环境保护法（试行）》于1979年正式颁布，为生态资源环境保护提供了法律制度保障。此后，我国步入用法制来保护生态资源环境的新时期。截至1993年，陆续颁布了《关于开展全民义务植树运动的决议》（1981年）、《中华人民共和国海洋环境保护法》（1982年）、《水土保持工作条例》（1981年）、《中华人民共和国防止船舶污染海域管理条例》（1983年）、《中华人民共和国海洋石油勘探开发环境保护管理条例》（1983年）、《中华人民共和国森林法》（1984年）、《国务院关于环境保护工作的决定》（1984年）、《中华人民共和国草原法》（1985年）、《中华人民共和国大气污染防治法》（1987年）和《中华人民共和国水土保持法》（1991）等十几部生态资源环境保护的法律，为我国生态资源环境保护提供法制保障。

由于客观历史条件限制以及邓小平关于中国社会主义建设的认识等原因，邓小平的生态思想具有一定的局限性。这种局限性主要表现为该思想在理论上的不完整和在实践领域的缺陷。从理论上看，邓小平的生态思想虽然丰富，但是缺乏完整性和系统性。邓小平对相关问题的阐述并不十分深刻，未对问题进行深入的分析，也未形成完整的科学理论。从实践领域来看，由于邓小平生态思想在理论上的不完整性，一定程度上导致中国当时对生态环境的保护和建设的力度不够。

---

① 《邓小平文选》第三卷，人民出版社1993年版，第313页。
② 《邓小平文选》第二卷，人民出版社1994年版，第146—147页。

这主要表现为随着中国经济的快速发展，中国的生态环境遭到严重污染和破坏。企业往往在生产发展过程中片面追求经济效益而缺乏对环境的保护；各级政府为了追求经济发展的政绩观而忽略生态环境保护等。总之，这一时期生态环境的污染和破坏是比较严重的，特别是水污染、大气污染比较突出。虽然当时采取了一些生态环境保护的措施，但从总体上看，生态环境的破坏程度远远大于其保护程度。

邓小平的生态思想具有局限性的原因主要有两方面：一方面，客观历史条件是邓小平生态思想存在局限性的主要原因。从国内情况看，新中国成立后，为了维护国家主权和领土完整，中国共产党把解决人民日益增长的物质文化需求同落后的社会生产之间的矛盾作为关键，大力发展生产力。十年"文化大革命"又使中国的政治、经济、文化等方面遭到极大的破坏，与同时期的西方国家相比落差很大，如何提高生产力水平成为中国面临的首要问题。而同时期，中国的生态环境虽然遭到一定程度破坏，但并未产生十分严重的影响，没有成为制约中国发展的主要矛盾。这种情况不仅决定邓小平对生态环境的保护和建设问题的关注相对较少，也直接导致邓小平对生态思想没有进行系统的阐述。另外，从当时的国际情况来看。直到20世纪60年代，伴随工业革命的迅速发展，生态环境问题的日益突出，生态问题才逐渐进入人们的视野。到20世纪七八十年代，虽然生态环境问题引起一部分人的关注，但关于保护生态环境的理论和实践仍处于初期。并且当时生态环境事件主要发生在发达的资本主义国家，发展中国家的生态问题还不突出。基于这样的国际背景及当时的中国国情，邓小平也相对较少地关注生态问题。另一方面，邓小平关于中国社会主义建设的认识是他生态思想存在局限性的另一重要因素。他从中国将长期处于社会主义初级阶段出发，强调大力发展生产力，在他看来只有经济发展了才能为社会主义各项事业的发展提供强大的物质保障，才能更好地解决发展中出现的生态环境问题。可以说，在邓小平关于中国社会主义建设的认识中，生态环境问题处于非关键却又不可忽视的地位。由于生态环境问题处于不可忽视的地位，邓小平阐述了诸多关于生态环境保护和建设的观点；又由于生态环境问题处于非关键的地位，邓小平生态思想缺乏完整而系统的理论体系。

三 科学发展观的提出及其价值取向

党的十六届三中全会通过的《中共中央关于完善社会主义市场经济体制的决定》提出了全面、协调和可持续的科学发展观。科学发展观是马克思主义基本原理与中国具体实际相结合的产物，是发展中国特色社会主义的根本指导方针和重大战略思想。

（一）科学发展观提出的背景

党的十七大报告指出：科学发展观是立足社会主义初级阶段基本国情，总结我国发展实践、借鉴国外发展经验、适应新的发展要求提出来的。

1. 社会主义初级阶段的基本国情

坚持一切从国情出发是提出科学发展观的重要立足点，我国最大的国情就是正在并将长期处于社会主义初级阶段。

初级阶段的基本国情，首先表现为人口多。人口多是考虑我国一切发展问题的基本出发点之一，我国有 13 亿人口，总量大。虽然我国的教育事业有很大发展，但是人口总体素质较低。另外，我国的人口结构不合理，我国是老年人口最多而且增长最快的国家之一。我国就业压力大，城市每年新增 1000 多万就业人口，还面临着农村两亿左右富余劳动力转移的压力。加之我国工业化进入中后期，即使国民生产总值高速增长，但由于就业弹性系数下降，我国将面临长期的巨大就业压力。因此人口多的基本国情，决定改善民生的任务特别繁重。资源相对不足是制约我国发展的突出矛盾。我国虽然资源丰富，但人均资源占有量不足。人均矿产资源占有量只有世界平均水平的 1/2 左右，人均耕地占有量不足世界平均水平的 1/3，人均水资源拥有量只有世界平均水平的 1/4，人均林木占有量只有世界水平的 1/5，人均能源占有量只有世界平均水平的 1/7 左右。加之我国科学技术水平较低，可持续发展观念不强等原因，造成资源利用的效率不够，浪费极为严重，能源、资源不足的矛盾越来越尖锐，生态环境的形势十分严峻。因此，要实现人口适度增长、资源永续利用和形成良好的生态环境，只有更新发展思路，把经济发展与人口、资源、环境相协调，推动整个社会走上生产发展、生活富裕、生态良好的文明发展之路。其次，经济发展不平衡是客观存在的长期因素。新中国成立以来，从总体上说，地区差距呈扩大趋势。这既有自然地理、历史文化、市场潜力等方面的客观原因，也有经济体制、政策选择和发展战略等方面的因素。所以，必须要坚持统筹城乡发展、统筹区域发展的科学发展观。

因此，由于人口多、底子薄、生产力水平不高、地区发展不平衡、经济社会与资源环境矛盾突出等问题的存在，决定了我国长期发展的艰巨性和复杂性，也决定了我们必须走全面、协调、可持续发展道路。

2. 经济社会发展的阶段性特征

到2003年，经过改革开放二十多年的发展，我国已顺利实现现代化建设"三步走"战略的第一步、第二步目标，人民生活总体上达到小康水平，正在向全面小康迈进，社会主义现代化建设进入了一个新的发展阶段。在这个新阶段，我国经济社会发展呈现出一系列重要的阶段性特征：经济实力显著增强，同时生产力水平总体不高，自主创新能力不强，长期形成的结构性矛盾和粗放型增长方式尚未根本改变，经济发展同资源、环境的矛盾日益加剧；社会主义市场经济体制初步建立，同时影响发展的体制机制障碍依然存在，改革攻坚面临深层次矛盾和问题；人民生活总体上达到小康水平，同时城乡之间、地区之间居民收入分配差距拉大的趋势还未根本扭转，城乡贫困人口和低收入人口还有相当大的比例，就业和社会保障压力不断增加，统筹兼顾各方面利益的难度加大；协调发展取得显著成效，同时农业基础薄弱，农村发展滞后的局面尚未改变，缩小城乡、区域发展差距和促进经济社会协调发展的任务艰巨；社会主义民主政治不断发展，同时民主法制建设与扩大人民民主和经济社会发展的要求还不完全适应，政治体制改革需要继续深化；社会主义文化更加繁荣，同时人民精神文化需求日趋旺盛，人们思想活动的独立性、选择性、多变性、差异性明显增强，对发展社会主义先进文化提出了更高要求。加之新世纪新阶段，我国发展到了一个新起点，2003年我国人均国内生产总值首次突破1000美元。许多国家的发展进程表明，在人均国内生产总值处于1000美元至3000美元的发展阶段，既是"黄金机遇期"，也是"矛盾凸显期"；既有巨大的发展潜力和动力，又有各种困难和风险，是整个现代化进程中一个非常关键的阶段。在这一阶段，可能出现两种发展结果：一种是搞得好，经济社会继续向前发展，顺利实现工业化、现代化；另一种是搞得不好，出现贫富差距加大、社会矛盾加剧等问题，导致经济社会发展长期徘徊不前，甚至出现社会动荡和倒退。能否争取前一种前途而避免后一种结果，这取决于我们能否正确处理各个方面的关系，做到协调发展。

面对新世纪新阶段呈现出的新特征，必须认真思考：中国究竟应该如何发展才能排除各种消极因素干扰，避免出现新的重大失误和曲折。我们党在正确认识和准确把握这些阶段性特征的基础上，有针对性地回答了以上重大问题，提出科学发展观：发展的核心是以人为本，发展的基本要求是全面、协调、可持续，发展的根本方法是统筹兼顾。这是我们党妥善应对我国经济社会发展关键时期遇到的各种风险和挑战的正确选择。

3. 当代世界的发展实践和发展理念

20 世纪 50 年代以后，随着各国发展实践的推进，人们对发展问题的认识不断深化。不少国家经过长期工业化、市场化、城市化浪潮的洗礼，从自身和他国的经验教训中进行理性思考，越来越认识到社会全面发展的重要性，越来越认识到遵循协调、综合、持续的发展是人类发展的唯一正确选择。这种发展理念促使从以工业化为目标的单纯经济增长（GDP 主义）的经济发展导向转向提倡社会的综合协调发展，这种发展观越来越把经济发展、社会发展、人的发展以及人与自然的和谐统一起来通盘考虑，实现了从以物为中心的发展转到突出以人为中心的发展；从不惜以破坏生态环境为代价追求经济的一时繁荣转到主张可持续发展。尤其是在现阶段，和平与发展是当今时代的主题，经济全球化和政治多极化在曲折中发展，科技日新月异，综合国力竞争空前激烈，许多国家都在抢抓发展机遇，依靠科技进步，调整发展战略。我国面临的仍是一个总体上有利于我们发展，但不利因素也可能增多的环境。对此，我们必须居安思危，增强紧迫感，把我国的发展放到世界的大局中来思考和把握，发挥比较优势，把握有利条件，扬长避短，趋利避害，努力取得发展的主动权。科学发展观就是顺应当今世界的发展潮流，反映当代最新的发展理念，是对人类社会发展经验的深刻总结和高度概括。

4. 生态环境问题突出

改革开放以来，党中央、国务院虽然非常重视生态保护工作，为此也制定了法律、设置了机构、增加了投入，加大对重点地区的治理，主要污染物排放总量也得到初步控制，一些城市和地区环境质量得到改善，环境保护工作不断取得进展。但环境问题依然相当突出，形势严峻。

主要污染物排放总量大，远远超过环境自净能力。废水排放量2003年达到460亿吨，其中主要污染物化学耗氧量（COD）1333.6万吨，超过环境容许量的60%。城市垃圾产生量已接近每年1.4亿吨，处理率仅54.2%，无害化处理率更低。抽检的329个生活垃圾处理厂中，达到无害化处理要求的仅为15.6%，垃圾填埋场二次污染问题突出。乡镇、农村垃圾基本上是露天堆放，"垃圾围城"现象普遍。工业危险废物产生量每年约1000万吨，历年堆存的危险废物产生的废气、渗滤液、淋溶水污染地下水，成为重要污染源，1/3没得到安全处置。

水和大气环境受到不同程度污染，有些地区相当严重。2003年七大水系407个重点监测断面中，38.1%的断面满足Ⅰ—Ⅲ类水质要求，32.2%的断面属Ⅳ、Ⅴ类水质，29.7%的断面属劣Ⅴ类水质，也即近1/3的水用于农业灌溉都不合格。2003年监测的28个重点湖库中，满足Ⅱ类水质的湖库有1个，占3.6%；Ⅲ类水质湖库有6个，占21.4%；Ⅳ类水质湖库有7个，占25.0%；Ⅴ类水质湖库有4个，占14.3%；劣Ⅴ类水质湖库有10个，占35.7%。不少城市饮用水源地已监测到许多微量的有毒有害化合物，直接影响人的健康。空气污染也很严重，1998年国际卫生组织公布的一项报告表明，十大污染严重的城市中我国有7个。2003年国家掌握监测数据的340个城市中达到空气质量标准二级以上的城市有142个，占41.7%；劣于三级标准的城市91个，占26.8%。除大气和水污染之外，土地污染也日益突出，直接影响食品安全。废旧汽车、家电造成的污染也成为新的环境问题。放射性污染威胁也在增加，国内已有6万多枚各类放射源，每年还以15%的速度增加，尚有上万枚废弃源未得到合理收贮，几乎每月都发生放射源被盗事件,威胁公众安全。

生态环境退化趋势尚未得到遏制。土地资源破坏主要表现在水土流失、土地荒漠化。2003年,全国水土流失总面积356万平方公里,占国土总面积的37.1%,其中水蚀面积165万平方公里,占国土总面积的17.2%;风蚀191万平方公里,占国土总面积的19.9%。森林生态系统呈现出数量增长和质量下降并存的局面,草原退化面积大、程度重。水生态系统严重失调,北方更为突出,江河断流、湖泊萎缩、地下水下降、湿地干涸,旱灾、水灾不断,损失越来越大。生物多样性受到严重威胁。全国15%—20%高等植物处于濒危或接近濒危状况,有156种生物列入《国际濒危物种贸易公约》目录,占其总数的1/4。品种资源锐减,野生种源大量流失,外来物种危害加剧。严重的环境污染和生态破坏对经济社会发展产生严重的负面影响,所以党必须解决应该实现怎样发展的问题。

(二)科学发展观的价值取向

1. 体现人、物关系的"以人为本"

如何认识和处理发展过程中人与物的关系,是任何一种发展观都必须回答的首要问题。对这一问题的回答,大致可归为两种:一种是"以物为本"的传统发展观,另一种是"以人为本"的科学发展观。在"以物为本"的传统发展观中,人处于被"物"奴役的地位,"物",即经济总量的增长、物质财富的增加、物质条件的改善等,被看作是发展的目的。"以物为本"传统发展观的特征是把经济增长作为发展的根本目的和唯一的价值尺度,忽视人的全面发展,简单地把经济增长等同于社会进步。

西方发达国家自工业革命后,长期奉行"以物为本"的发展理念,认为只要经济发展了,各种社会矛盾就会迎刃而解,人和社会也就随之发展。实践证明,这种"以物为本"的传统发展观虽然在历史上对促进经济快速增长,迅速积累物质财富起过积极的作用。但理性地审视这种发展观,不难发现由于经济的快速增长与社会的全面发展没有同步协调,这种发展不仅没有给人们带来所期望的福祉,却出现了诸多社会问题,比如收入差距拉大、就业形势严峻、社会保障不完善、环境污染严重、资源浪费加剧等。又由于这种"重物轻人"、

"以物易人"的发展理念，关注的仅仅是物的扩张、GDP的增长，从根本上忽视了人的存在、人的地位和人的发展，背离了一切经济增长和社会发展的目的都是为了促进人的全面发展这一人类的终极价值目标，使得物质主义、拜金主义、享乐主义滋生，一些人的理想信仰破灭、伦理道德失范。这种发展结果引起西方发达国家的警觉和反思，促使一些学者、思想家重新审视社会的发展，指出社会发展应从以物为中心转向以人为中心，并由此提出了发展的新模式，即发展是以对人的关注为中心。与"以物为本"的传统发展观相比较，"以人为本"的发展观，包含着深刻的人文精神。因此科学发展观的提出被海内外舆论认为是中共领导集体执政为民思想的生动体现。

科学发展观的核心是"以人为本"。"以人为本"的要义就是要让最广大的人民群众在经济和社会发展中得到更多实惠，科学地回答了发展为了谁、发展成果由谁来享受等一系列重大问题。因此，无论在宏观发展战略上，还是在具体发展政策上，"以人为本"的发展观都把最广大人民群众的生存和发展作为发展的最高价值目标。解放全人类，实现人的解放和人的自由而全面的发展，是马克思主义关于人类社会进步的最高价值追求。一切为了人民、一切依靠人民，是马克思主义政党最鲜明的政治立场。正如恩格斯所说，"根据共产主义原则组织起来的社会，将使自己的成员能够全面发挥他们的得到全面发展的才能"。[①] 科学发展观也如实地把保障和改善民生、使民生需要不断得到满足作为发展的根本目的，置于发展的中心位置，使人们有充分的条件从事科学、教育、文艺、体育等活动，从而使每个人的才智、体力、品格、个性得到充分的发挥，从而促进人各方面的全面发展。而经济增长、科技创新、社会进步、文化发展和环境改善等都只是提高人类生活质量的工具，应当为满足民生需要、改善民生服务，这就从根本上摆正了发展目的和手段的关系。所以，贯彻落实科学发展观，推动中国特色社会主义又快又好的发展，尽管包含着无限丰富的内容，但最终都必须落实到满足民生需要，提高民生质量上来。

---

① 《马克思恩格斯选集》第 1 卷，人民出版社 1995 年版，第 243 页。

2. 彰显人与人之间的公平、正义

如何认识和处理发展过程中人与人之间的关系，也是任何一种发展观都无法回避的问题。发展过程中人与人的关系并不仅仅是指个体人的关系，而是包括处于区域之间、城乡之间、不同利益集团之间人与人的关系。各国的发展实践表明，认识和处理人与人的关系，关键是把握好公平与效率的关系。

一般来说，传统发展观在认识和处理人与人的关系时，注重的是效率，往往把效率作为分配的原则，而忽视因地域性、资源性、政策性等原因所导致的起点不公平的事实，造成社会分配不公、贫富差距拉大的现象和结果。在一个经济快速增长，财富迅速积累，物质极大丰富的社会中，如果大多数社会成员享受不到经济发展所带来的好处，必然会引起人们对社会改革和发展的冷漠，以致消极对抗，严重的社会分配不公还会使越来越多的人对现行制度本身的合理性产生质疑。正如西方著名伦理学家罗尔斯在《正义论》中所指出的：作为公平的正义可以说是不受现存的需要和利益的支配。它为对社会制度的评判建立了一个阿基米德支点。一种社会制度，必须满足社会成员基本的社会公正要求。人们拥护一种社会制度，不是因为制度本身的缘故，而是因为这一制度能够提高他们的经济、政治和社会地位，能够改善他们的生活质量，给他们更多的自由机会，促进人的全面发展，推动社会的全面进步。如果一种制度被认为不能提供这些基本的社会公正要求，那么，无论经济如何高速发展，都会引起人们的不满，这个社会很可能会孕育危机，经济往往无法持续、稳定地发展。

在科学发展观体系中，发展的基本要求是"全面、协调、可持续"，这里的"协调、可持续"思想体现了人与人之间关系上的公平、正义。"协调"思想要求统筹区域之间、城乡之间协调发展，即发达地区与欠发达地区、城市与农村要相互支持、相互带动、共同发展，让全体人民共同分享发展的成果，特别要注意低收入者和弱势群体的共享。坚持效率与公平、功利尺度与道义尺度的有机统一，在注重效率的同时，维护社会的公平、正义。"可持续"思想在认识和处理人与人之间的关系上要求代内、代际公平。"可持续"发展观认为，人类的发展具有无限性的趋势，然而资源、环境从总体上讲是有限的。环境、资源是人类的共同财富,不仅属于当代人,也属于子孙后代,当代人必须加以珍惜和爱护,给后代人留有休养生息的余地。如果当代人无所顾忌地暴殄天物,即使有幸逃脱大自然的报复和惩罚,留给后代人的也只会是一个满目疮痍的贫瘠世界,这对他们是不公平的。因此,可持续发展观强调要正确处理好当前与未来、当代人与后代人的利益关系,这体现了公正、公平的伦理精神。

3. 重视人与自然和谐共处

关于人与自然的关系,马克思在《1844年经济学哲学手稿》中进行了分析:"自然界,就它自身不是人的身体而言,是人的无机的身体。人靠自然界生活。这就是说,自然界是人为了不致死亡而必须与之不断交往的、人的身体。所谓人的肉体生活和精神生活同自然界相联系,也就等于说自然界同自身相联系,因为人是自然界的一部分。"[①] 这段话揭示了人对自然界的归属感和依赖性,表明人首先是作为自然意义上的存在物而存在的,然后才是作为社会意义上的存在物存在的。人与自然的和谐相处是传统农业社会的主体特征。当人类步入近代工业社会时,就改变了这种状态。长期以来,西方主要资本主义国家由于受人类中心主义传统发展观的影响,在工业化的进程中把经济增长建立在贪婪地掠取自然资源、大量消耗能源的基础上,对不可再生资源和自然环境进行掠夺性开发、毁灭性利用,结果加速了生态系统的破坏,引起了环境污染、资源匮乏、生态失衡等诸多问题,人与自然关系不再和谐。改革开放以来中国在发展问题上一定程度地受到了西方传统发展观的影响,片面追求生产力的发展和物质财富的增加,以外延粗放型经营为特征,对自然资源进行掠夺式开发和过度利用,造成了日益严重的环境污染和资源过度消耗。经济社会发展与资源、环境之间的矛盾日益加剧并成为中国进一步发展的障碍。基于此,中国绝不能走发达国家先污染后治理的老路,必须走人与自然和谐发展的路子。

人与自然关系的和谐有两种类型:一是原生自然生态系统的和谐,即自然生态系统没有受到人力的破坏,它凭借自身调节而保持自

---

① 《马克思恩格斯全集》第42卷,人民出版社1979年版,第95页。

身的平衡。在这种平衡中，人处于依赖和服从自然的地位，人与自然的道德关系因此较为和谐。二是人工生态系统的和谐，即人类通过自己活动对自然进行积极的干预和改造，不断改变原生自然生态系统的平衡，创造出一个适合人类生存和发展的生态平衡系统。马克思主义强调人与自然的"和解"，追求的是一种人工生态系统的和谐，这也是现代实践和现代社会所应追求的发展目标。科学发展观就是在继承马克思主义关于人类与自然"和解"的思想基础上，创造性地提出了人与自然关系的"和谐发展"。科学发展观在认识和处理人与自然的关系上，遵循人与自然和谐共处、可持续的发展的准则，提倡走生态良好的文明发展道路，建设资源节约型、环境友好型的社会，实现经济发展与人口、资源环境相协调，让人们在良好的生态环境中生产、生活。

（三）科学发展观指导下的生态保护

科学发展观作为一种全面、协调、可持续的发展观，可以有效处理好经济发展与生态环境之间的关系。它对做好新时期环境保护工作、实施可持续发展战略、促进人与自然和谐共处、努力开创生态良好的文明发展道路具有重要的指导作用。

1. 强化政府生态责任，推行生态行政

我国生态环境的客观现实和政府发展经济的内在要求，促使政府在发展经济过程中必须注意生态保护，把建设一个生态环境与经济协调发展的社会作为己任，自觉、主动地开展生态行政、绿色行政。因此，政府在制定国民经济社会发展规划时，要考虑环境规划编制；在做出发展决策时，要考虑生态环境的承载能力，使环境与发展综合决策机制更加科学化、规范化；加快建立生态补偿机制和绿色国民经济核算体系，征收环境税，对企业实行环境保险责任制；积极探索新型的以绿色 GDP 为核心的官员绩效考核体系。通过推行绿色行政，担负起保护生态环境的责任，力争构建人与自然和谐相处的社会。

2. 切实转变经济发展方式，发展绿色经济

绿色经济是以市场为导向、以传统产业经济为基础、以经济与环境和谐为目的而发展起来的一种新的经济形式，是产业经济为适应人类环保与健康需要而产生并表现出来的一种发展状态。绿色经济的实质是对生态系统不产生消极影响或者减少消极影响的可持续发展型经

济，它既能最大限度地提高经济效益，又能保证生态系统的良性循环与恢复，实现人与自然和睦相处。我国传统的经济发展模式是"高投入、高消耗、低效率"，走科学发展的道路，必须实现经济发展方式的转变，从根本上改变过去那种不合理的粗放型增长方式。在具体实践中，按照又好又快的根本要求和稳中求进的总体思路，把经济结构战略性调整作为主攻方向、把科技进步和创新作为重要支撑、把保障和改善民生作为根本出发点和落脚点、把建设资源节约型、环境友好型社会作为重要着力点、把改革开放作为强大动力。

3. 转变生活方式，引导消费方式变革

消费方式表现为一定消费理念指导下社会大众消费的整体状态。改变传统的经济增长方式，加强生态保护，必须有消费方式转变的配合。因此，必须更新消费观念，优化消费结构，合理引导消费方式，反对奢侈消费、劣质消费、浪费型消费，当下最需要反对的是浪费型消费。在科学发展观的指导下，反对浪费型消费，就要推行节约型消费。节约型消费是一种尽可能少地消耗资源，保证全社会有较高福利水平的科学合理的消费观念。消费既要量入为出、量力而行，又要以人为本、公平消费。推行节约型消费需要全社会力量的参与：通过政府消费、政府购买等方式，优先选用绿色产品、再生产品，制止资源过度消耗和奢侈消费现象，为人们的日常消费作示范和引导；在消费领域全面推广和普及节约技术，鼓励消费能源资源节约型产品，努力实现废弃物资源化、减量化、无害化，逐步形成节约型消费方式；大力加强消费教育，动员全社会力量广泛开展多种形式的能源资源节约活动，努力营造建设节约型社会的良好氛围。

4. 加强和谐友好的生态道德教育，走生态文明之路

伦理道德作为一种内在价值取向的"软约束"，具有内在的调节功能。在加强生态环境保护的过程中，如把它与"硬约束"的法律制度相结合，实现互补，将取得事半功倍的效果。政府通过加强生态道德的教化作用，唤起人们内心深处的"生态良知"，自觉树立起一种保护环境、尊重自然的意识。比如借助新闻媒体和社会舆论的力量来加强生态教育，通过宣传教育在社会上营造一种"人人热爱自然，人人保护环境"、"热爱自然和保护环境光荣，践踏自然和破坏环境可

耻"的良好社会氛围。党的十七大报告把"生态文明"首次写进党代会的政治报告，提出了"生态文明观念要在全社会牢固树立"的新目标，党的十八大又把生态文明上升为中国特色社会主义"五位一体"建设总布局之一。生态文明既是社会全面、协调、可持续发展的根本所在和重要标志，也是科学发展观的必然要求。

四　中国经济新常态与环境治理

（一）中国经济新常态的内涵及其主要特点

"新常态"的概念最初由美国太平洋资产管理公司总裁埃里安（Mohamed El-Erian）提出，尽管在不同领域有不同的含义，但"新常态"在宏观经济领域被西方舆论普遍形容为危机之后经济恢复的缓慢而痛苦的过程。美国创造的新常态一词，本意是让人们对国际金融危机后的经济和金融恢复不要抱过高期望，主基调可用"悲观"、"无奈"来概括。新常态并非在原来新经济繁荣基础上的"新新经济"来临，而是对新经济泡沫泛滥时期产生的结构失衡等一系列问题进行调整。随后，在2010年举行的第40届达沃斯论坛上，相关学者也发出类似的声音，即"世界也许再也无法回到金融和经济危机前稳定的'正常'状态，它将面临一个全新的'正常'状态"。

在中国经济领域，"新常态"一词被用来描述近年来中国经济新呈现出来的稳定发展态势。新常态之"新"，意味着不同以往；新常态之"常"，意味着相对稳定，主要表现为经济增长速度适宜、结构优化、社会和谐。经济转入新常态，意味着我国经济发展的条件和环境已经或即将发生诸多重大转变，经济增长将基本告别过去30多年10%左右的高速度，基本告别过去传统的不平衡、不协调、不可持续的粗放型增长模式，进入高效率、低成本、可持续的中高速增长阶段。经济新常态是调结构稳增长的经济，着眼于经济结构的对称态及在对称态基础上的可持续发展，而不仅仅是GDP、人均GDP增长与经济规模最大化。经济新常态是用增长促发展，用发展促增长。

2014年12月召开的中央经济工作会议概括了中国经济发展的9个趋势性变化。具体如下表所示。

上述趋势性变化表明经济发展新常态有三个主要特点：（1）经济

增长由高速增长转为中高速增长。(2) 经济结构不断优化升级，第三产业、消费需求逐步成为主体，城乡区域差距逐步缩小，居民收入占比上升，发展成果惠及更广大民众。(3) 增长动力由要素驱动、投资驱动转向创新驱动。

中国经济发展的趋势性变化

1	从消费需求看	我国消费特征由模仿型排浪式向个性化、多样化消费转变，保证产品质量安全、通过创新供给激活需求的重要性显著上升
2	从投资需求看	虽然传统产业相对饱和，但基础设施互联互通和一些新技术、新产品、新业态、新商业模式的投资机会大量涌现，对创新投融资方式提出了新要求
3	从出口和国际收支看	全球总需求不振，我国低成本比较优势也发生了转化，同时我国出口竞争优势依然存在，高水平引进来、大规模走出去正在同步发生
4	从生产能力和产业组织方式看	传统产业供给能力大幅超出需求，产业结构必须优化升级，企业兼并重组、生产相对集中不可避免，新兴产业、服务业、小微企业作用更加凸显，生产小型化、智能化、专业化将成为产业组织新特征
5	从生产要素相对优势看	人口老龄化日趋发展，农业富余劳动力减少，要素的规模驱动力减弱，经济增长将更多依靠人力资本质量和技术进步
6	从市场竞争特点看	市场竞争由数量扩张和价格竞争为主逐步转向质量型、差异化为主的竞争，统一全国市场、提高资源配置效率是经济发展的内生性要求
7	从资源环境约束看	过去能源资源和生态环境空间相对较大，现在环境承载能力已经达到或接近上限，必须顺应人们对良好生态环境的期待，推动形成绿色低碳循环发展新方式
8	从经济风险积累和化解看	伴随着经济增速下调，各类隐性风险逐步显性化，经济风险总体可控，但化解以高杠杆和泡沫化为主要特征的各类风险将持续一段时间
9	从资源配置模式和宏观调控方式看	全面刺激政策的边际效果明显递减，既要全面化解产能过剩，也要通过发挥市场机制作用探索未来产业发展方向，必须全面把握总供求关系新变化，科学进行宏观调控

资料来源：根据2014年中央经济工作会议文件整理。

(二) 中国经济新常态的主要成因

中国经济新常态的形成是由中国经济发展的内在特征与世界经济发展格局调整的外界因素共同作用的结果。

1. 规模速度型粗放增长的经济增长模式难以为继

进入新常态以前的较长时期内，我国经济发展方式主要是以价格竞争为基础的数量扩张。在这一阶段，我国劳动力成本相对较低，生产资料成本相对较高。经济的最大竞争优势是由于劳动力成本较低而形成的较低商品价格，因此经济增长主要依靠简单劳动密集型产业的粗放型扩张来实现。这种规模速度型的粗放增长虽然能够一定时期内实现经济的快速增长，却是以较低的能源资源利用效率和严重的生态环境恶化为代价的。近年来，经济发展对能源、资源和生态环境的影响已经达到或接近环境承载能力的上限。虽然单位 GDP 的能源消耗有所下降，但是，能源消费总量却迅速增长。我国的生态环境虽然得到一定程度的改善，但生态环境的压力仍然很大，局部地区情况则更为严重。在资源环境压力加大的情况下，中国经济"做不到"、"受不了"像过去那样的高速增长，必然会换挡回落。

2. "三期叠加"的必然结果

"三期叠加"即经济增长速度换挡期、结构调整阵痛期、前期刺激政策消化期。增长速度换挡期，是由经济发展客观规律决定的。我国经济总量巨大，保持高速增长面临生产要素供给约束，难以支撑两位数的高速增长。从国际经验看，经济发展到一定阶段后，各国经济增长速度都出现了不同程度的回落。结构调整阵痛期，是加快经济发展方式转变的主动选择。长期以来，制造业是我国经济发展的"火车头"，为创造中国经济奇迹提供了重要支撑。但我国制造业发展模式总体上较为粗放，带来一系列问题，比如产能过剩问题突出。同时，制造业粗放发展还带来大量资源、生态、环境问题，单位 GDP 能源消耗较高，水、大气、土壤污染严重，生态环境恶化。因此必须加快推进经济结构战略性调整，把经济发展与结构调整、改善民生、生态文明建设有机结合起来，实现可持续发展。前期刺激政策消化期，是化解多年来积累的深层次矛盾的必经阶段。在国际金融危机爆发初期，为应对国际金融危机的冲击，中国实施了一揽子经济刺激计划，但大规模刺激政策也产生了一些负面效应,如金融资本脱实向虚、企业债务偏高、地方融资平台等部分领域和环节潜在风险积聚等。高负债率、高杠杆率条件下的发展不仅意味着对未来的透支,而且会给经济可持续发展埋下风险隐患。面对这种情况,必须牢牢把握经济发展主动权,妥善处理保增长和防风险的关系,推动经济实现更有效率、更有质量的发展。"三期叠加"是当前中国经济的阶段性特征和状态,它既是由经济发展的客观条件和规律要求的,也是我们为走出困境而做出的主动选择。从这个意义上讲,新常态就是从高速增长向高效增长阶段跃升的过程,是中国经济由大变强的必经历程。

3. 国际金融危机持续释放负面影响

回顾我国 30 多年经济高速增长的历程可以发现,依靠广阔的世界市场所带来的强大外需是创造中国"经济奇迹"的重要因素。但目前世界经济仍处于从 2008 年金融和经济危机的冲击中缓慢恢复的疲弱复苏状态,世界经济增长明显减速,世界经济呈现出"总量需求增长缓慢、经济结构深度调整"的显著特征,支撑中国经济高速增长的外需环境已不复存在。这种状态下,美欧等经济强国相继提出"再工业化"、"2020 战略"、"重生战略"等措施,试图重构国际贸易规则,贸易保护主义纷纷抬头。美国正逐步推动其主导的横跨大西洋和太平洋的贸易伙伴关系协定计划,以限制中国模式下的政府主导模式。而发展中国家也都在努力调整发展模式,加快发展具有比较优势的产业,使得我国经济发展的外部环境雪上加霜。因此我国经济增长由高速增长向中高速增长的转换,表面看是增长速度的放缓,其实质是宏观经济背景下经济结构重大调整和发展环境深刻变化的必然结果。

(三) 经济新常态下经济社会发展前景

1. 经济稳定增长的发展格局不会变

尽管 2010 年以来我国的经济增长率有所下降,未来经济增长仍然存在一些不确定性,但总体来讲,经济稳定增长的发展格局不会发生重大改变,经济规模决定的实际增量会依然可观。一是内需的拉动作用有所上升,三大需求对经济增长的拉动作用逐步趋于协调,经济运行的内生性和稳定性得到加强。同时新型工业化、信息化、城镇化和农业现代化不断推进,不仅会创造出更多、更新的市场需求,还会带来更全面、更深刻的产业结构调整和需求结构再平衡，为我国经济提供巨大的潜力和发展空间。二是国家的宏观调控基调发生调整。定向调控会成为未来一段时期主要的宏观调控方式和政策基调，这有利于促进中国经济通过远近结合的调控，有效防范风险，保持经济在合理区间运行。三是重点领域改革将激发内生增长动力，比如通过推进土地及户籍改革、加快新型城镇化步伐为扩大内需提供基础；通过推进行政及财税改革，通过简政放权、调整各级财政关系、结构性减税等来激发市场主体活力等。加之中央正在推进的"一带一路"、京津冀协同发展以及长江经济带发展战略等将为我国经济增长带来持续动力。总之，在经济新常态下，政府将逐步实现职能转变，市场活力将进一步释放，市场这只"看不见的手"和政府这只"看得见的手"充分结合，共同推动经济持续发展。

2. 经济结构优化

经济新常态下，经济结构将发生全面、深刻的变化，不断优化升级。产业结构方面，随着资本、土地等生产要素供给下降，资源环境约束强化，耗费资本、土地等要素较多、能耗较高、污染较大的一二产业比重将逐步下降，较少依赖资本、土地等要素、消耗较低的服务业将驶入发展快车道，第三产业逐步成为产业主体，从而带来产业结构优化。需求结构方面，消费需求将逐步成为需求主体。由于劳动力、资源等制造业成本上涨，出口竞争力将减弱，由于劳动年龄人口减少和储蓄率降低，投资能力也将降低，而随着居民收入水平提高和社会保障完善，消费需求将持续较快增长，从而带来需求结构的优化。城乡区域结构方面，城乡区域差距将逐步缩小。当东部土地稀缺、劳动力匮乏后，相关产业会转移到中西部地区，最终实现区域协调发展、优化区域结构。伴随城镇化提速、大量农业转移人口市民化，有利于缩小城乡差距、优化城乡结构。收入分配结构方面，居民收入占比上升，更多分享改革发展成果。随着劳动力供给减少，劳动者在就业市场上越来越成为"稀缺品"，而在服务业占主导的经济结构中，人力资源更为重要，这些因素都将推动劳动工资提高、收入分配结构优化。在这些结构变迁中，先进生产力不断产生、扩张，落后生产力不断萎缩、退出，以此推动经济结构整体优化。

3. 外部环境的影响机遇大于挑战

近几年我国开放型经济面临极其严峻的外部挑战，受欧债危机不断升级、美国经济复苏脚步迟缓、新兴经济体受到冲击、国际大宗商品价格震荡起伏、世界贸易形势不振等国际贸易环境影响，我国外贸出口增长缓慢。与此相对比，未来几年，主要国家宏观经济政策有望趋于稳定，发达经济体经济有望进一步好转，世界经济整体将处于平稳之中，国际市场需求将出现回升态势。2014年4月世界银行发布的《世界经济展望》报告认为，2014年，全球经济活动总体加强，全球增长将从2013年的3%上升到2014年的3.6%和2015年的3.9%。因此尽管国际经济环境还存在很多不确定性，但总体外部发展趋势是有利于我国经济发展的。

4. 政治上将更加民主

在适应经济新常态的过程中，必须正确处理好一系列的关系，比如政府与市场的关系、分配中公平与效率的关系、自主创新与对外开放的关系等。处理好这些关系，不仅仅是经济体制改革的问题，从深层次上来讲，需要政治体制改革的配合，因为这涉及给经济体制改革要动力的问题。通过政治体制改革，比如建设服务型政府，全面推进依法治国，进一步完善基层民主，进一步健全权力运行制约和监督体系等，制定有效的政策，让权力受到更好的制约、监督，保障公众更好地参与，以正确处理好上述各方面关系。由此我国民主政治建设进一步加强，民众享有更多的民主权利，政治文明进一步提高。

5. 民生将得到进一步改善

经济发展新常态下，服务业在经济结构中的地位将进一步上升。由于服务业吸纳就业能力高于制造业，大力发展服务业有利于实现充分就业目标，有利于丰富生活性产品供给、提高人民群众生活质量，有利于改善民生、实现以人为本的增长。经济新常态下，发展理念从片面追求GDP向以人为本和保护环境转变。经济发展不再以GDP增长率论英雄，而是按以人为本的理念和原则，坚持从人民群众的根本利益出发谋改革、促发展。近年来，中央把节能减排作为经济社会发展的约束性指标，深入推进绿色发展、循环发展、低碳发展。经济新常态下，强调实现以人为本的经济发展，意味着城乡基本公共服务均等化的步伐将加快,城乡二元经济格局将被打破。与此同时,随着新农村建设的深入开展,统筹城乡发展措施的扎实推进,城乡差距将逐步缩小,发展成果将会更多更公平地惠及全民,人与人之间将更加平等、社会更加和谐。

(四) 经济新常态下的环境治理机遇

随着中国经济进入新常态,经济发展速度、运行模式、政府调控思路、民众的生活方式、观念等都在发生重要转变,民主政治建设也进一步加强,这为我国环境治理带来难得的机遇。

1. 从经济发展趋势看

首先,随着经济增速从高速增长进入中高速增长,重化工业快速发展的势头减缓,粗钢、水泥以及铜、铝、铅、锌等主要有色金属产品产量预期在2015年至2020年出现峰值,传统污染物新增量涨幅进入收窄期,污染物排放将高位趋缓。其次,经济增长方式从规模速度型粗放增长向质量效率型集约增长的转变将会减少对环境的污染。再次,产业结构的优化升级有利于缓解环境压力。进入新常态后,第三产业成为拉动经济增长的主力,第三产业的增加值占国内生产总值的比重快速提高,2014年第三产业增加值占GDP比重已达48.2%,预计到2020年第三产业比重达到52%左右(以2010年为基期测算),显示出强劲的结构优化势头。这样通过产业结构优化升级改变经济增长高度依赖资源消耗,并带来严重污染状况,从根本上遏制经济增长对生态环境的破坏作用。并且新常态意味着经济结构调整,高附加值产业、绿色低碳产业、高新技术产业比重提高,这也有利于环境修复。

2. 制定相关法律制度、国家政策加强环境保护

新常态下,党和国家政府更加重视环境保护,完备相关法律制度、制定相关政策进行环境治理。2014年4月24日新修订了《环境保护法》并已于2015年1月1日起施行,为环境保护提供了法律利器。新修订的《环境保护法》授予各级政府、环保部门许多监管权力,授权环保部门对造成环境严重污染的设施设备可以查封扣押,对超标超总量的排污单位可以责令限产、停产整治,大幅度提高其违法成本,以此强化生产者环境保护的法律责任;十八届三中全会之后,中共中央组织部发表了关于

改进地方政府官员考核机制的文件。文件强调，GDP增长将不再成为地方官员考核的唯一指标，官员的政绩考核将基于一系列的社会和经济指标，包括经济、政治、文化、社会和环境发展。与此同时，这一考核机制还具有一定灵活度，针对不同地区不同需要制定符合当地情况的地方官员考核标准。例如，在人口和经济资源相对缺乏但有着重要生态意义的区域，地方官员考核将主要基于环境保护。针对损害群众健康的突出环境问题，出重拳、用重典，施非常之策保障群众基本生存环境，遏制重点领域污染加剧态势。同时我国逐渐加大污染治理投资，2010—2014年，我国环境污染治理投资总额从6654.2亿元增加至9575.5亿元。这些环境治理投入取得显著成效，2014年，单位国内生产总值能耗同比下降4.8%，远高于2011年、2012年和2013年的下降幅度（降幅分别为2.01%、3.6%和3.7%）。2015年上半年，全国化学需氧量、氨氮、二氧化硫、氮氧化物等主要污染物排放总量均有较大幅度下降。凡此种种，都为环境修复送来了福音。

3. 加强用经济手段进行环境治理

经济新常态下，随着市场经济体制的不断完善，市场在资源配置中将起决定性作用。这意味着运用市场的价格机制、竞争机制和供求机制来调节环境资源配置将成为未来政策取向。在市场经济发展运行中，基于利益导向、利益制约的优化，通过经济杠杆，依照"对事不对人"的原则来规范长效机制，促进节能降耗减排治污。在这种调节体系中可通过税收、押金返还、政府补贴等经济手段进行环境治理。政府根据企业带来的污染行为所造成的损害程度来征收税款，即多污染多征税，少污染少征税，这样就把企业的外部成本内化了，企业会想方设法减少污染。在押金返还上，可适度提高金额或提高污染物排放检验标准，以加强污染物回收、治理。通过政府补贴减少排污单位环境治理成本，鼓励排污企业积极落实"治污"工作。通过有效地运用这些经济手段，实现控制污染、减排降污的目标。

4. 社会共治体系形成

在经济新常态大背景下，加强生态保护和环境污染治理不仅需要落实政府责任，更需要加强对全社会的引导，广泛凝聚共识，构建全社会积极参与环境保护和生态文明建设的大格局，实现社会共治。新修订的《环境保护法》在推进环境治理现代化方面迈出了新步伐，它改变了以往主要依靠政府和部门单打独斗的传统方式，体现了多元共治、社会参与的现代环境治理理念，形成社会共治体系。生态环境建设中的多元共治主要体现在：各级政府对环境质量负责，企业承担主体责任，公民进行违法举报，社会组织依法参与，新闻媒体进行舆论监督等。民众是环境遭受破坏的最大受害者，所以在进行环境治理过程中人民群众最有发言权，也是最积极的群体。当前民众对环境的关注度、期待度、参与度都在提升，他们会自发地对环境进行管理，比如怎样合理耕种、怎样合理使用化肥等；他们通过自我监督，抵制有污染的企业和工厂，对环境破坏行为进行检举揭发等。社会共治体系的形成将大大提升环境治理能力。

5. 民众生活方式更加健康

改革开放 30 多年来，消费主义生活方式对我国民众产生了重大影响。人们的消费不再是出于维持自身物质生活的需求，而是出于商业集团、广告业、媒体制造出来的"时尚"，"时尚"成了一个人身份和价值的体现。这种人为的消费主义的生活价值取向及生活方式实际上是一种消费异化或生活方式异化。但是，消费主义生活方式并没有给人们带来预期的幸福，反而给人们的健康、幸福造成危害。同时，这种生活方式与现代生产方式相互促进，以消耗大量的资源为代价，给环境带来严重污染。在经济新常态下，随着生态文明的建设，人们越来越认识到生活方式异化给生活质量和生态环境带来的消极影响。人们转变物质化的生活价值观念，重新调整生活方式，他们厉行勤俭节约，反对奢侈浪费，改变不合理的消费方式。他们把环境保护理念落实到自身日常生活的方方面面，购买绿色低碳产品，使用环保可循环利用产品，更多的人会自觉地采取垃圾分类、绿色出行、节能节水节材等行动。这种健康的生活方式无疑会对环境治理产生积极效应。

参考文献

中文文献

1. [加] 威廉·莱易斯：《自然的控制》，岳长龄、李建华译，重庆出版社1993年版。
2. [加] 本·阿格尔：《西方马克思主义概论》，慎之等译，中国人民大学出版社1991年版。
3. [匈] 卢卡奇：《历史与阶级意识》，杜章智等译，商务印书馆1992年版。
4. [英] 芭芭拉·沃德、[美] 勒内·杜博斯：《只有一个地球》，《国外公害丛书》，编委会译校，吉林人民出版社1997年版。
5. [美] 约翰·贝拉米·福斯特：《生态危机与资本主义》，耿建新等译，上海译文出版社2006年版。
6. [美] 约翰·贝拉米·福斯特：《马克思的生态学：唯物主义与自然》，刘仁胜等译，高等教育出版社2006年版。
7. [英] 威廉·莫里斯：《乌有乡消息》，黄嘉德等译，商务印书馆1981年版。
8. [印] 萨拉·萨卡：《生态社会主义还是生态资本主义》，山东大学出版社2008年版。
9. [美] 乔尔·科威尔：《自然的敌人》，中国人民大学出版社2015年版。
10. [美] 詹姆斯·奥康纳，《自然的理由——生态学马克思主义研究》，唐正东、臧佩洪译，南京大学出版社2003年版。
11. [英] 乔纳森·休斯：《生态与历史唯物主义》，江苏人民出版社2011年版。
12. [日] 岩佐茂：《环境的思想》，韩立新等译，中央编译出版社

1997年版。

13. ［美］弗·卡普拉查·斯普雷纳克：《绿色政治》，石音译，东方出版社1988年版。
14. ［英］安东尼·吉登斯：《现代性的后果》，田禾译，译林出版社2000年版。
15. ［英］尼格尔·多德：《社会理论与现代性》，陶传进译，社会科学文献出版社2002年版。
16. ［美］梅多斯等：《增长的极限》，商务印书馆1984年版。
17. ［德］马克斯·霍克海默、特奥多·阿多尔诺：《启蒙辩证法》，洪佩郁、蔺月峰译，重庆出版社1990年版。
18. ［英］泰德·本顿：《生态马克思主义》，曹荣湘、李继龙译，社会科学文献出版社2013年版。
19. ［美］马尔库塞：《单向度的人》，上海译文出版社1989年版。
20. ［美］马尔库斯：《工业社会和新左派》，商务印书馆1982年版。
21. ［英］戴维·佩珀：《生态社会主义：从深生态学到社会正义》，刘颖译，山东大学出版社2005年版。
22. ［苏］普罗霍罗夫主编：《苏联百科手册》，中国社会科学院苏联东欧研究所《苏联百科手册》翻译组译，山东人民出版社1988年版。
23. 世界环境与发展委员会：《我们共同的未来》，王之佳、柯金良等译，吉林人民出版社1997年版。
24. 俞吾金、陈学明：《国外马克思主义哲学流派新编》西方马克思主义卷，复旦大学出版社2002年版。
25. 郇庆治：《欧洲绿党研究》，山东人民出版社2000年版。
26. 曾文婷：《"生态学马克思主义"研究》，重庆出版社2008年版。
27. 徐艳梅：《生态学马克思主义研究》，社会科学文献出版社2007年版。
28. 郭剑仁：《生态地批判》，人民出版社2008年版。
29. 刘仁胜：《生态学马克思主义概论》，中央编译出版社2007年版。
30. 段忠桥：《当代国外社会思潮》，中国人民大学出版社2010年版。
31. 刘东国：《绿党政治》，上海社会科学院出版社2002年版。

32. 王芝茂：《德国绿党的发展与政策》，中央编译出版社 2009 年版。
33. 鱼小辉：《战后西德两大社会思潮比较研究》，陕西人民出版社 1992 年版。
34. 邢广程主编：《俄罗斯东欧中亚国家发展报告》（2008），社会科学文献出版社 2008 年版。
35. 中国科学技术情报研究所：《国外公害概况》，人民出版社 1975 年版。
36. 张有军：《西欧社会民主党执政理论与实践研究》，中国社会科学出版社 2016 年版。
37. 赖亦明：《毛泽东社会发展思想研究》，江西人民出版社 2009 年版。
39. 陈先达：《马克思主义哲学原理》，中国人民大学出版社 1999 年版。
40. 杨军：《邓小平社会主义观再探》，中国社会科学出版社 2010 年版。
41. 吴家庆、蒋国海：《邓小平的社会主义观》，湖南师范大学出版社 2002 年版。
42. 罗尔斯：《正义论》，何怀宏等译，中国社会科学出版社 1988 年版。
43. 刘康德：《淮南子直解》，复旦大学出版社 2001 年版。
45. 陈涛编著：《老子》，云南人民出版社 2011 年版。
46. 东篱子译注：《论语》，北京时代华文书局 2014 年版。
47. 安小兰译注：《荀子》，中华书局 2007 年版。
48. 孙通海译：《庄子》，中华书局 2007 年版。
49. 陈广忠译：《淮南子》，中华书局 2014 年版。
50. 王明：《太平经合校》，中华书局 1997 年版。
51. 万丽华、蓝旭译注：《孟子》，中华书局 2006 年版。
52. 王夫之：《张子正蒙注》，中华书局 1975 年版。
53. 胡绳主编：《中国共产党的七十年》，中共党史出版社 1991 年版。
54. ［印］萨拉·萨卡：《资本主义还是生态社会主义——可持续社会的路径选择》，郇庆治译，《绿叶》2008 年第 6 期。

55. 刘常喜、陈彩丽：《生态社会主义与科学社会主义之比较研究》，《延安大学学报》（社会科学版）2012年第2期。
56. 康瑞华、宋萌荣、陈丽华：《资源生态环境视阈下的苏联模式》，《当代世界与社会主义》2010年第5期。
57. 黄传根：《论萨卡生态社会主义思想》，《青海师范大学学报》（哲学社会科学版）2015年第2期。
58. 王建辉：《论两种"生态文明"之殊异：岩佐茂生态社会主义思想述评》，《国外社会科学》2008年第5期。
59. 张艳涛：《资本逻辑与生活逻辑：对资本的哲学批判》，《重庆社会科学》2006年第6期。
60. 铁省林：《人是依赖自然的》，《东岳论丛》2014年第8期。
61. 朱苗苗：《德国绿党外交政策的发展和变化历程》，《德国研究》2001年第2期。
62. 曹风中：《苏联环境保护问题》，《环境科学技术》1989年第3期。
63. 彭天杰：《苏联生态环境的保护与研究》，《环境科学丛刊》1989年第5期。
64. 解保军：《社会主义与生态学的联姻如何可能？》，《马克思主义与现实》2011年第5期。
65. 包茂宏：《苏联的环境破坏和环境主义运动》，《陕西师范大学学报》（哲学社会科学版）2003年第7期。
66. 孙声：《生态环境与苏联政治》，《苏联东欧问题》1991年第2期。
67. 红叶编译：《苏联与东欧各国的生态危机》，《国外环境科学技术》1990年第1期。
68. 《"改造自然"带来的灾难——中国科协原副主席刘恕谈前苏联的教训》，《科技文萃》2005年第10期。
69. 李树果：《苏联八十年代的能源问题》，《苏联东欧问题》1984年第1期。
70. 绿林汉：《苏联能源供给：危机与出路》，《苏联东欧问题》1991年6期。

71. 梅雪芹：《从环境史角度重读〈英国工人阶级的状况〉》，《史学理论研究》2003 年第 1 期。

72. 周穗明：《"红绿联盟"：生态社会主义的最新进展》，《当代世界》1998 年第 12 期。

73. 周穗明：《新社会运动与未来社会主义》，《欧洲》1997 年第 5 期。

74. 张琼：《科学发展观的伦理意蕴》，《云南民族大学学报》（哲学社会科学版）2005 年第 1 期。

75. 陈洪泉：《科学发展观的价值意蕴及其意义》，《东岳论丛》2010 年第 9 期。

76. 邱霞：《毛泽东对新中国经济发展道路的探索》，《北京党史》2013 年第 6 期。

77. 杨吉兴：《毛泽东对社会主义政治文明建设探索的贡献》，《湖南师范大学社会科学学报》2004 年第 3 期。

78. 曾瑞明：《毛泽东对社会主义政治文明建设的贡献》，《毛泽东思想研究》2003 年第 4 期。

79. 刘镇江、肖明：《毛泽东生态伦理思想的二重性及其启示》，《湖南社会科学》2011 年第 1 期。

80. 王秀春、张本效：《建国后毛泽东生态思想的实践探索与当代价值》，《理论导刊》2013 年第 12 期。

81. 郑德荣、张亚斌：《邓小平对传统社会主义观的重大突破》，《东北师大学报》（哲学社会科学版）1996 年第 5 期。

82. 郭学军、臧小林：《邓小平新社会主义观及当代价值》，《毛泽东思想研究》2011 年第 6 期。

83. 刘京希、颜谱：《中国传统文化的生态环境思想意蕴》，《理论学刊》2001 年第 5 期。

英文文献

1. Andre Gorz, *Ecology as Politic*. Boston：South End Press, 1980.

2. Andre Gorz, *Critique of Economic Reason*. London：Verso, 1989.

3. Andre Gorz, *Capitalism, Socialism and Ecology*. Translated by Chris Turner, London：1994.

4. John Bellamy Foster, *The Vulnerable Planet*. New York: Monthly Review Press, 1999.
5. John Bellamy Foster, *Marx's and Nature*. New York: Monthly Review Press, 2000.
6. David Pepper, *Eco-socialism: From Deep Ecology to Social Justice*. New York: Routledge, 1993.
7. James O'connor, *Natural Causes: Essays in Ecological Marxism*. New York: The Guilford Press, 1997.
8. Meier, Paul, William Morris, *The Marxist Dreamer*. Atlantic Highlands: Harvester Press, 1978.
9. John Button, *A Dictionary of Green Ideas: Vocabulary for a Sane and Sustainable Future*. London: Routledge, 1988.
10. Howard L. Parsons, *Marx and Engels on Ecology*. London: Greenwood Press, 1977.
11. J. B. Foster, *Ecology against Capitalism*. New York: Monthly Review Press, 2002.
12. Rudolf Bahro, *From Red to Green: Interviews with New Left Review*. London: Verso, 1984.
13. Reiner Grundmann, *Marxism and Ecology*. Oxford: Clarendon Press, 1991.
14. Rachel Carson, *Lost Woods: The Discovered Writings of Rachel Carson*. Boston: Beacon Press, 2002.
15. Ted Benton, *The Greening of Marxism*. New York: The Guilford Press, 1996.
16. William Leiss, *The Limits to Satisfaction: An Essay on the Problem of Needs and Commodities*. Kingston and Montreal: McGill-Queen's University Press, 1988.
17. William Leiss, *Under Technology's Thumb*. Kingston and Montreal: McGill-Queen's University Press, 1990.
18. J. B. Foster and Paul Burkett, Ecological Economics and Classical Marxism: The "Podolinsky Business" Reconsidered. *Organization & Environ-*

ment, Vol. 17, 2004.
19. Jame's O'connor, Marx's Ecology or Ecological Marxism. *Capitalism Nature Socialism*, Vol. 12, 2001.
20. Joel Kovel and Michael Lowy, An Ecosocialist Manifesto. *Capitalism Nature Socialism*, Vol. 13, 2002.

后 记

生态问题作为超越国家和民族的全人类问题正在引起人们对传统社会发展观念的反思，产生于西方后工业化时期的生态社会主义思潮便是其中之一。从理论上说，生态社会主义以生态危机为契机，从人与自然的关系的角度对资本主义制度进行全方位的批判，并提出生态社会主义的替代方案；在实践中，以西方绿党政治和德国红绿联盟政府的执政实践为代表的生态社会主义政治对未来社会进行探索。西方生态社会主义理论与实践无疑为其他国家的社会发展提供了借鉴。

本书写作期间，适逢我国社会主义发展进入新的阶段，在经历改革开放30多年的经济高速增长之后，我国发展进入结构调整时期。继党的十六届三中全会提出科学发展观之后，习近平总书记在党的十八届五中全会上提出创新、协调、绿色、开放、共享的发展观念。当代中国的社会主义发展与西方生态社会主义理论与实践有着怎样的关系？如何在中国传统文化的基础上构建有中国特色社会主义发展模式？这是本书力图探索的主要问题。

本书的写作由徐艳梅和于国丽共同完成。徐艳梅负责制定写作提纲，撰写第一章、第二章、第三章和全书的统稿工作；于国丽撰写第四章。

感谢山东省社会科学规划办公室和聊城大学对本书提供的资助。也感谢与本书研究问题相关的国内外学者，正是他们的研究成果为本书的写作提供了重要前提。

因为课题涉及的时间、空间跨度大，问题多，再加上笔者的能力与水平所限，本书存在诸多不足之处，希望得到学界专家和同仁的批评与指正。

徐艳梅
2016年6月11日